日本語ライブラリー

方言学

真田信治
［編著］

太田一郎　日高水穂
篠崎晃一　札埜和男
渋谷勝己　松丸真大
高江洲頼子　山田敏弘
高木千恵　吉田雅子
高橋顕志
［著］

朝倉書店

執 筆 者

真田 信治*	奈良大学文学部教授・大阪大学名誉教授	（1章）
太田 一郎	鹿児島大学法文学部教授	（2.6節）
篠崎 晃一	東京女子大学現代教養学部教授	（2.2節）
渋谷 勝己	大阪大学大学院文学研究科教授	（4.2節）
高江洲頼子	前 沖縄大学人文学部教授	（2.7節）
高木 千恵	大阪大学大学院文学研究科准教授	（2.4節）
高橋 顕志	群馬女子大学文学部教授	（2.5節）
日高 水穂	関西大学文学部教授	（2.1節）
札埜 和男	京都教育大学附属高等学校教諭	（3章）
松丸 真大	滋賀大学教育学部准教授	（4.1節）
山田 敏弘	岐阜大学教育学部シニア教授	（2.3節）
吉田 雅子	実践女子大学文学部講師（非常勤）	（2.2節）

*は編著者，（　）内は執筆担当章

はしがき

　本書は方言学のテキストとして，日本語の方言についてその概要を説いたものである。最近の方言への関心の高まりに対応できるように，各地の方言を全般的にカバーしつつ，方言に関する基礎的な知識を提供することをめざし，かつ，説明は簡約を旨としてわかりやすく記すことに努めた。

　全体を4章で構成している。第1章は「概論」である。第2章では「各地方言の実態」について全国を7地域に分けて記述した。第3章「社会と方言」では現代における方言の臨床的課題を扱った。そして第4章では「方言研究の方法」をめぐって述べた。

　内容的には，全体を26〜30コマ分担当の授業として扱えるよう配列している。その一応の目安は，第1章（2コマ），第2章（14〜18コマ），第3章（4コマ），第4章（6コマ）である。なお，授業展開の一助として，節目ごとにいくつかのExercisesを設けた。

　本書の特色は，伝統方言の要説とともに地域の方言活動の状況について，また，とくに現在の若者たちの方言運用について詳しく記述したことにある。

　このテキストでの学習を通して方言の研究に意義を見出す若い人たちが数多く育ってくれることを心から願うものである。

　2011年2月

編　著　者

目　　次

第1章　概論―方言学のみかた― ……………………………………［真田信治］…1
　1　日本語の地理的バラエティ　　1
　　方言の区画　1／東西方言境界線　1／「方言」と「言語」の違い　4／「標準語」と「共通語」について　6
　2　方言の動向　7
　　「方言」と「標準語」の使い分け　7／中間的発話スタイルの発生　8／若者の地域志向　11
　3　方言活動　12
　　方言の格上げ現象　12／方言の役割　13

第2章　各地方言の実態―方言の現在― ……………………………………… 15
　❶　北海道・東北 ……………………………………………………［日高水穂］…15
　1　伝統方言の要説　15
　　音韻・アクセント　15／文法・語彙　18
　2　方言の動向―ネオ方言の記述　22
　　秋田県の若年層の会話例　22／福島県の若年層の会話例　24
　3　方言活動　26
　　方言収録事業　26／方言詩　27／方言による地域活性化　29
　❷　関　　東 ………………………………………［篠崎晃一・吉田雅子］…32
　1　伝統方言の要説　32
　　音韻・アクセント　32／文法・語彙　37
　2　方言の動向―ネオ方言の記述　46
　　アクセント・イントネーションの変容　47／語彙の変容と言語意識の関係　48／千葉県の若年層の会話例　49
　3　方言活動　51
　　文学・芸能　51／方言による地域活性化　54

❸ 中　　部 …………………………………………………［山田敏弘］…56
　1　伝統方言の要説　　56
　　音韻・アクセント　56／文法・語彙　58
　2　方言の動向　　62
　　中部地方のネオ方言および新しい方言　62／岐阜県の若年層の会話例　66／気づかれにくい新しい方言　68
　3　方言活動　　69
　　文学・芸能と方言　70／方言教育　70／方言の活用　71

❹ 関　　西 …………………………………………………［高木千恵］…74
　1　伝統方言の要説　　74
　　音韻・アクセント　74／語彙・文法　77
　2　方言の動向　　82
　　「関西共通語」としてのネオ方言　82／ネオ方言の実体　83／ネオ方言に対する話し手の意識　84
　3　方言活動　　85
　　メディアのなかの方言　85／芸能・文芸・娯楽と方言　87／産業と方言　87

❺ 中国・四国 ………………………………………………［高橋顕志］…89
　1　伝統方言の要説　　89
　　音韻・アクセント　89／文法・語彙　92
　2　方言の動向　　96
　　分布状況の変化　96／カジュアル談話体（ネオ方言）　99
　3　方言活動　　101
　　産業と方言　101／方言を扱っているウェブサイト　102／ことばの教育と方言イベント　103

❻ 九　　州 …………………………………………………［太田一郎］…104
　1　伝統方言の要説　　104
　　音韻・アクセント　104／文法・語彙　106
　2　方言の動向　　108
　　中核都市の方言状況　108／ネオ方言の具体例―福岡と鹿児島　111
　3　方言活動　　120

芸能・教育と方言　*120* ／方言による地域活性化：方言大会　*121* ／メディアのなかの方言　*121*

❼ 沖　　　縄 ……………………………………………［高江洲頼子］…123
　1　伝統方言の要説　*123*
　　琉球方言（琉球語）の歴史　*123* ／音韻　*126* ／文法　*131*
　2　方言の動向　*132*
　　概観　*132* ／ウチナーヤマトゥグチ　*132* ／ヤマトゥウチナーグチ　*135* ／ウチナースラング　*136* ／方言の変容　*139*
　3　方言活動　*139*

第3章　社会と方言──方言の臨床的課題── ………………［札埜和男］…142
　1　ことばと臨床　*142*
　　「ことば」と「臨床」の意味　*142* ／諸学問における「臨床」　*142* ／方言の臨床的課題について　*144*
　2　法廷における方言　*144*
　　事例からみる方言の機能　*144* ／法廷における方言の臨床的課題　*157* ／臨床的課題からみた「裁判員制度」　*159*
　3　言語景観にみる方言　*161*
　　方言看板　*161* ／方言看板の社会的背景　*161* ／言語景観としての方言看板　*162* ／ネーミングの地域差・社会差　*163* ／教育現場における方言　*164* ／看護・医療・福祉における方言　*168*

第4章　方言研究の方法 ……………………………………………………171
　❶ データの収集と処理法 …………………………………［松丸真大］…171
　　1　現地調査の方法　*171*
　　2　調査の準備と実施　*175*
　　3　データの整理と処理　*179*
　　4　データの分析　*182*
　❷ 方 言 学 史 ………………………………………………［渋谷勝己］…189
　　1　方言をめぐる社会状況と言語学の潮流　*189*
　　2　方言学の下位分野　*189*

3　方言学史——江戸時代まで　*192*

　　自身のことばと異なるものへの気づき　*192*／文学作品のなかでの人物描写　*193*／さまざまな研究の一環として　*194*／コミュニケーションのための手引き書　*194*

　4　方言学の確立期——明治〜終戦　*194*

　　標準語の制定・普及のための方言研究　*195*／民俗研究の一環としての方言研究　*195*／方言学の形成　*196*

　5　記述方言学と言語生活研究の時代——1950 年代　*196*

　　方言の記述　*197*／言語生活研究　*197*

　6　方言史研究の時代——1950 年代後半〜1970 年代前半　*198*

　　言語地理学　*198*／比較方言学　*199*

　7　社会方言学の時代——1970 年代以降　*200*

　　方言動態研究　*200*／方言行動研究　*202*

　8　現在の動向と今後の課題　*203*

　　文法記述・類型論　*204*／方言動態の研究　*205*／方言行動の研究　*205*

文　　献　　……………………………………………………………… 207

索　　引　　……………………………………………………………… 213

第 1 章

概　　　論
― 方言学のみかた ―

　近代の自然科学は，人種や階級の別なく人間を同じように観察の対象とし，そこに同じ法則がはたらいていることを明らかにすることによって，人間の平等観，民主主義に貢献した。どんな山奥の方言をも，文化的に高い言語と同様に研究の対象とした方言学は，これと同じ意味でまさに近代の産物である。　　　　（宮島 1966）

1.　日本語の地理的バラエティ
(1) 方言の区画

　かつて，奥深い飛騨の山中で，ある老女が，隣集落，隣村，隣の県，そしてカラ（韓・唐），天竺（インド）の順に連続してことばの違いが大きくなる，と言っていたことを思い出す。このような，民衆の素朴な認識系と学術的な認識系のあいだには貴賎がないのではなかろうか。言語の分類や方言の区画などをめぐる学術的な見解においても，何を基準にするかによって，その内容は異なってくるからである。

　ここでは，日本方言学の母と称された東条操（1884-1966）が，1953 年に提案した，日本語の方言区画案を紹介しよう（図 1.1）。この区画案は，斯界における，いわば通説として，最も多く引用されるものである。

　東条は，方言区画を歴史研究における時代区分に比すべきもので，日本語諸方言の総合的把握の結果としての，方言研究の究極的な到達点と位置づけたのであった。しかしながら，この区画案に関しては，言語事実以外の一般人の方言意識や過去現在の行政区画などをも考慮した点において，その分類は穏健といえる一方で，科学的な根拠に欠けるとする批判も存在している。

(2) 東西方言境界線

　1902 年，当時の文部省のなかに設置された国語調査委員会は，国語・国字の近代化をはかるにあたっての基礎データを得るための政府調査機関であったが，その委員会がはじめに立てた調査方針に，次の一項があった。

1. 概論—方言学のみかた—

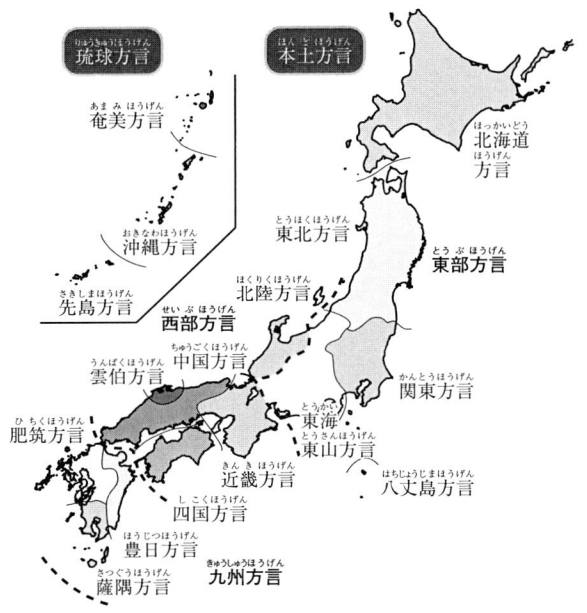

図 1.1 日本語方言区画

・方言ヲ調査シテ標準語ヲ選定スルコト

　これは，日本人が指標とすべき標準語として，どこのことばを採用したらいいか（直接的には，東京のことばか京都のことばか）を検討するためのデータを得ることを目的としてのものであった。このような方針に沿って，全国的な方言調査を実施することが決定された。そして，翌，1903年，委員会は各都府県に調査表を送って報告を求めたのであった。返送された報告内容は府県によって精粗さまざまではあったが，ともかくも，ここに広く全国をカバーするデータが集まったのである。このデータは，きわめて短い期間のうちに手早く整理され，早くも2年後の1905年に『音韻調査報告書』（地図29枚付き）が，そして3年後の1906年には『口語法調査報告書』（地図39枚付き）が刊行された。

　この『口語法調査報告書』の解説における"親不知"（新潟県）と"浜名湖"（静岡県）を結ぶという，いわゆる東西方言境界線の画定のコメントは有名である。

　　仮ニ全国ノ言語区域ヲ東西ニ分タントスル時ハ大略越中飛騨美濃三河ノ東境ニ沿ヒテ其境界線ヲ引キ此線以東ヲ東部方言トシ，以西ヲ西部方言トスルコ

トヲ得ルガ如シ。
　このコメントは，当時の知的興味に合致し，かつ一般の人々が素朴ながらにも感じていた両方言の対立・境界線の存在を，科学的な立場から証明してみせたことにおいて，大きなインパクトを与えるものであった。たとえば，上掲の東条操が方言区画論に執念を燃やすようになったきっかけは，彼が若き日に接したこの74文字のコメントであったという。
　ただ，留意しなくてはならないのは，この調査研究の課題が，標準語選定の際の判断材料を得ることにあったという点である。方言分布の状況把握といっても，それは具体的には東京のことばと京都のことばの勢力範囲を画定することにあったわけである。したがって，対象項目も東京と京都で対立する言語事象が選ばれている。そのような項目においては，東と西の境界線がその中間に存在するのは，いわば当然であろう。そして，問題は，最大の言語境界であるべき琉球列島がそこで無視されていることである。
　ここでは，語法の面にしぼって，その対立事象のいくつかを具体的にみることにしよう。

項目	東	西
①「動詞の命令形」	起きろ	起きよ（起きい）
②「動詞の音便形」	買った	買うた（買あた）
③「形容詞の音便形」	白くなった	白うなった（白なった）
④「打消の形」	行かない	行かん（行かぬ）
⑤「断定の形」	これだ	これぢゃ（これや）

それぞれの項目の境界線を図1.2で確認してほしい。
　①に関して，図1.2では示しえないが，新潟県以北の日本海側，北海道，そして知多半島や紀伊半島中部など，さらには九州・沖縄には広く「起きれ」という形（五段活用化）がある。また，東部の指標とされる「起きろ」は，九州北西部や沖縄の宮古島などにも存在する。したがって，厳密には，「起きろ」（東）対「起きよ」（西）の対立というべきではなく，「起きろ」の分布領域の内側に「起きよ」が分布するという状況にあるわけである。
　②に関しても，但馬から出雲，隠岐などの，東部ではない地域にも，「買った」の領域が存在している。
　③に関しては，四国の一部などに「白く」を用いる地域がある。いずれにして

も,「白う」は音便形といわれるように,後世における変化形である。

④に関して,確かに,「ない」は本来東部日本だけに分布する語形である。これを『万葉集』の東歌にみられる「なふ」という語形とつなげて解釈する人がいる。しかし,筆者は静岡県の大井川と安倍川の上流域に点在する「行かのう」などの「のう」こそが,この「なふ」の直接の子孫であるとみている。「ない」もまたこの「なふ」にかかわるものだとしても,現在の「ない」は室町時代以降に出現し,領域を拡大した新しい形なのである。

⑤に関しては,東部の指標とされる「だ」が,山陰や九州の熊本などにも,まとまった分布領域を形成していることを指摘したいと

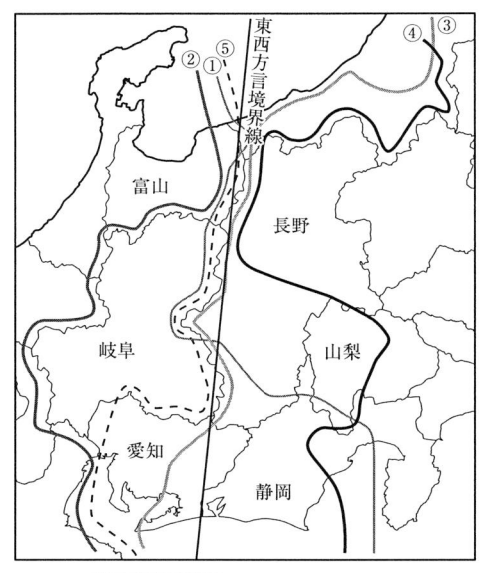

―― 東西方言境界線
① ―― 起きよ(い)・起きろの境界線
② ―― 買うた・買ったの境界線
③ ―― 白う(白)・白くの境界線
④ ―― 行かん(ぬ)・行かないの境界線
⑤ ---- ぢゃ(や)・だの境界線

図1.2　東西方言境界線

思う。この「だ」と「ぢゃ(・や)」の対立も,上のいくつかの場合と同様に,東と西として割り切るほどには単純ではない。

国語調査委員会は,これらの事象を総合して"浜名湖"上に東西の境界線が走るとしたのであるが,以上みてきたように,浜名湖あたりで境界線が重なるというわけではない。「東西方言境界線」はいわば虚構の線であり,それには必要以上にはこだわらないほうがよいのではないかと思われる(赤坂2000)。

(3)「方言」と「言語」の違い

ところで,日本語には方言は存在しても,日本語はあくまで一つであると思っている人が多いのではないだろうか。しかし,「言語」や「方言」といった概念は,実際には社会的,文化的,そして政治的なことに左右されるきわめて曖昧なものであり,一つのことばを方言とするか言語とするかは簡単には決められない

ケースが多い。

　"日本語は一言語"とする意識は近代以降の国民統合的な精神支配によって生じたものだと考えられる。近代以前，たとえば江戸藩政時代には，各藩は「お国」と称され，そこでのことばは「お国ことば」（すなわち「国語」）と称されていたのである。もし琉球王国が存続していれば，沖縄のことばは琉球語というれっきとした「言語」として展開し続けたであろう。沖縄の場合，現在も非常に微妙である。琉球語と呼ぶ研究者もあるが，それに対して，一部の沖縄の人たちは反発している。「われわれは日本人なのだ」「日本の方言として扱ってほしい」などと，なぜか逆転している。そこには，生々しい現実と歴史を背負った，さまざまな錯綜した意識が潜在してもいるのである。

　また，台湾では，アタヤル族，アミ族，パイワン族，ブヌン族，プユマ族，ヤミ族などの原住民族（かつて「高砂族」「高山族」「山胞」などと呼ばれたが，現在は「原住民族」と称される）の人々が住んでいる。彼らの母語はオーストロネシア系の言語であるが，その上に台湾語と呼ばれる閩南語，そして公用語としての北京語（華語）がかぶさっている。

　この台湾のオーストロネシア語族を，言語の系統からみて同じであるので，それは一つの言語であり，それぞれは「方言」にすぎないと言い切る立場もあろうが，そこに住んでいる人々が，「われわれのコミュニティのことばは一つの言語である」と表明していることに基づいて，研究者はそれを「言語」と認定しているのである。そのような過程を考える必要がある。もし北海道共和国などといったものが成立していたら，北海道語という「言語」が確立していたことであろう。

　これらのことは，とくに，ヨーロッパにおける国家と言語をめぐる状況をみれば明らかである。英語とドイツ語，あるいはフランス語とイタリア語，スペイン語，ポルトガル語などは，言語の系統からいえばもちろんすべて同じ系統の言語である。たとえば，地中海に面したフランスとイタリアの境界あたりでは，互いに生活語としての方言のレベルでは通じ合うのである。しかし，イタリア語はフランス語の方言だなどといえば大変なことになるであろう。そこでは何が違うかといえば，一方はフランス語の正書法をもったフランス標準語がかぶさっている地域，一方はイタリア語の正書法をもったイタリア標準語がかぶさっている地域というだけにすぎないのである。

(4)「標準語」と「共通語」について

日本で「標準語」という用語が使われはじめたのは1890年前後（明治20年代）である。外国に向けての日本国を代表することばという面もあるが，当時，国民国家として国を統一するための象徴として計画されたものの一つが標準語であった。そして，国語教育のなかで，それを教える段階で，標準語は良いもの，きれいなもの（洗練されたもの），一方の生活語としての方言は悪いもの，汚いもの（格好悪いもの）といった形での指導がなされたのであった。したがって，戦前までの教育を受けた人々は，標準語と聞くと，自分の生活語を強制的に弾圧したもの，という暗いイメージが体験的にあって，標準語と聞いただけで軍国主義を連想するといったこともあったようである。

戦後，民主的な日本語政策の立案のための基礎データを得る機関として設立された国立国語研究所が，その創成期の1949年に，福島県白河市の住民の言語調査をした際，地域社会の言語生活が，在来の，いわゆる伝統方言とそうではないものとの併用によって行われている実態が把握されたのであるが，とくにこの後者のものは，「東京語に近いが，しかし，東京で一般に使われていることばと，必ずしも一致はしない」存在であった。そこで，このレベルのものを新たに「共通語」と名づけたのである。すなわち，このときの「共通語」は，あくまで分類上仮に設けた用語なのであった。しかしながら，この用語は，国語教育の指導者によって教育の現場に持ち込まれた。そして，「共通語」が「標準語」に代わる新時代語だという宣伝が盛んになされた。それを受けて，当時の文部省は1951年からの指導要領において標準語の代わりに共通語を用いることにしたのであった。これらの背景には，戦前の弾圧的な標準語教育に対する嫌悪，日本政府が標準語の普及にイデオロギーの教育をからませて強引に上から押しつけてきたことに対する反発があったことは間違いのないところである。とはいうものの，この共通語という用語も，規範という側面において，方言に対峙するものとして使われてきたのが一般であった。すなわち，国語教育における標準語と共通語は，その内実はほぼ同じものなのである。

しかしながら，「共通語」とは，もともと，異なった言語（方言）間のコミュニケーションに使われる第三の言語のことを指すことばである。たとえば，英語は世界の多くの地域で共通語として機能している，といわれる。その観点からは，東京語を基盤とした言語変種が日本の各地で共通語として機能している，ともい

えるのである。ところで，ここで注意したいのは，共通語という用語が，言語の構造ではなく，あくまでその機能や役割を指してのものであるという点である。それは，全国どこででも通じる言語である。通じればいいといった程度の共通性があれば具体的にどんな言語であってもいいわけである。

このように，共通語とは，コミュニケーションの重要な役割を果たしているという機能論における名づけなのである。したがって，その構造や体系は何かとなると，厳密には，これはつかめないのである。それに対して，たとえばアメリカ英語とか東京語とかは構造が一応はっきりしている。

この構造的概念（structural concept）と機能的概念（functional concept）の区別がいままでは曖昧になっていたきらいがある。たとえば，しばしば共通語の体系といわれることがある。しかし，そういわれるときの共通語は，実は共通語に最も近い東京語という具体的な構造をもった言語が念頭にあるわけである。たとえば，「足リナイ」と「足ラナイ」とは，地域によっては，どちらも共通語として機能しているが，東京語としては「足リナイ」であって，「足ラナイ」ではない。そこで，共通語としては「足リナイ」である，というふうにいわれるわけである。

2. 方言の動向
(1)「方言」と「標準語」の使い分け

かつて，日本の多くの地域社会では，方言のほかに，標準語を話す，あるいは少なくともそれを聞くといった形でのバイリンガルが強いられていた。現在でも，列島周縁部の一部の老年層においてはそのような様相がまだみられる。しかし，今日，大部分の地域では，いわば逆転して，標準語のほかに方言を使うというべき状況になっている。ただし，そこでの方言とされるものの内容の実質は，いわゆる純粋土着のことば（vernacular）ではなく，標準語の干渉を受けた中間的言語変種である場合が多いのであるが，いずれにしても，バイリンガルであることは確かである。

ただし，そこでの方言なるものの実体が，男らしさ，若者らしさ，フォーマルな発話に対するカジュアルな発話・ため口，あるいは書きことばに対する話しことばといったものと同じレベルのものになっているとすれば，その方言と標準語との違いは，個別の言語体系の違いとしてではなく，スタイルの違いと認めるべきものになっているのである。なお，ここでいうスタイルとは，場面の異なりに

応じて生じる話者内部での発話のバリエーションのことである。

それぞれの地域社会で生活する個々人のことばのバリエーションとして，フォーマルな発話スタイル（H）とカジュアルな発話スタイル（L）とがあって，それが「標準語」と「方言」とにほぼ対応しているのだと筆者は認識している（図1.3）。「方言」は，そのような存在として正当に位置づけられるべきものだと考える。けっして単なるアクセサリーのようなものではないのである。

日本語の実際的な運用としては，「方言」と「標準語」の入り交じった発話がどの地域社会でもふつうである。

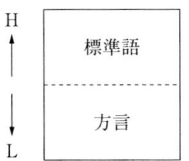

図1.3 スタイルとしての「標準語」と「方言」

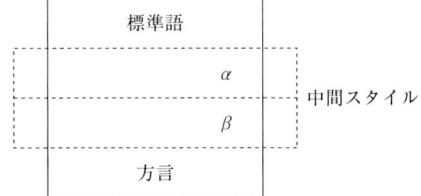

α：方言の干渉を受けた「標準語」
　（cf. 第2章第7節のウチナーヤマトゥグチ）
β：標準語の干渉を受けた「方言」
　（cf. 第2章第7節のヤマトゥウチナーグチ）

図1.4 発話のバリエーションの構造

る。そのような発話のありかたから，聞き手は話し手のパーソナリティや教養とともに，親しさの度合や敬意を読みとっているのである。

また，「方言」と「標準語」の両者は，明確な線でもって区分されるものでもない。筆者は，発話のバリエーションの構造を，図1.4のように捉えている。ただし，この構造における現実の運用の枠組みは，地域によって異なっているようである。たとえば，東北の青森あたりではαの層が安定したものとしては存在しない可能性がある。

(2) 中間的発話スタイルの発生

伝統的方言の退潮は時代の大きな流れである。しかし，同時に，部分的にはそれに逆行するかにみえる小さな渦が発生して，それらがからみ合いながら推移しているところがある。

筆者が標準語と方言のあいだに中間的なスタイルが存在することを把握したのは，1987年のことであった。それは，関西方言の動態を追究するなかで発想したのである。「方言」と「標準語」相互の干渉過程で，従来の方言にはなかった新しい発話スタイル（たとえば，語法は標準語でアクセントは関西弁といった話しか

た，図 1.4 における α）ができつつある状況，また，一方で，若者たちが，従来の「方言」から，また「標準語」からも逸脱しようとする結果として，そこに中間的な新しい方言スタイル（図 1.4 における β）を形成しつつある状況を捕捉したのであった。そして，とくに後者については，それを「ネオ方言」と名づけている（真田 2004）。

ここでは，これら中間的な発話スタイルの実体を，奄美の場合を例にみてみよう。

2003 年から 2005 年にかけて，奄美大島南部の瀬戸内町の人々を対象に当地での方言活動の実態と言語意識に関するインタビュー調査を実施した。伝統方言と日本標準語という，体系の大きく異なる二つの言語変種の接触によって，新たなバラエティが生まれつつあるという言語的状況をふまえて，地域の人々がその新たなバラエティをどのように捉えているのかという点に焦点をあてたフィールドワークであった。なお，瀬戸内町の中心地は古仁屋である（図 1.5）。

瀬戸内町は，行政区画上は鹿児島県大島郡であるが，文化的・言語的には琉球圏に属している。そのため，「奄美と鹿児島はぜんぜん違う」という意識が地域の人々に共有されており，瀬戸内町で「鹿児島」といえば鹿児島県のうち本土（九州）側の地域だけを指すわけである。

瀬戸内町のことばは，琉球方言の下位類である奄美大島本島方言（北奄美方言）のうちの南部方言に属するとされるが，海や山にかこまれて地形的に閉鎖的であったために，かつては，集落ごとにことばが違うといわれるほどの，多様性をもった方言群であった。

しかし，明治時代からはじまった，例の標準語教育の徹底，交通の利便性の拡張による行動圏の拡大，マスメディアの発達といった言語外的な要因によって，集落のことばは標準語へとシフトすることとなる。とくに，戦前から戦後

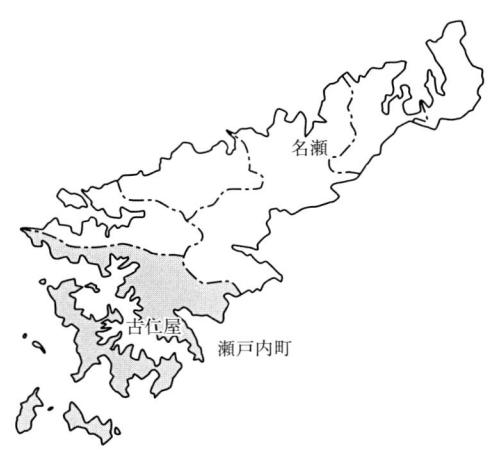

図 1.5　奄美大島の瀬戸内町

にかけての標準語奨励運動は，方言の存在を許さず，方言を捨てて標準語単一話者になることを地域の人々に求める，苛烈なものであった。これが伝統方言の急速な衰退をまねいたのである。

　結果として，老年層は伝統方言と標準語を操るバイリンガル，中年層は伝統方言を聞いてわかるがあまり話せない半話者（semi speaker），若年層のほとんどは伝統方言を聞くことも話すこともできない標準語モノリンガルという状態が認められる。

　ただし，ここでの標準語とは，必ずしも東京などと同じものではなく，地域的な特徴をもっている変種である（図 1.4 における α）。

　たとえば，文末詞「ヨネ」の運用に本土の標準語の「よね」とは少し異なるところがある。「村ごとにことばが違いますか？」という外来者の質問に対する応答としては，

　・サホドチガワナイ<u>ヨネ</u>（さほど違わないよ／さほど違わないね）

といった表現が多用されるのであるが，本土の標準語では，このような聞き手に回答を求める疑問文に続く応答発話において「よね」を使用するのは不自然となる。それは「よね」が聞き手にも受け入れられることが見込めるという場合に用いられる形式であるためである。

　また，たとえば，次のような表現がある。

　　（友だちに「だれか買い物に行ってくれないか」と言われ）

　・ワン<u>ナンカ</u>ガイクガー（俺<u>たち</u>が行く）。

　　（3 人の子どもたちに対して）

　・ウラ<u>ナンカ</u>ガセンカラ，オワランノヨー（お前<u>たち</u>が手伝わないから，終らないんだ）。

　この場合，本土の標準語の「たち」に対応する部分に「ナンカ」という形式があてられている。「ワン」は「俺（私）」，「ウラ」は「お前」に対応する方言形。なお，このような例は，伝統的な方言を使用しない世代での，友人，家族との会話によくみられるものである。

　この「ナンカ」は，伝統方言での，「ワー<u>キャ</u>ガイキュッドー」「ウラ<u>キャ</u>ガカシェースランカラン」における複数を表す「キャ」に対応するものとして運用されているのである。したがって，ここでの「ナンカ」は本土の標準語での「なんか」よりも意味が拡張しているわけである（水谷・齋藤 2007）。

ちなみに，地元の高校の学園祭の看板に，図 1.6 のような標語があった。この標語のうち，「わんきゃがやらんば」の「わんきゃ」（私たち）の部分は，伝統方言では「わーきゃ」となるべきところである（「わん」は単数の場合のみの表現形）。この形式は若者たちが生成した新表現である。

(3) 若者の地域志向

ところで，当該地域の若者は，このような言語状況をどのように把握し，また自らのことばづかいをどのように意識しているのか。

古仁屋の女子高生たちからは，「おじいちゃんたちみたいには使うことはできないけど，シマのことばは覚えたいし，友だちも覚えた単語は使っている」というコメントが聞かれ

図 1.6 奄美大島における新表現の例
（提供：ダニエル＝ロング）

た。若者の多くは，伝統方言をもっと話せるようになりたいという気持ちをもっているようである。次は中学生たちのコメントである。

・練習したら，しゃべれると思う。（女子）
・方言が使えるようになりたい。男の子っぽくて格好いい。兄ちゃんの友達は酔っぱらったらべらべらと方言を話す。ふだんはぜんぜん使わないのに。兄ちゃんの話す方言はわかる。自分もそんなふうに使いたい。（男子）
・絶対話したい。みんなが話せるようになったらいいと思う。（女子）

ちなみに，こうした思いは，いまの自分のことばに対する否定的な態度には結びつかず，（伝統方言とは異なる）自分たちのことばに愛着をもつことにつながっているようである。

・東京に行きたい。大阪にも行ったことがないので行ってみたい。その土地へ行っても，いまの自分のことばでいい。東京弁をしゃべりたいとは思わない。ここのことばのほうがいい。（女子）
・東京や大阪に住んでみたい。でも，もちろん向こうでもこの地元のことばを守っていきたい。（女子）
・よその土地にも住んでみたい。よその土地でも自分のことば（ふつうのこと

ば）を守っていきたい。（女子）

いまの段階で伝統方言をほとんど話せない話者による回答であるため，このコメントにおける「ここのことば」「地元のことば」「自分のことば」というのは，具体的には，伝統方言ではなく，現在の自分たちのことばづかいを指しているものと思われる。これらのコメントからは，本土の標準語と伝統方言の混ざった地域ことばに対する強い肯定的な評価がうかがわれるのである。

いずれにしても，若年層では，地元に愛着を抱き，いまの自分たちの生活語を「ふつうのことば」という用語で把握しつつ，自信をもってそのことばによるスタイルを常用している人が少なからず現れてきているのである（図1.4における β レベルでの運用である）。これは，まさに意識的な，意思をもった方言運動ともいえるものである。若年層話者たちの，地元と地元のことばに対する強い志向には目をみはるものがある。その動向が注目されるのである。

3. 方言活動
(1) 方言の格上げ現象

明治以降，日本語はひたすら均質化される方向に進んできた。戦前の方言撲滅をめざした国語教育，標準語運動がその典型である。この均質化は，実質的には，教育によってではなくマスメディアによってほぼ完成の域に達した。筆者は，それは1980年代であったと総括している。

そして，均質化の完成と同時に，方言の地位向上，格上げ現象が目立ってきた。もちろん，方言の格上げといっても，それは共通語をやめて方言にということではなく，あくまでサブカルチャーとして方言を活用しようということである。東京語を話さないように，ではないのである。共通語としての東京語を話せるようになったからこそ，方言を見直そうという運動が出てきたのだと思われる。

方言の復興で注目される点は，それが日本だけではなく，そのような運動の風が地球上の各地で吹いているということである。

たとえば，標準英語（クィーンズイングリッシュ）の本場であるイギリスでも，このところ，バック・トゥ・ローカルという動きが急激に進展している。地方出身の有名タレントや人気スポーツ選手たちが堂々と方言で話す機会が増え，あらたまったことばより出身地のことばで話すほうが自分を主張できるという考えが広まってきているのである。若者たちはケータイで，なまり丸出しで話している。

そして，クィーンズイングリッシュは格好悪いと言う。若者のあいだでは，地方なまりがクールで格好がいいと映っているようなのである。これはいままでのイギリスではちょっと考えられなかった現象である。BBC 放送でも，キャスターにわざわざスコットランドなまりのある人を起用して，人気を集めている。かつてのイギリスとは大きく変わってきているのである。料理番組でも，コックたちに強烈な下町ことばをしゃべらせ，人気を得ている状況なのである。

　これは日本でも同様で，1990 年代以降の顕著な流れである。漫才などを契機として大阪弁が全国に流布したのもそうであるし，公的な場でも東北弁をそのままにしゃべることがけっして恥ずかしいことではないといった状況が出てきている。そして，それが逆に，クールというか，誠実な自己主張につながるとするみかたが一般的になりつつある。

(2) 方言の役割

　近年，日本政府も方言を積極的に奨励しはじめた。第一九期国語審議会の報告書「現代の国語をめぐる諸問題について」(1993) では，「現在，共通語は広く一般社会に普及していると認められるが，方言は地域の文化を伝え，地域の豊かな人間関係を担うものであり，それぞれの地域に伝わる豊かな表現を生活の中で生かしていくことは，言語文化の活性化にもつながるものである。共通語とともに方言も尊重することが望まれる」と記している。そして，これに呼応するように学校教育でも方言について考えさせる単元ができ，学習指導要領でも同じ内容が示されるようになった。

　社会的な地位の向上とともに，方言が社会活動の場でも広く利用されるようになってきた。方言弁論大会など，方言に関するイベントが各地で開かれるようになった。テレビのドラマなどでも各地の方言を積極的に登場させている。方言の話し手たちのマスメディアでの露出度は非常に高くなっているのである。文化資源としての，いわば不動産としての方言の運用，観光地などにおける方言の商品化なども活発に行われている。

　また，教育現場でも，地元の伝統的方言を授業で取り上げるところが現れてきた。かつて方言撲滅運動が展開された沖縄や奄美でも，現在，教育委員会主導で子どもたちが地元の方言に親しむための企画が進行している。

　たとえば，奄美大島の瀬戸内町では，1996 年から，子どもたちがシマグチ（島口＝方言）を継承していけるようにという願いを込めて，毎年秋に，古仁屋にあ

る瀬戸内町中央公民館で「子ども島口大会」を開催している。これは瀬戸内町中央公民館の発案・主催によるもので，町内の各集落から参加した小・中学生が日ごろのシマグチの練習の成果を発表し合うというものである。「子ども島口大会」がはじまったころから，いくつかの集落で自然発生的に「島口教室」がはじまった。その時期や教室の規模などは集落ごとに異なってはいるが，集落の高齢者たちが子どもたちを「教室」に集めてシマグチを教えるという点と，「島口大会」への出場を一応の目標にしている点は共通している。

　このシマグチの教材については，たとえば篠川集落の場合，教室で子どもたちに教材としてプリントが配られる。このプリントを作るにあたっては，表記の問題が大きいようで，シマグチを無理にカタカナで書くのはむずかしいという話を現地で何人かに聞いた。シマグチ継承にあたってのネックは，標準語の音韻体系との相違，そして，それにかかわる表記の問題なのである。苦労して作られる教材プリントではあるが，本当のシマグチを教えるにはやはり口伝えが一番なのだということである。教材プリントはあくまで補助的なものであり，あとになっても読み返せる「資料」としては重要なのだが，授業では先生役の高齢者の実際の発音が一番の手本になるそうである。

　なお，今後，医療や福祉の現場，また裁判にかかわる場などにおいても，方言は大切な役割を担うものになると思われる。それを支援するための活動，いわば臨床的な活動もまた，これからの方言学に課せられているのである。

Exercises

1. 現在の社会生活において，方言はどのような場面や相手に用いられているだろうか。家族との会話，友人との会話，学校や職場での会話などを観察し，自分のまわりで用いられている方言の使用領域を調べてみよう。
2. 地元の人同士の会話を収録・文字化し，地元の方言がどのように使われているかを調べてみよう。またその方言は伝統的な方言なのかネオ方言なのかを考えてみよう。

第2章

各地方言の実態
―方言の現在―

1 北海道・東北

1. 伝統方言の要説

東北方言は，青森県・岩手県中北部・秋田県・山形県沿岸部および新潟県北部にかけての北奥方言と，岩手県南部・山形県内陸部・宮城県・福島県にかけての南奥方言にわかれる。東北地方（北奥地方）に近接する北海道沿岸部の方言は，東北方言（北奥方言）の特徴を多く備えている。一方，北海道内陸部は，明治以降，全国各地から開拓民が集まってコミュニティを形成したために，標準語化が進んでいる。

以下では，東北方言を中心に，音韻，アクセント，文法，語彙の特徴をみていく。

(1) 音韻・アクセント

(a) 音韻

東北方言の特徴は，標準語とは大きく異なる発音にある。そのおもなものを，以下にあげる。

① 母音単独の「イ」と「エ」の区別がなく，中間的な［ẹ］で発音される。
　例）息・駅が［ẹgï］と発音されるなど。
② 連母音［ai］・［ae］が融合して［a］と［e］の中間的な母音（［ɛː］など）となる。
　例）貝［kɛː］・前［mɛː］など。
③「シとス」「チとツ」「ジとズ」が統合している。
　例）梨・茄子が［nasï］もしくは［nasü］と，中舌母音で発音されるなど。
④ 非語頭のカ行音・タ行音が濁音化する。
　例）柿［kagï］，旗［hada］など。
⑤ 非語頭の（本来の）濁音が鼻濁音で発音される。

例）鍵［kaŋï］, 肌［ha~da］, 溝［mï~zo］, 帯［o~bï］など。
⑥「セ」「ゼ」が「シェ」「ジェ」となる。
　　例）汗［aʃe̞］, 風［ka~ʒe̞］など。
⑦「クヮ」「グヮ」をもつ。
　　例）火事［kʷa~ʒï］, 元旦［gʷantaɴ］など。
⑧ハ行音がファ行音で発音される。
　　例）髭［ɸïŋe̞］, 蛇［ɸe̞~bï］
⑨特殊拍（撥音・促音・長音）が短く発音される。
　　例）「空気／茎」「切った／北」「新聞／渋」がそれぞれ同じ拍数で発音されるなど。

①, ②は，北海道沿岸部から新潟県北部・栃木県・茨城県までのほぼ全域においてみられる。③は，イ列音とウ列音の母音が中舌化し，とくにサ行・タ行・ザ（ダ）行の音節において両者の区別が失われる現象であるが，北奥方言では［sï］［tsï］［dzï］に，南奥方言では［sü］［tsü］［dzü］に統合する傾向がある。

④と⑤は相互にかかわりの深い現象である。一般に，有声母音に挟まれた無声子音は発音のしやすさから有声化しやすい。④は，正確には「有声母音に挟まれた無声子音 k・t が有声化する」という現象である（無声化した母音の前後や促音・撥音のあとの k・t は有声化しない方言が多い）。一方，東北方言では，⑤のように，本来の濁音が非語頭位置では鼻濁音で発音されるため，たとえば，「旗」が［hada］と発音されても，「肌」は［ha~da］と発音され，両者は発音上区別されることになる。

⑤〜⑨の特徴は，かつての中央語（京都語）にみられたものである。周辺部の方言に，中央語の「古い」特徴が維持されている例といえる。

(b) アクセント

アクセントの有無は，北奥方言と南奥方言を分ける大きな特徴である。北奥方言は東京式アクセントに準ずるアクセントをもっているが，南奥方言の大部分の方言にはアクセントの区別がない。したがって，南奥方言の会話は，全般的に抑揚がなく平板に聞こえる。

ここでは北奥方言のうち，秋田方言，盛岡方言のアクセントの特徴を，2拍名詞の類別語彙のアクセント型によってみてみよう（表 2.1）。

二つの方言のうち，東京方言に近いのは，盛岡方言である。(1) Ⅱ類がⅢ類で

表 2.1　秋田・盛岡方言の2拍名詞アクセント（① 佐藤1982, ② 齋藤2001）

類—末尾母音	語例	① 秋田	② 盛岡	東京
I	① 飴・風・酒・鳥・鼻… ② 飴・酒・竹	○○△	○○△	○●▲
II	① 石・歌・音・北・旗・胸… ② 石・北・夏・旗			○●▲
III	① 足・腕・坂・花… ② 足・池・坂・月		○●△	
IV—a・e・o	① 跡・粟・稲・空… ② 今・稲・鎌・空	○●△		
V—a・e・o	① 汗・雨・亀・窓… ② 汗・雨・桶・蔭		●○△	●○△
IV—i・u	① 海・帯・絹・箸・針… ② 海・箸・針・麦		●○△	
V—i・u	① 秋・鯉・猿・春… ② 秋・鮎・猿・春	●○△		

○△：低い拍　●▲：高い拍　○●：名詞　△▲：助詞

はなくⅠ類と統合している点，(2) 無核型のアクセントが低平である点以外は，東京方言と一致する。

　秋田方言は，(1)，(2) の特徴とともに，(3) Ⅳ・Ⅴ類のうち末尾母音が狭母音（i・u）であるものは頭高型になるが，広母音（a・e・o）であるものは尾高型になる，という特徴をもつ。この末尾母音の広狭によるアクセント型の変化という現象は，東北から北陸にかけての日本海側の諸方言に共通してみられるものである。

　ところで，北奥方言のアクセントについては，上昇位置（低い拍から高い拍への上がり目）が有意味であるとみなせる現象が指摘されている。上野 (1977) によると，弘前方言は，発音上の言い切りの形と接続の形とで音相が異なるという。2拍名詞を例にとれば，表2.2のようになる。

　表2.2によると，「風」のような無核型の語では，単語単独または単語＋助詞の末尾の拍が高くなる。一方，「山」や「猿」のような有核型の語では，言い切らずに続く場合，高い拍が生じるとそれ以降はそのまま高く続く。また，言い切る場合は直前の拍が下がる。つまり，弘前方言の有核型アクセントは上昇位置が固定

表 2.2 弘前方言の 2 拍名詞アクセント（上野 1977 により作成）

	風（I 類）	山（Ⅲ 類）	猿（V 類）
単語単独で言い切る場合	○●。	○◐。	●○。
単語単独でうしろの述語に続く場合	○●…	○●…	●●…
単語＋助詞で言い切る場合	○○▲。	○●△。	●●△。
単語＋助詞でうしろの述語に続く場合	○○▲…	○●▲…	●●▲…

○△：低い拍　●▲：高い拍　○●：名詞　△▲：助詞　◐：1 拍のなかで下降のある拍

しており，下降位置は発話ごとに変動しうるものであるといえる。これは，下降位置が有意味である東京方言のアクセントとは異なる点である。

(2) 文法・語彙

(c) 文　法

東北方言の特徴的な文法現象として，目的格の表現，可能表現，時制表現を取り上げる。

〈目的格の表現〉

東北方言では，目的格は基本的に無助詞で表されるが，明示する必要がある場合には，「のこと」に由来するコト・トコ類の表現を用いる方言がある。コト類（ゴト・ゴドなど）の使用が青森・福島・新潟北部・茨城にみられ，トコ類（ドコ・ドゴ・ンドコ・ンドゴなど）の使用が秋田・山形・福島でみられる。コト類がトコ類に分断されて北と南に分布していることから，トコ類使用地域においてコト→トコの音転換が起き，現在の分布が生じたものと推定される。

コト・トコ類の表現には，従来，有情名詞（人や動物など）にのみ用いられ非情名詞（物など）には用いられないという制限があったが，現在，その制限を失いつつある方言がある。

図 2.1 は，伝統方言でコト・トコ類の表現を使用する 6 地域の若年層（高校生・大学生）に対して実施したアンケート調査の結果を図示したものである。

図 2.1 の機能拡張率のグラフをみると，青森県弘前市，秋田県本荘市，山形県酒田市という北部の地域では機能拡張（ここでは，前接名詞の有情性に関する使用制限が失われ，目的語を表す格助詞としての機能が拡張されていく現象）が進んでおり，新潟県村上市，福島県喜多方市，福島県双葉町という南部の地域では

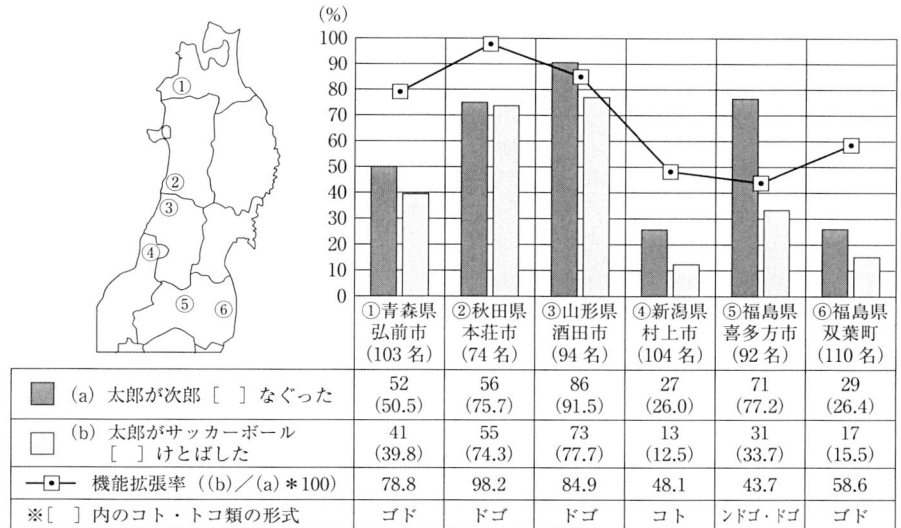

図 2.1 前接名詞の有情性によるコト・トコ類の使用率（若年層）（日高 2006b・c 参照）

機能拡張が遅れていることがわかる。

〈可能表現〉

東北北部方言では，能力可能と状況可能が区別される。肯定文では，「うちの孫は字を覚えたのでもう本をヨメル」（能力可能）と「電灯が明るいので新聞をヨムニイー」（状況可能）のように，可能動詞形とスルニイイ形で区別する。否定文では，「うちの孫はまだ小さくて字を知らないので本をヨメナイ（ヨメネァ）」（能力可能）と「電灯が暗いので新聞をヨマレナイ（ヨマレネァ・ヨマエネァ）」（状況可能）のように，可能動詞形と可能助動詞形で区別する。

肯定文で用いられるスルニイイ形には，形態的にも意味的にも地域差がある。図 2.2 に，『方言文法全国地図』（GAJ）173 図「読むことができる〈能力可能〉」と 174 図「読むことができる〈状況可能〉」のスルニイイ形の分布を示した。北部の方言では，本来の形に近いヨムニイイ類が用いられているのに対し，南部の方言では形態の縮約が進んだヨムイ類が用いられている。また，北部の方言では，スルニイイ形は状況可能に限って用いられるが，南部の方言では能力可能・状況可能の区別なく用いられている。

こうしたスルニイイ形の形態・意味変化を，その形式（とくにイイ）がもともともっていた語彙的な形態的・意味的特徴を失って文法形式に変化していく，あるいはすでに文法的な形式であるものがよりいっそう文法的な機能拡張を生じるという文法化（grammaticalization）の進度の地域差として捉えるとすると，北部の方言では文法化の進度が遅く（従来の形態・用法が維持され），南部の方言では進度が速いということになる。南

図 2.2　可能表現スルニイイ形の地域差（『方言文法全国地図』173・174 図より，日高 2008 参照）

部の方言は，能力可能・状況可能を区別しない関東方言に接していることから，南部の方言におけるスルニイイ形の意味拡張は，こうした隣接方言からの影響によるものと考えることができよう。

〈時制表現〉

北海道・東北地方を含む東日本の大部分の方言では，「いま家にイタ（＝いる）」のように，存在動詞「いる」のタ形が現在時制を表す場合に用いられる。「イタ」は過去時制を表す場合にも用いられるが，図 2.3 にみられるように，とくに東北地方の方言では，過去時制を明示するために，専用の過去時制形式を発達させている方言が多い。

さらに，「イタ」が現在時制を表すのに並行して，継続相の表現においても，「シテイタ（シッタ・シテダ・シテラ）」が現在時制を表すということが起きる。そのため，「していた」にあたる継続相過去の表現にも，専用の形式が発生している。ただし，これには地域差があり，青森県津軽地方から秋田県北部の方言では「シテアッタ」を用い，これより南の地域の方言では「していてあった」の縮約形である「シテテアッタ（シテデアッタ）」（秋田県中央部）・「シテタッタ（シッタッタ・シテダッタ・シテラッタ）」（秋田県南部・岩手県以南）を用いる。後者の方

図 2.3　「あの人は，さっきまで確かにここにいた」(『方言文法全国地図』196 図より，日高 2002 参照)

言では，「した」の意味で「シテアッタ」(秋田県中央部)・「シタッタ」(秋田県南部・岩手県以南) を用いる。

(d) 語　彙

　1999 年から 2000 年にかけて NHK 教育テレビで放送された「ふるさと日本のことば」では，各都道府県ごとに一般視聴者からの投票などに基づく「21 世紀に残したいことば」が紹介された。表 2.3 は，北海道と東北 6 県の回で紹介された「残したいことば」である。

　感覚・感情を表すことば，挨拶・応答のことば，相手を気づかうことばが多く選ばれている。そのなかで注目されるのは，北海道の「こわい」「ゆるくない」「わや」，青森県の「かちゃくちゃね」，岩手県の「ごんぼほる」「えずい」，宮城県の「いずい」，秋田県の「ほじなし」「やざねえ」，山形県の「やばつい」「ごしゃぐ」「あがすけ」，福島県の「こわい」といった，マイナスの意味をもつ語が多く選ばれている点である。生活語としての方言には，当然のことながら「負の概念化」も生じる。方言においては，「負の概念」を表す語であっても，強い愛着が生じる場合があることがわかる。

表 2.3 北海道・東北方言の 21 世紀に残したいことば

北海道	しばれる（寒い），めんこい（かわいい），こわい（つかれた），ゆるくない（つらい），あずましい（いごこちがいい），おばんです（こんばんは），じょっぴん（かぎ），わや（ぐちゃぐちゃ），なまら（とても），なんもなんも（なんでもない）
青森県	あずましい（気持ちよい），あぐど（かかと），かちゃくちゃね（落ちつかない），け（食べなさい），けやぐ（友だち・親友），お静かにおであんせ（気をつけてお帰りください），わ（わたし），な（あなた），めごい（かわいい），なずき（ひたい）
岩手県	なはん（〜ですね），おばんでがす（こんばんは），めんこい（かわいい），おでんせ（いらっしゃい），おもさげねえ（ありがとう），じゃじゃじゃ（どうもどうもどうも），ばっけ（ふきのとう），ごんぼほる（子どもがだだをこねる），えずい（しっくりいかない），おしょうすい（はずかしい）
宮城県	いずい（しっくりこない・むずがゆい），めんこい（かわいい），おしょうすい（はずかしい），こざいん（いらっしゃい），もぞこい（かわいそう・けなげ），おばんです（こんばんは），お明日（みょーにず）（また会いましょう），〜ござりす（〜でございます），〜けさいん（〜してください），だっちゃ（宮城県特有の語尾）
秋田県	たんせ（〜してください），めんけ・めんこい（かわいい），おしょし（はずかしい），っこ（名詞のあとにつくことば），がっこ（大根の漬物），んだ・んだんす（そうです），へば・せば（それでは・では），どでんした（びっくりした），ほじなし（だらしない），やざねえ（だめだ）
山形県	おしょうしな（ありがとう），もっけだの（ありがとう），やばつい（しめっぽい），ごしゃぐ（怒る），あがすけ（目立ちたがりや），めんごい（かわいい），わらわら（急いで），むずる（曲がる），あ，あぇーん（こんにちは），むがさり（結婚式）
福島県	こわい（つかれた），めんげ・めんこい（小さくてかわいい），あんにゃ・あんね（おにいちゃん・おねえちゃん），にしゃ・わが（あなた），こじはん（おやつ），ずない（大きい），さすけね（問題ない），とろっぺ（たびたび），なぐろ（うねり），おわいなはんしょ（いらっしゃいませ）

（表記と訳は NHK 放送文化研究所監修 2005a による）

2. 方言の動向—ネオ方言の記述

現在の東北地方の若年層のあいだでは，どのような会話が交わされているのだろうか。ここでは，秋田県と福島県出身の学生同士の電話によるロールプレイ会話（事前に用意した「会話の流れ」を話者に示し，それに沿って自由に会話をしてもらう）を紹介する。

(1) 秋田県の若年層の会話例

まず，秋田県出身若年層（秋田大学学生）の会話例をみてみる。

> ［会話の流れ］A（電話のかけ手）は，大学の掲示板にB（電話の受け手）の名前が貼り出されているのをみて，電話をかけてどうしたのかたずねる。Bは落ち込んだ様子で，試験に落ちて呼び出されたことを告げる。AはBが納得するまでなぐさめ，Bは納得したらAに感謝する意を伝える。
> ［話者］A：秋田県大仙市出身・女性・1987年生まれ
> 　　　　B：秋田県大仙市出身・女性・1987年生まれ
> ［収録時期］2007年10月

01A：もしもーし
02B：もしもしー？
03A：ちょっと，さっきさー
04B：うん
05A：なんか，掲示板に名前書がれてねがった？
06B：（笑い）え？
07A：どした？
08B：いやー，どしたんだろうね（笑い）
09A：うーん，なんかしたー
10B：いや，なんか，どうも試験が（A：うん）まずかったらしくてー（A：うん）なんか，ちょっと単位やばいらしいよ
11A：マジで？
12B：うん
13A：え，でもなんかあるんでしょ？
14B：いやー，なんか追試はあるらしいけどさー
15A：うん，じゃあいいべった
16B：え，だってなんか，一回落ちたのに，なんかどーしましょ，みでーなごどなってんだげど
17A：え，だってー（B：うん）いいごどじゃん，単位取れるって
18B：うん（笑い）まぁいい…うん
19A：だって考えれって，あたしなんか単位なんか落どしまぐってんだど
20B：（笑い）いやー，だってよー
21A：全然いいじゃん，あたしなんか追試もしてくれないんだから
22B：だって，つ，追試落ちたら，おめ，意味ねがったやー
23A：いや，絶対おめだったら受がるな
24B：ほんとにー
25A：てがおめ前のテストよー
26B：うん
27A：あれだべー，ただ単によー，前の日忙しぐって勉強あんまでぎねがっただけだべー
28B：え？　なんのことかしら（笑い）
29A：だがらー，追試はー（B：うん，うん）まず余裕持って勉強すれば，おめだば余裕
30B：うん，まーとりあえずー，余裕持って勉強するようにするけどさー（A：うん）うん，まー来年取るよりはいっかっていう…ね
31A：とりあえず今回の追試頑張りなさい
32B：うーん，まあね
33A：うん，それで受がれば単位もらえるんだがらいいじゃん
34B：うん，頑張るわ
35A：頑張れ
36B：うん，ごめんなー
37A：うん
38B：うん，ありがとねー，電話，うん，はい，じゃまずー
39A：はい，じゃーね，ばいばーい
40B：うん，ばいばーい

　Aの発話には，「書がれでねがった」「いいごどじゃん」「落どしまぐって」「受がる」「てが」「忙しぐって」「でぎねがっただげ」「だがらー」「受がれば単位もら

えるんだがら」のように，非語頭のカ行・タ行音の濁音化が生じている。また，「書がれでねがった（＝書かれてなかった）」「いいべった（＝いいじゃない）」「考えれ（＝考えろ）」「あれだべー（＝あれだろう）」「でぎねがっただげだべー（＝できなかっただけだろう）」「おめだば（＝おまえなら）」などの方言特有の表現も現れている。音調面でも 09A の「なんかしたー（＝どうかした）」が下降音調となっており，疑問文が下降音調になる方言の特徴が現れている。

　一方で，イとエの中間音，アとエの中間音，中舌母音，鼻濁音などは現れていない。また，「なんか」「マジで」「じゃん」「てが（＝てか）」のような全国共通の若者ことばも使用されており，全般的に標準語の要素を多く取り入れた発話となっている。

　Bは方言的な発話の数は多くないが，そのなかで，16Bと22Bの発話が方言に切り換わっている。いずれも「困惑した状況」を訴える内容であり，そうした心理的な「動揺」を表すのに，方言を選択しているようである。それに対しAには，「上の立場」でBを励ます31Aの発話に，標準語への意図的な切り換えが見られる。このように，標準語と方言の縦横無尽な切り換えによって，会話を「演出」していることがみてとれる。

(2) 福島県の若年層の会話例

　次に，福島県出身若年層（いわき明星大学学生）の会話例をみてみる。

［会話の流れ］A（電話のかけ手）は友人数名と日曜日に遊びに行く計画を立て，B（電話の受け手）に電話をかけて誘う。Bは締め切りの近いレポートがあることを理由に断る。AはBが納得するまで説得し，Bは納得したら受諾する。Aは待ち合わせの場所と時間を伝える。Bは時間を変えてもらえるよう頼む。Aはほかの友人に確認してから再度連絡すると伝え，Bは了解する。
［話者］A：福島県いわき市出身・女性・1986年生まれ
　　　　B：福島県いわき市出身・女性・1987年生まれ
［収録時期］2007年10月

01B：もしもーし
02A：もしもしー
03B：はいはい
04A：あっ，ねーねー，あし……，んとさー，日曜日って暇ー？
05B：んー，暇ーだけどー
06A：あっ，暇？
07B：暇だけどちょっとねー，レポートがあっ

てー，ちょっと無理（A：えっ）かも
08A：えっ，なんで？　なんか，んとね，遊びに行こうって言ってんだけどー，Bも来ない？（B：んー）と思ったのー
09B：行きたいけどなー，どうしよっかなー，ちょっと，レポート結構たまっててさー
10A：えーっ，でも，レポートってあれっしょー？　たぶんあたしと一緒じゃん

11B：そーだよねー？(A：(笑い)) やってる？
12A：えっ，全然（笑い）
13B：ああ，マジでー？
14A：ぜんっぜんやってねーよ
15B：わあ，本当？
16A：うん，だからなんかー，まだ期限もあるしー，まあ，なんかいいかなっと思ってー
17B：あー，そっかー。んじゃあ（A：ああ）どうしよっかな，じゃあ行こーかなー
18A：行こうぜ
19B：ううーん，わかったー，じゃ，行く
20A：（笑い）行く？
21B：うん，行く，行く
22A：よしっ
23B：いつ？
24A：んとー，んとねー，セブンにー，10時に集まっけーって，言ってんだけどー
25B：10時すかー？（A：（笑い））10時？じゅじ10時，早いっすよー（A：うん，あー）うち，ちょっと，起きれないかなー，みたいなー？
26A：そうだよねー，そうだよねー，あたしもちょーっと早いかなーと思ったんだっけー
27B：じゃあ，お昼でもいいから 12時くらい？
28A：12時，ああ，12時ぐらいね？
29B：うん（A：あー）それでもいいなら
30A：あー，うんうん，たぶんだいじょぶだと思う
31B：あ，マジでー
32A：あ，なんか，ほかの人にも連絡してみっから
33B：あー，わかった
34A：うーん
35B：じゃー
36A：でー，また何かわかったら連絡するよ
37B：おお，わかった，わかった。オッケーイ
38A：うん，はいはい
39B：じゃーねー
40A：じゃー，あとで（B：はーい）また
41B：はーい
42A：はーい，じゃねーい

　音韻面では全般的に標準語的であり，秋田県若年層の会話にみられたカ行・タ行音の濁音化も見られない。音韻面での標準語化がいっそう進んでいることがわかる。

　一方，音調面には特徴がみられる。Aの発話の 08，24，26，32，Bの発話の 05，25の下線部分は，抑揚のない平板な音調で，句末が軽く上昇している。無アクセント方言の音調的な特徴が現れているといえる。ただし，これは発話のすべてにわたるわけではない。Aの場合は，相手に気をつかいながら情報を提示する部分に現れており，Bの場合は，心理的に困難を感じている（気が進まない）ことを表す箇所に現れているようである。

　Aの発話の「10時に集まっけー（＝集まるか）」「連絡してみっから（＝みるから）」は，動詞語尾の「ル」の促音化したものである。「ちょーっと早いかなーと思ったんだっけー（＝思ったんだよ）」の「ケ」は，自分が知っている情報をだれかに報告する場合に用いる文末詞で，この地域の若い世代に広がっている新しい表現である。

3. 方言活動

　かつて東北方言は,「田舎者」のことばの代表のように扱われ,集団就職や出稼ぎ,進学などで首都圏に移入した東北出身者は,深い「方言コンプレックス」にさいなまれてきた。そうした状況は,高度経済成長期を経た1970年代以降,とくに交通網の発達とテレビの普及によって,地域間の経済・情報格差が平準化することにより,徐々に解消されてきた。一方,社会の平準化は,ことばの平準化をも押し進め,すでに北海道・東北地方においても,伝統方言のみで生活をする人は皆無といってよい状況にある。「方言コンプレックス」の解消は,標準語の受容によって実現したという面を否定することはできないだろう。

　一方,地方の標準語化が実現するに従い,方言が珍重される風潮が生じている。ここでは,秋田県の事例を中心に,方言を「活用」する取り組みについてみていく。

(1) 方言収録事業

　1929年に秋田県学務課によって編纂された方言集『秋田方言』の序文には,その編纂の目的が,以下のように記されている(漢字は新字体に改めた)。

> 国語の存する所必ず教育あり教育の行はるる所また国語の醇正を要すべきは自然の数にして国語が国民精神の血液なりと称道せらるる所以亦茲に存す
> 蓋し言語は古来霊妙なる活動を有すとせられ特に我が邦は言霊の幸ふ国と伝へらる之を尊重し之を愛護し以て益其の醇正を期せざるべからざるは自ら明かなり
> 然るに本県の如きは地東北の僻陬に在りて標準的国語の普及遅々として進まず方言訛語の残存するもの鮮しとせず之を矯正せむことは文化発展上必須の業と謂ひつべし県は此に観る所あり曩に委員を嘱託し管下方言の調査を命ず爾来三星霜今や漸く成る教養の任に在る者宜しく之を基案となして方言訛語の矯正を図り更に研鑽を積み他日の大成を期せらるべし一言以て序となす

(秋田県学務課編『秋田方言』「序」)

　この時期の行政における方言収録の目的が,方言の矯正教育にあったことが,明確に謳われている。昭和初期のこの時期には,全国各地で行政主導の方言収録が行われたが,その目的は,秋田の事例と同様に,方言矯正と標準語の普及にあった。

　一方,現在,行政が行う方言収録事業は,地域の伝統文化の保存を目的に掲げて実施される場合が多い。以下は,秋田県教育委員会による方言収録事業の成果の一つである『CD-ROM版　秋田のことば』(2003)の「はじめに」(抜粋)で

ある。
　秋田のことばは、あたたかいことばです。
　私たち秋田人が支え合って生きていくために思いを通じ合ってきたことばだからです。
　秋田のことばは、ちからづよいことばです。
　冬のあいだじっとエネルギーを蓄え力強く芽吹くバッケ（フキノトウ）のように、遠い祖先の時代から自然の中でたくましく生きてきた秋田人のことばだからです。
　秋田のことばは、たのしいことばです。
　囲炉裏ばたで父、母、祖父母にムガシッコ（昔話）をせがんで身につけた秋田人のことばは、ユーモアにあふれています。（中略）
　「あんだの声 21 世紀さ残さねすか？」そう呼びかけて、応じてくださった老若男女の秋田人の声を CD-ROM にギュッとつめ込みました。昔ながらの秋田弁あり、新しく生まれつつある秋田弁あり、21 世紀への変わり目をともに生きた秋田人の声のタイムカプセルです。（中略）
　数えきれないほどたくさんの人たちの息吹と知恵がつまったタイムカプセルが、新しい時代の新しい人たちのことばに新たな生命を吹き込み、「あたたかい、ちからづよい、たのしい」秋田のことばが生き続けるのを願ってやみません。
　　　　　（秋田県教育委員会編『CD-ROM 版　秋田のことば』「はじめに」抜粋）
　地方行政において、標準語を受け入れ中央に同化することが至上命令であった時代から、方言を活用して地方の独自性を「創出」する時代に移ったことがみてとれる。

(2) 方言詩

　青森市生まれの高木恭造（1903-1987）は、津軽方言を用いて詩作を行った。代表作である方言詩集『まるめろ』（1931）は、地方人の視点による生活詩として、高い評価を受けている。

　　　　冬の月
　　嬶ごと 殴いで戸外サ出ハれば
　　まんどろだお月様だ
　　吹雪イだ後の吹溜こいで
　　何処サ行ぐどもなぐ俺ア出ハて来たンだ
　　　　——ドしたてあたらネ憎ぐなるのだべナ
　　　憎がるのア愛がるより本気ネなるもンだネ
　　　そして今まだ愛いど思ふのア　ドしたごとだバ

ああ　みんな吹雪(フギ)ど同(オナ)じせエ　過ぎでしまれば
まんどろだお月様だネ

(高木恭造『まるめろ』)

　津軽方言話者でなくても,「まんどろ(万灯籠)だお月様」が,単なる「明るいお月様」でないことは,感じとれる。ここでの方言の使用は,「このことばでしか表現できない世界」を描き出しているといえる。

　次に,最近話題となった東北方言の詩をみてみる。以下は,秋田県出身で名古屋在住のシンガーソングライター,伊藤秀志による「大きな古時計」の秋田方言訳である。伊藤がパーソナリティーを務めるラジオ番組で歌って話題を呼び,2003年にCD化され,中学校国語教科書(『新しい国語2』東京書籍,2006年度用)にも採用された作品である。

　　　　大きな古時計 ZuZu バージョン
　　でっけくて背(しぇ)の高(た)げ　古くせ時計(とげ)っこだば
　我家(うえじ)の爺(とげ)っこの時計(とげ)っこ
　米寿と干支(えと)一回りも　休まねで動(うご)でだ
　我家(うえじ)の爺(とげ)っこの時計(とげ)っこ
　我家(うえじ)の爺　赤(あが)ん坊(ぼ)で　世間(しぇげ)に出た朝間(あさま)
　誰(だれ)がだやら買ってきた時計(とげ)だもんだどや
　今(えま)だば　まんずさっぱり　動がねぐなったもんだ
　何(な)となってしまったもんだ　時計(とげ)っこ
　　米寿と干支(えと)一回りも　チクタク　チクタク…
　　我家(うえじ)の爺どふとじみでにして　チクタク　チクタク…
　　今(えま)だば　まんずさっぱり　動がねぐなったもんだ
　　何(な)となってしまったもんだ　時計(とげ)っこ

　(後略)
　　(伊藤秀志『Les temps qui passent 通り過ぎる時間』より(ふりがなは筆者))

　これが「訳詞」であることからもいえることだが,ここで描かれているのは,「このことばでしか表現できない世界」ではない。この作品が話題になり,秋田方言話者ではない一般の日本人に受け入れられたのは,現在の日本社会において,東北方言が「素朴さ」「温かさ」「懐かしさ」を醸し出す「イメージ言語」として機能するようになっているからである。東北方言は,日本人共通の「ふるさとのことば」として受容されるようになっているのである。

(3) 方言による地域活性化

現在，方言は，さまざまな方言グッズ（のれん・手拭い・湯飲み茶碗，絵はがき・かるたなど）や方言イベント（方言大会・演劇・民話の方言語りなど）に活用され，地域活性化に一役買っている。

ここでは，地域活性化に活用される方言の事例として，秋田県で現在，人気沸騰中のローカルヒーロー「超神ネイガー」を紹介したい（考案者は，にかほ市の海老名保氏。地元の高校を卒業後，東京のプロレス団体に入門したが，練習中に負傷しプロレスラーの道を断念。地元でジムを経営しながら，友人とともに「秋田らしいヒーロー」を作り上げた。（海老名保『「超神ネイガー」を作った男』参照）。

「秋田県民の，秋田県民による，秋田県民のためのヒーロー計画」によって，2005年に誕生した「超神ネイガー」は，その名も，ナマハゲの発する「悪い子はいねがー，泣く子はいねがー」から命名された（図2.4）。変身の際のかけ声は，「豪石（ごうしゃく）」（ごしゃく（怒る））。仲間の超神に「ジオン」（おんじ（弟・次男以下））、「アラゲ丸」（あらける（暴れる））、「マイ」（米）がいる。

ネイガーの敵役は，「だじゃく組合」（だじゃく（乱暴））の「ホジナシ怪人」（ほじなし（だらしない人））たちである（図2.5参照）。怪人たちの名前は，さながら秋田方言の「けなし語リスト」のようである。こうした人の性向を表す「性向語彙」は，プラス性向を表す語彙量よりもマイナス性向を表す語彙量のほうが圧倒的に多いとされるが，これは，性向語彙が「対人評価語彙として機能するだけでなく，同時に，自らが行動する場合の行動モラルの具体的な指標としても機能するものである」ことによる（室山2001）。この観点からすると，「だじゃく組合」の組織図は，そのまま，「地域社会で許されない行動・性癖」のリストとみなすこともできよう。ネイガー人気の一因は，こうしたキャラクターのネーミン

図2.4 秋田県警制作のポスター
（キャラクター：超神ネイガー）

30   2. 各地方言の実態—方言の現在—

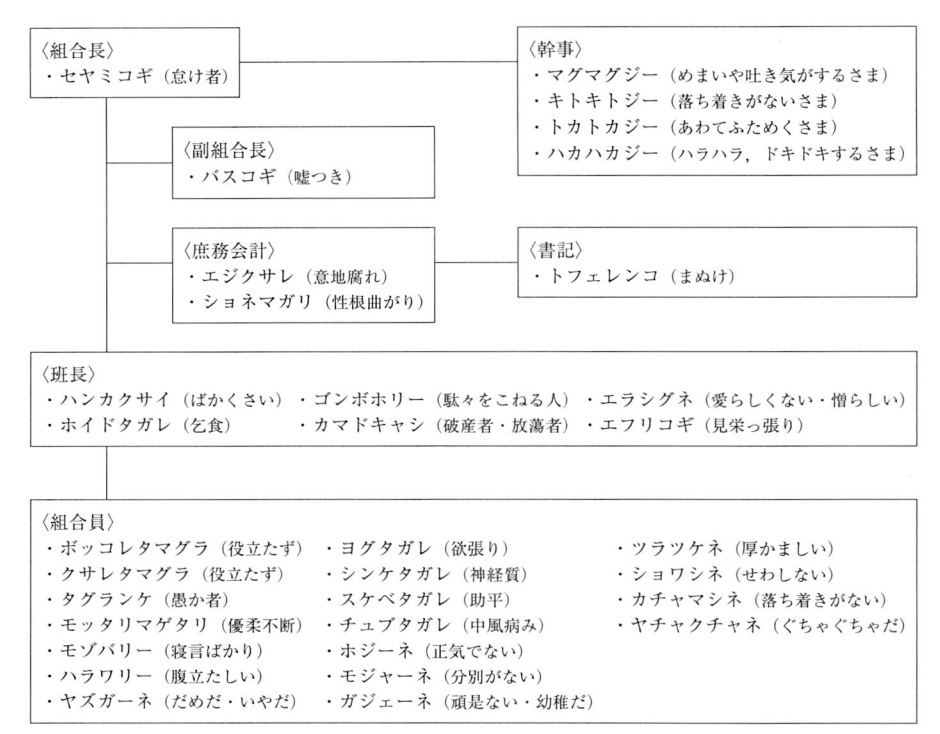

〈組合長〉
・セヤミコギ（怠け者）

〈副組合長〉
・バスコギ（嘘つき）

〈庶務会計〉
・エジクサレ（意地腐れ）
・ショネマガリ（性根曲がり）

〈幹事〉
・マグマグジー（めまいや吐き気がするさま）
・キトキトジー（落ち着きがないさま）
・トカトカジー（あわてふためくさま）
・ハカハカジー（ハラハラ，ドキドキするさま）

〈書記〉
・トフェレンコ（まぬけ）

〈班長〉
・ハンカクサイ（ばかくさい）　・ゴンボホリー（駄々をこねる人）　・エラシグネ（愛らしくない・憎らしい）
・ホイドタガレ（乞食）　　　　・カマドキャシ（破産者・放蕩者）　・エフリコギ（見栄っ張り）

〈組合員〉
・ボッコレタマグラ（役立たず）　・ヨグタガレ（欲張り）　　　・ツラツケネ（厚かましい）
・クサレタマグラ（役立たず）　　・シンケタガレ（神経質）　　　・ショワシネ（せわしない）
・タグランケ（愚か者）　　　　　・スケベタガレ（助平）　　　　・カチャマシネ（落ち着きがない）
・モッタリマゲタリ（優柔不断）　・チュブタガレ（中風病み）　　・ヤチャクチャネ（ぐちゃぐちゃだ）
・モゾバリー（寝言ばかり）　　　・ホジーネ（正気でない）
・ハラワリー（腹立たしい）　　　・モジャーネ（分別がない）
・ヤズガーネ（だめだ・いやだ）　・ガジェーネ（頑是ない・幼稚だ）

図 2.5　「だじゃく組合」組織図（平成 20 年度版）（「超神ネイガー」ウェブサイトより・一部省略　（　）内の訳は筆者）

グによって，地域社会の規範意識を呼び起こすところにもあるのではないかと思われる。

　全国一律に平準化した現在の日本では，方言は生活語としての「生々しさ」を失い，「イメージ言語」としての機能を強めつつある。方言の活用を通じて「創出」される地域アイデンティティも，実は，周囲の一般的な価値観の投影である場合が多い。「あたたかい，ちからづよい，たのしい」方言という自己イメージと，「素朴な，温かい，懐かしい」方言という周囲の期待するイメージは，方向性を同じくするものといえる。

　一方，個人の発案から生まれた「超神ネイガー」が地域の人々の心をつかんだように，方言の活用は，発想次第でいっそう多様なものになりうる。多様な方言活動は，そのまま，地域活性化の多様な取り組みを生み出すことにつながるだろ

う（日高 2009）。

Exercises

1. 「北海道・東北地方の 21 世紀に残したいことば」のリスト（表 2.3）をみて，選ばれた語の性格について考えてみよう。もしも「後世に残したい日本のことば」や「あなたの好きな日本語」を選ぶとしたら，どのような語があがってくるだろうか。
2. 高木恭造の方言詩「冬の月」を，津軽方言の語彙・文法の特徴をふまえて標準語訳してみよう。標準語に訳しにくいところはどこか。方言詩の生み出す表現性について考えてみよう。

2 関　　　東

1. 伝統方言の要説

　関東方言は，大きく，東関東方言（茨城県・栃木県）と，西関東方言（千葉県・群馬県・埼玉県・東京都・神奈川県および山梨県東部にかけて）の，二つにわかれる。東関東方言は北側に隣接する東北地方南奥方言と連続する特色をもち，西関東方言は西側に隣接する中部方言と連続する特色を有している。後者は共通語に最も近い方言といえるであろう。八丈島とその南に位置する青ヶ島，および小笠原諸島を除き，島嶼部の東京都伊豆諸島で話される方言も関東方言のなかに位置づけられる。八丈島と青ヶ島では特殊な方言が用いられるために，関東方言には含めず方言区画のなかでも別個に「八丈島方言」とされるが，行政区画では東京都であるため，便宜的に本節で取り上げる。なお，小笠原諸島では，複雑な入植・移住の歴史を反映して，小笠原混合言語ともいうべき日本語と英語が混ざった言語体系なども使用され，多様な言語状況を呈している（ロング・橋本2005）。

　東京は，江戸時代から都（みやこ）となり，中心都市としての性格をもっているために，そのことばは関東地方のなかでも異なった様相を示す。具体的には，まず，関東方言を基盤にしつつ，江戸の都市化とともに京阪方言をはじめ各地の方言が混ざって江戸語が成立する。ついでこの江戸語の一部は，明治以降，書記言語の影響を受け，また文化的な洗練が加えられて「東京山の手ことば」となり，さらに，山の手と下町のことばの区別が小さくなって東京語が形成されるに至る。この東京語は，明治時代に制定された標準語の基盤となったことばである。

　関東各地の伝統方言については，東条監修（1961a）や飯豊・日野・佐藤編（1984b），都県ごとに編纂された平山輝男編『日本のことばシリーズ』（明治書院）によって確認することができるが，以下，本節では，音韻，アクセント，文法，語彙の順に，関東地方の伝統方言の代表的な特徴をみていこう。

(1) 音韻・アクセント

(a) 音　韻

　関東方言の音韻には，次のような特徴が観察される。

① 母音の無声化が多くみられる。母音は本来声帯の振動を伴って発音される有声音であるが，声帯振動を伴わずに発音される現象が関東方言では顕著である。

狭母音のイ，ウが無声子音を伴ったり，無声子音に挟まれたりする場合によく現れる。

　　例）キシャ（汽車）[ki̥ʃa]，シタ（下）[ʃi̥ta]，ヒトリ（一人）[çi̥toɾi]，クサ（草）[ku̥sa]，スキー [su̥ki:]，ツカウ（使う）[tsu̥kaɯ] など。

②母音の交替があり，イとエ，ウとオの混同がみられる。イとエの混同は母音単独の場合にとくに起こりやすい。

　　例）イ→エ：コエ（鯉）[koe]，エモ（芋）[emo]，エバル（威張る）[ebaɾɯ] など。

　　　　エ→イ：コイ（声）[koi]，インピツ（鉛筆）[impi̥tsɯ]，イビ（海老）[ibi] など。

　　　　ウ→オ：モコ（婿）[moko]，テノゴイ（手拭い）[tenoŋoi]，コマデ（熊手）[komade] など。

　　　　オ→ウ：ムル（漏る）[mɯɾɯ]，スル（剃る）[sɯɾɯ]，フルシキ（風呂敷）[ɸɯɾɯʃiki] など。

③連母音の融合が頻繁に起こる。アイ，アエ，イエ，エイ，オイはエーと発音されるが，とくにアイ，アエの場合は広めのエーになる。「蝿」は [hɛ:] で「塀」は [he:]，「暗い」は [kɯɾɛ:] で「黒い」は [kɯɾe:] となり，音韻的対立として示される地域もある。

　　例）アイ→エー（[ai] → [ɛ:]）：アケー（赤い）[akɛ:]，ケーモン（買い物）[kɛ:moɴ] など。

　　　　アエ→エー（[ae] → [ɛ:]）：メー（前）[mɛ:]，ケル（帰る）[kɛ:ɾɯ] など。

　　　　イエ→エー（[ie] → [e:]）：ケール（消える）[ke:ɾɯ]，オセール（教える）[ose:ɾɯ] など。

　　　　エイ→エー（[ei] → [e:]）：エーガ（映画）[e:ŋa]，トケー（時計）[toke:] など。

　　　　オイ→エー（[oi] → [e:]）：クレー（黒い）[kɯɾe:]，フテー（太い）[ɸɯte:] など。

　　　　オエ→エー（[oe] → [e:]）：キケール（聞こえる）[ki̥ke:ɾɯ]，オベール（覚える）[obe:ɾɯ] など。

　　　　ウイ→イー（[ɯi] → [i:]）：アッチー（熱い）[attʃi:]，フリー（古い）

［ɸɯɾiː］など。

④ 子音の交替の例として，ヒとシの混同がみられる。ヒガシになる場合の子音は［ɕ］に近いこともある。拗音のヒャもシャとなることがある。東京下町方言の特徴として全国的に有名だが，関東方言に広くみられる現象でもある。

 例）シル（昼）［ʃiɾɯ］，シヤス（冷やす）［ʃijasɯ］，シャクエン（百円）［ʃakɯeɴ］，ヒツコイ（しつこい）［çitsɯkoi］，ヒチゴサン（七五三）［çitʃigosaɴ］，ヒオシカ°リ（潮干狩り）［çioʃiɲaɾi］など。

⑤ 子音の脱落の例として，千葉県南部ではカ行子音の脱落がみられる。

 例）カーシ（案山子）［kaːʃi］，フーロ（袋）［ɸɯːɾo］，ハタエ（畑）［hatae］，ユーツ（いくつ）［jɯːtsɯ］（イクツ→イウツを経ての変化），ユーラ（いくら）［jɯːɾa］（イクラ→イウラを経ての変化）など。

なお，語彙的な事象であるが，「何」の［n］が脱落する現象が，千葉県でみられる。

 例）アニ（何）［ani］，アンデ（何で）［aɴde］など。

⑥ 非語頭のカ行音，タ行音が濁音化する。この現象は東関東方言域の茨城県・栃木県と，千葉県北東部にみられる。

 例）カギ（柿）［kagi］，カグ（書く）［kagɯ］，ネゴ（猫）［nego］，ハダゲ（畑）［hadage］，クズ（靴）［kɯdzɯ］，マド（的）［mado］など。

⑦ 撥音化の例として次のようなものがみられる。

・ナ行音のニ・ノが撥音ンになる。

 例）ニ→ン　イチンチ（一日）［itʃiɴtʃi］，ナンモ（何も）［naɴmo］など。
  ノ→ン　キモン（着物）［kimoɴ］，カイタンカ（書いたのか）［kaitaɴka］など。

・カ行・ナ行・ダ行・バ行音に前接するラ行音が撥音ンになる。

 例）カ行音に前接　アンカラ（あるから）［aɴkaɾa］など。
  ナ行音に前接　ソンナラ（それなら）［soɴnaɾa］，ワカンネー（わからない）［wakaɴnɛː］など。
  ダ行音に前接　ソンダカラ（それだから）［soɴdakaɾa］，ソンデモ（それでも）［soɴdemo］など。
  バ行音に前接　アンベー（あるだろう）［ambeː］など。

・撥音が挿入される。

例）キンニョー（昨日）[kiɲɲoː]，ショーガンネー（しょうがない）[ʃoːŋaɴnɛː] など。

⑧ 促音化の例として次のようなものがみられる。

・ラ行音が促音になる。

　例）ウッセー（うるさい）[ussɛː]，ソッダケ（それだけ）[soddake]，トッケール（取り替える）[tokkɛːɾɯ] など。

・促音が挿入される。とくに東京下町方言で顕著に現れる。

　例）ケットバス（蹴飛ばす）[kettobasɯ]，〜ラシクッテ（〜らしくて）[raʃi̥kutte]，ムカイッカワ（向かい側）[mɯkaikkawa]，ムカシッカラ（昔から）[mɯkaʃi̥kkara] など。

⑨ サ行ウ列拗音，ザ行ウ列拗音が欠けている。シュはシに，ジュはジに直音化する。

　例）シュ→シ　シジツ（手術）[ʃidʑitsɯ]，シッパツ（出発）[ʃi̥ppatsɯ] など。

　　　ジュ→ジ　シンジク（新宿）[ʃiɴdʑikɯ]，ジク（塾）[dʑikɯ]，ハンジク（半熟）[haɴdʑikɯ] など。

⑩ 八丈島方言の音韻の特色には，次のようなものがある。

・半母音でワ [wa] のほかにウェ [we] がある。

　例）ウェンダ（上）[weɴda]，カウェアシキャ（かわいい）[kaweaʃi̥kja] など。

・三根(みつね)地域では，連母音アイはエーとなるが，エイ・ウイ・オイはエイと発音される。

　例）アイ→エー（[ai] → [eː]）　デーコン（大根）[deːkoɴ] など。

　　　エイ→エイ（[ei] → [ei]）　センセイ（先生）[seɴsei]（センセーではない）など。

　　　ウイ→エイ（[ui] → [ei]）　テネゲイ（手拭い）[tenegei]（テネゲーではない）など。

　　　オイ→エイ（[oi] → [ei]）　オメイダス（思い出す）[omeidasɯ]（オメーダスではない）など。

・ガ行子音は語頭，語中いずれの位置においても [g] となり，鼻濁音 [ŋ] はみられない。

・ラ行音がダ行音に交替する現象がみられる。
　例）ドーソク（ろうそく）［doːsokɯ］，ダイネン（来年）［daineɴ］など。
（b）アクセント

関東方言のアクセントは，東京式アクセント，埼玉特殊アクセント，無型アクセントの三つに大きく分けられる。以下，それぞれについて該当する地域や特徴をみていこう。

① 東京式アクセント

使用される地域は，千葉県，群馬県，埼玉県（東部を除く大部分），東京都（八丈島を除く），神奈川県である。標準語と同じアクセントで，アクセント核のある起伏式とアクセント核のない平板式との対立がある。千葉県の中部から南部にかけての地域では，東京式アクセントに類似しつつも類の統合や母音の広狭による型の区別などに東京式とは異なる特徴がみられる「準東京式アクセント」がある。

② 埼玉特殊アクセント

使用される地域は埼玉県東部の 4 郡である。旧郡名で示すと北足立郡の一部，北埼玉郡の中部以東，南埼玉郡全域，北葛飾郡全域となる。これに東京都東端・千葉県西北部・群馬県東南部が連なる。「特殊アクセント」とは，すべての語や文節の発音で特殊な型を有するアクセントである。埼玉県蓮田市のアクセントでは，次のように，標準語とは高低関係が逆になっているようなアクセントが観察される（L は音調が低い拍，H は高い拍を表す）。

　　HL：柄が，花，飴，泣く
　　LH：絵が，雨，切る，良い

京阪式アクセントと似ているが，周辺の方言アクセントと型の対応を詳細に調査した結果，これらは東京式アクセントから変化したものであると考えられている。栃木・茨城に近い北よりの地域ほど，型の曖昧性が大きくなる。

③ 無型アクセント

茨城県，栃木県の大部分，八丈島で使用される。栃木県については，群馬県と接する足利市は東京式アクセント，足利市に接する佐野市や安蘇郡が曖昧アクセントで，それ以外の地域が無型アクセントとなる。

「無型アクセント」とは，型の区別がない，型としての決まりがないアクセントのことである。東京式アクセントや京阪式アクセントのような型の区別が明瞭な有型アクセントと対立するアクセントタイプで，本州では東北地方南奥方言と東

関東方言域に広い分布をもつ。アクセントの型の区別がないとは，同音異義語の「雨」と「飴」，「柿」と「牡蠣」，「橋」と「箸」と「端」などで，アクセントの違いで語の区別がなされないということである。そして同じ語でも，場合によってはアクセントが異なって発音されることもある。たとえば「橋」は HL, LH, HH のいずれかが任意に現れる。

佐野市などの「曖昧アクセント」とは，アクセントの高低差が小さく型の区別が曖昧なアクセントである。音環境などによって高低の位置にゆれが生じる。この「曖昧」の程度にも差があり，無型アクセント地域に地理的に近いほど曖昧さも顕著になる傾向がある。

なお，無型アクセント地域の茨城県，栃木県では，イントネーションに特色がみられる。話しかた全体が上がり下がりのない平板な調子で，文表現が終わりに向かうに従って漸増的に上昇し，最後の拍が最も高くなって終わるというもので，「茨城の尻上がり」「北関東の尻上がり」と称される。これは聞き手が目上や見知らぬ人のときに，共通語表現とともに現れやすいイントネーションで，話し手には相手に配慮しているという意識があり，待遇表現の一つとされている。

(2) 文法・語彙
(c) 文　法

関東地方の特徴的な文法事象として，ここでは，助辞ベー，カ変・サ変の一段化，格助詞サの使用，敬語表現を取り上げる。

〈助辞ベーの様相〉

東京の中央部を除くほぼ関東全域で，意志・勧誘，推量を表す「ベー」が使用される。関東方言を代表する方言として有名で，「関東ベー」「ベーベーことば」と称される。群馬県には「上州のべいべいことばがやんだらべい　なべやつるべはどうするべい」という戯歌がある。「ベー」ということばがなくなってしまったら（「べ」のつく）鍋や釣瓶は何と言ったらいいのだろう，という意味で，「ベー」ということばが鍋や釣瓶と同じように日常生活でも頻繁に使われるごく身近なものであることが現れている。

図2.6は意志表現「書こう」の全国分布を示す地図である。カクベー類は東北地方から関東地方にかけて広く分布し，伊豆諸島や静岡県東部にも分布することがみてとれる。千葉県内にはカイベー類（カイベー，カーベー）のような語形もある。

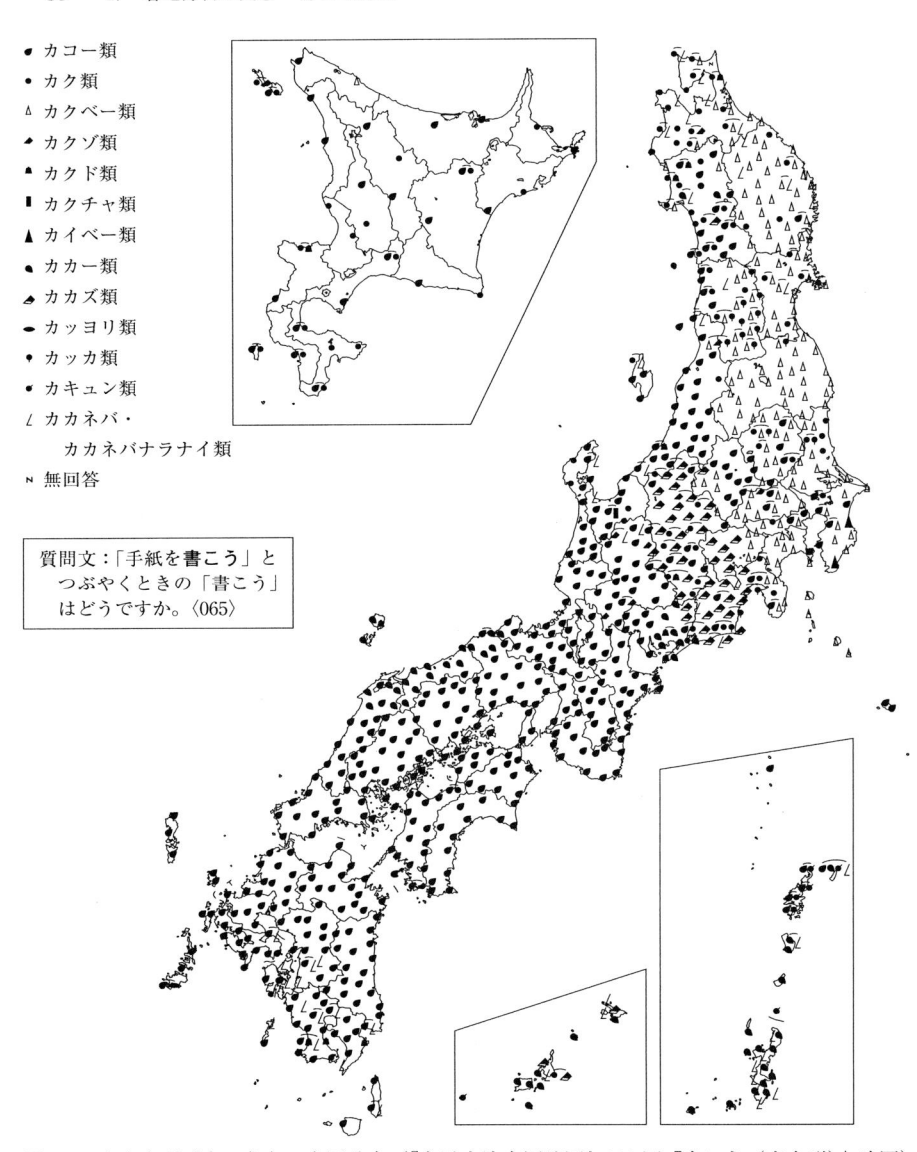

38   2. 各地方言の実態―方言の現在―

- ● カコー類
- ● カク類
- △ カクベー類
- ▲ カクゾ類
- ▲ カクド類
- ▌ カクチャ類
- ▲ カイベー類
- ● カカー類
- ◢ カカズ類
- ● カッヨリ類
- ● カッカ類
- ● カキュン類
- ∠ カカネバ・
  カカネバナラナイ類
- N 無回答

質問文:「手紙を**書こう**」と
つぶやくときの「書こう」
はどうですか。〈065〉

図 2.6　意志表現「書こう」の全国分布（『方言文法全国地図』109 図「書こう（意志形）」略図）

表 2.4 関東方言の「ベー」

	伝統方言	近年の方言
1 意志・勧誘表現 泳ごう	オヨグベー（関東全域）	オヨグベー（関東全域） オヨグンベー（群馬）
2 推量表現（動詞接続） 泳ぐだろう	オヨグベー（茨城・栃木・千葉） オヨグダッペ（千葉） オヨグダンベー（東京多摩地域・神奈川）	オヨグベー（関東全域） オヨグンベー（群馬）
3 推量表現（名詞接続） 雨だろう	アメダッペ（茨城・千葉） アメダンベー（栃木・群馬・埼玉・東京多摩地域・神奈川）	アメダヘ（茨城） アメダベー（関東全域）
4 推量表現（形容詞接続） 高いだろう	タガガッペ（茨城・千葉北部） タカッペ（茨城・千葉北部） タケーッペ（千葉南部） タカンベー（栃木・群馬・埼玉・東京多摩地域・神奈川）	タカイベー（関東全域） タケーベ（関東全域） タケンベー（群馬）

　ベーは語形や用法に関東地域内でも地域差があり，また伝統方言形と近年使用される方言形（ネオ方言形を含む）で世代差もみられる。それをまとめたものが表2.4である。

〈カ行変格活用・サ行変格活用の一段化〉

　標準語の動詞「来る」は，カ行変格活用動詞である。これが日本各地の方言で上一段活用化しているということが指摘されているが，国立国語研究所編（1991）『方言文法全国地図2』，同編（1994）『方言文法全国地図3』（以下 GAJ）において，その全国分布状況が明らかにされた。木部（1996a）では動詞「来る」を対象にした方言地図8図を精査し，全国諸方言での「来る」の活用を表2.5のようにまとめている。表2.5を地図上で表してみたものが図2.7である。

　表2.5と図2.7をあわせてみるとわかるように，各活用形では使役形と受身形で上一段化が進んでいる。また上一段化が最も進んでいる地域は茨城県を中心とする関東地方である。関東から離れるに従って上一段化が少なくなる様子がみて

表 2.5　全国諸方言での「来る」の語形（木部 1996a の表 1 に加筆）

	使役形	受身形	否定形	意志形	推量形	仮定形	終止形	命令形
北海道	コサセル	コラレル	コナイ	クルカ	クルベ	クレバ	クル	コイ
出羽	コラセル	コラエル	コネ	クルガ	クルベー	コエバ	クル	コエ
三陸	キラセル	キラレル	コネー	クルベー	クルベー	クレバ	クル	コー
関東	キサセル	キラレル	キネー	キベー	クルダンベー	クリャー	クル	コイ
茨城	キラセル	キラレル	キネー	キベー	キベー	キレバ	キル	コー
東海	キサセル コサセル	キラレル コラレル	コネー コン	クルカ コズ	クルズラ クルダラ	クリャー	クル	コイ
近畿	キサス	キラレル	キヤヘン	コー	クルヤロー	キタラ	クル	コイ
山陰	キラセル コサセル	コラレル	コン	コー	クルダロー クルダラー	クリャー	クル	コイ コエ
四国	コサス	コラレル	コン	クー	クルロー クルジャロー	キタラ クリャー	クル	コイ キー
東九州	キラスル	キラルル	コン	クー	クルジャロ	クリャー	クル	キー
西九州	コラスル	コラルル	コン	クー	クッジャロ	クレバ	クル	ケ
喜界島	クラスン	クラリリバ	クラン	クロー	キューロー	クリバ	クリ	クー

実線下線の語：上一段化している語，点線下線の語：連用形による語（上一段化ともみなせる語）。

とれる。二段活用の一段化は関東で早く起きたことが指摘されており，木部 (1996a) は「「来る」の上一段化もこの延長上にあるとするならば，この変化は今後，全国各地に広まる可能性がある」と述べている。

　全国規模の GAJ 調査では以上のような結果が示されたが，関東地域内で行われた他の調査結果も含めてまとめると，表 2.6 に示したような語形が報告されている。茨城県では命令形はコーだけでなくキロの報告もある。

　なお，各地におけるサ行変格動詞「する」の活用形は表 2.7 のとおりである。サ変の一段化形も関東の各地で使用されている。

〈格助詞サの使用〉

　共通語の格助詞「へ」や「に」に対応する方言形として，東北方言・関東方言ではサが使用される。GAJ において関東地方で格助詞サが出現している図は，表 2.8 のとおりである。

　格助詞サの分布域は関東地方よりも東北地方のほうが広く，また，関東地方で使用される場合も「へ」や「に」と併用されることが多いのだが，一般に東北方

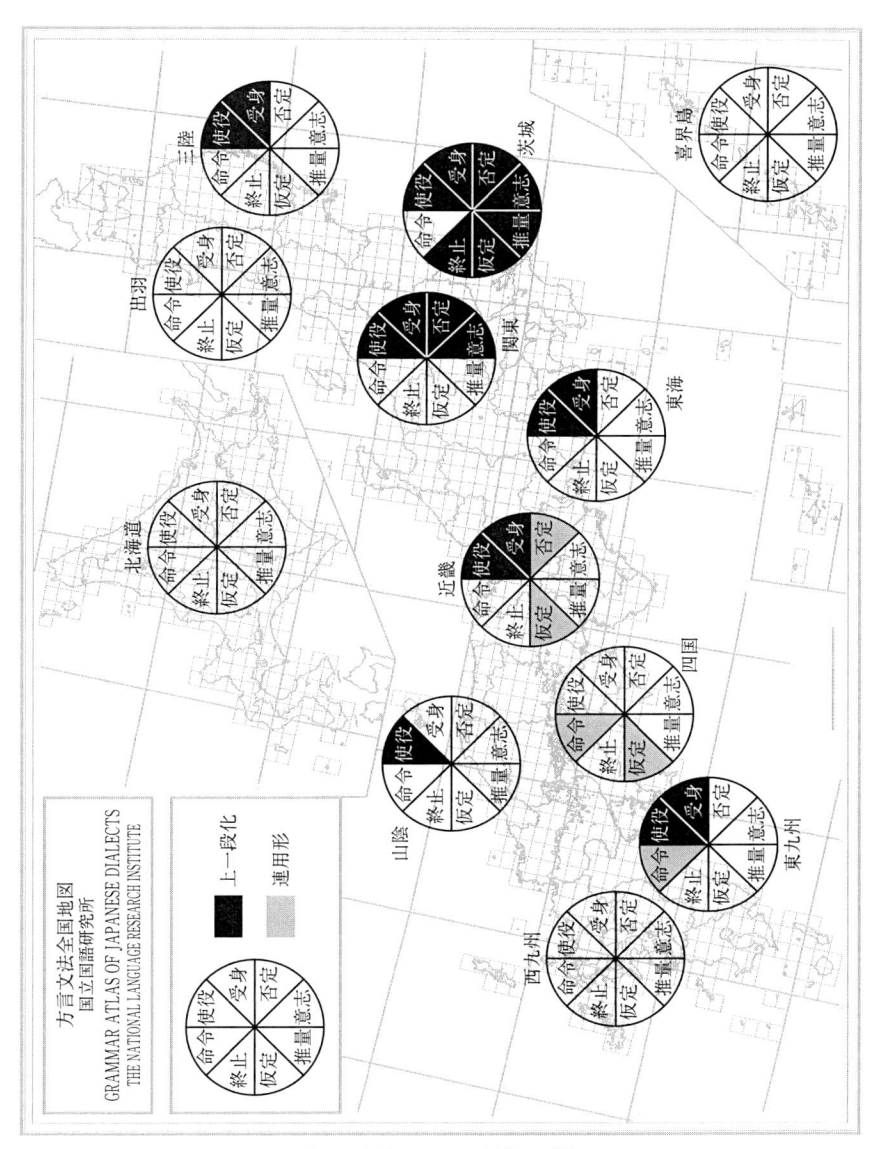

図 2.7 「来る」の一段化の様相

表 2.6 関東方言での「来る」の語形

	使役形	受身形	否定形	意志形	推量形	仮定形	終止形	命令形
栃木	コサセル キサセル	キラレル キラエル キライル	キナイ キネー	クベー クッペー キヨー	クベー クンベ	クレバ	クル	コ
茨城	キラセル	キラレル キラエル	キナイ キネー クネー	クベ キベー キヨー	キベー クベー	キレバ	キル	コー キロ
千葉	キラセル	キラレル コラレル	キナイ コナイ	キベー クベー	キッダロー	クレバ キレバ	クル ク	コー
群馬	コサセル キサセル	コラレル キラレル	キナイ キネー	キヨー キベー クベー	クルダンベー	クレバ クリャー	クル	コイ
埼玉	キサセル	キラレル	キネー	キベー クベー	キベー	クレバ クリャー キレバ	クル	コー
神奈川	コサセル コラセル	コラレル コラエル	コネー	コベー		クリャー	クル	コー
伊豆大島	キラセン	キラレン	コナイ	コベー クンベー	コベー クンベー	クリャー	クン	コイ

実線下線の語：上一段化している語。

言の代表語形の一つと思われているサが，関東地方においても東北方言域からの連続性をもって使用されていることが GAJ からみてとれる。
〈敬語表現〉
　関東方言では敬語表現は非常に簡素である．加藤（1977）に示されている「敬語による区画」によれば，関東地方各地の敬語使用の状況は次のようにまとめられる．
・他者尊敬表現方言域：東京都の山の手地区と，それに隣接する神奈川県・埼玉県の一部の狭い地域，八丈島
・丁寧表現のみの方言域：東京都多摩地区，八丈島を除く伊豆諸島，神奈川県の大部分，埼玉県の大部分，千葉県，群馬県
・無敬語地域：栃木県，茨城県

東京都の山の手のことばは敬語が発達しており，「痛うございましてね」「そーでございます」のように〜（デ）ゴザイマスを日常の会話で用いている．山の手

表 2.7　関東方言での「する」の語形

	使役形	受身形	否定形	意志形	推量形	仮定形	終止形	命令形
栃木	サセル　シラセル	サレル　シラレル	シナイ	スベー　シベー	スッベー　シッペー	シレバ	スル	シロ
茨城	サセル　シラセル	サレル　シラレル	シナイ	シベー　スベ	シベー　シンダッペー	シレバ	シル	シロ
千葉	サセル	サレル　シラレル	シナイ	シベー　スルベー	シベー　シルダッペー	シレバ　スレバ	シル　スル	シロ
群馬	サセル	サレル	シナイ	スベー　シベー	スルダンベー	スレバ　シレバ　シリャー	スル	シロ
埼玉	サセル	サレル	シネー	スベー　シベー	スベー	スレバ　スリャー　シレバ　シロバ	スル	シロ
神奈川	サセル	サレル	シネー	スベー	シベー	シリャー	シル	シロ
伊豆大島	サセン	サレン　シラレン	シナイ	シベー　シンベー	シベー　シンベー	シリャー	シン	シロ

実線下線の語：上一段化している語。

表 2.8　『方言文法全国地図』に現れる関東地方における格助詞サ

No./地図名/意味特徴	使用県と地点数		
GAJ19 図「東の方へ（行け）」（動作の方向）	栃木県5	茨城県6	千葉県5
GAJ20 図「東京に（着いた）」（動作の帰着点）	栃木県6	茨城県8	千葉県6
GAJ21 図「見に（行った）」（動作の目的・動詞接続）	栃木県2	茨城県1	千葉県3
GAJ22 図「仕事に（行った）」（動作の目的・名詞接続）	栃木県3	茨城県3	千葉県3
GAJ23 図「大工に（なった）」（変化の結果）	栃木県1		
GAJ24 図「ここに（ある）」（存在の場所）	栃木県1		千葉県1
GAJ25 図「おれに（貸せ）」（動作の向けられる対象）	栃木県1		

や東京下町など東京の中央部で話される方言には，メリハリがきいて緩急のある，文節をひとまとまりにして早く言うような独特の調子があるが，上の敬語をこの調子にのせると，使用する本人はソーデゴザイマスと発音しているつもりでも，ソーザマス，ソーザンスのように聞こえることがある．このようなことばは「ザ

アマスことば」と称され，上品ぶったことばだというイメージをもたれているが，東京中央部方言の音調にのせたからこそ発音されたものであり，東京方言と位置づけるべきものである。敬語表現については，関東地方のなかで東京中央部方言は特殊であり「言語の島」を形成しているといえる。

〈八丈島方言の文法の特色〉

用言の活用が特殊で，他方言にはみられない語形がある。動詞「書く」においては，終止形カコワ，連体形カコ，否定形カキナカ・カキンナッキャ，過去形カカラ，推量形カクノーワ・カクヌーワのようになる。形容詞「高い」においては終止形タカキャ，連体形タカケ，過去形タカカララとなる。また，敬語体系が発達している。

(d) 語　彙

関東地方の特徴的な語彙事象として，ここでは，接頭語，接尾語，産業・生活に密着したことばを取り上げよう。

〈接頭語の多用〉

動詞や形容詞に前接して，意味や口調を強める接頭語のバラエティが多く，頻繁に使用される。語源はそれぞれ，ウッ・ブッ・プッ・ブンは「打つ」，オッは「押す・圧す」，カッは「掻く」，シッ・ヒッ・ビッ・ヘッ・ヒンは「引く」などで，動詞や形容詞につく場合に関東方言の音韻の特徴によって促音化・撥音化し，後接する語も転訛してもとの形がすぐにはわからないくらいに変化している語もある。

　　例）ウッ-：ウッチャラカス（放っておく，散らかす），オッ-：オッツァバク（裂く，破る），カッ-：カッパショル（はしょる，尻はしょりする），クッ-：クッチャベル（しゃべる），ケッ-：ケッツマズク（つまずく），サッ-：サックレル（気前よくやる），シッ-：シッチャバク（裂く，破る），シャッ-：シャッカマーネー（かまわない），スッ-：スットブ（飛ぶ），ツッ-：ツッペル（踏み入る，入る），トッ-：トッツラマル（捕まる），ヒッ-：ヒッカラマル（絡まる），ビッ-：ビッコショル（折る），フッ-：フッタケル（けしかける），ブッ-：ブッサール（座る），プッ-：プットス（刺す），ヘッ-：ヘッペガス（剥がす），ホッ-：ホッポリダス（放り出す），オン-：オンノマル（埋まる），カン-：カンナグル（草を刈り払う），クン-：クンノム（飲み込む），ツン-：ツンノメル（のめる），トン-：トンノケル（どかす），ヒン-：ヒンマ

ガル（曲がる），フン-：フンジバル（縛る），ブン-：ブンヌゲル（抜ける）
　また，東京都の中央部では，卑罵語的なニュアンスを添えるコ（小），ナマ（生）がつくことばも多くみられる。
　　例）コ-：コウルサイ，コギタナイ，コジレッタイ，コナマイキ，コニクラシー，コムズカシー，コメンドー，コヤカマシーなど。
　　　　ナマ-：ナマハンカ，ナマヤサシー，ナマッカジリ，ナマッチョロイなど。

〈接尾語〉
　栃木県と茨城県では，メ，コ，ボ（ー）などのような接尾語が使われる。これらの接尾語がつきやすい語には（1）動物名，（2）親愛感情をもつもの，（3）なじみのあるもの，（4）小さいものといった特徴があることが指摘されているが，この場合一つの語に（1）～（4）の条件が全部そろう必要はなく，いずれかの条件に反していても接続し，方言語彙として使用される。これらの接尾語は東北方言の指小辞コと似通った性格をもつ。
　　例）-メ：イヌメ（犬），ウシメ（牛），カメ（蚊），オドメ（赤ちゃん），オイッコメ（甥），メイッコメ（姪）など。
　　　　-コ：ウキッコ（めだか），カレッコ（枯れ枝），テーラッコ（平らな場所），ハネッコ（イナゴ），ボサッコ（草むら），ホソッコ（細い紐）など。
　　　　-ボ（ー）：イケンボ（池），タケンボ（竹），トボ（戸），ユリンボ（百合）など。
　栃木県佐野市の北部では蝶にメの変異形であるべやマがついてチョーチョーメ，チョーチョーベ，チョーチョーマのようにいう。またコとメが続いてイヌッコメ，ウシッコメとなることもある。ボ（ー）はその前に促音がくる場合には，アナッポ（穴），イケッポ（池）のようにポとなる。

〈養蚕語彙〉
　関東地方では，かつて盛んに行われた養蚕にかかわることばが，養蚕用語としてだけではなく，日常生活語としても比喩的に使用される場合がある。ここでは新井（2007）が取り上げたズーの例をみてみよう。養蚕用語であるズーは，専門語としては「繭を作る直前の蚕，熟蚕」を表すが，日常生活語として使われる場合には，次のような意味を表す。

① 立つ直前の赤ん坊。共通する特徴は，首を持ち上げること。「あれー，見て見て，はー今ちっとで立つよ。ズーみたいになってきたよ。」
② 年を取った人。共通する特徴は，最終段階であること。「はー　あしもズーんなっちまったからだめさー。」
③ 過熟した果実。共通する特徴は，最終段階であること，色が変わること，忙しい作業に追われること。「苺がみんなズーんなっちゃったから忙しいぞー。」

　また，ズーニナルということばの意味は，養蚕専門語としては「熟蚕になる」ということだが，それが日常生活で用いられる場合には，熟蚕が示すような特徴をもつ①～③のような物事に使われるほかに，熟蚕になると養蚕農家では繭作りの忙しい作業に追われることから，「仕事がたまりにたまった状態になる」ということを表すようにもなっている。

　このようにしてこの地域では，養蚕業で使用する語とその表す意味を通して日常生活を解釈していると考えることができよう。養蚕業の衰退に伴ってこれらの語は専門語としては使用されなくなっているが，日常生活のなかではその意味特徴が生き続け，実感を伴いながら使われている。この現象は，その地域の生活を支えているあるいは支えていた生業の語彙や表現が，その地域の方言語彙体系の根幹を形成していることをうかがわせるものである。

2.　方言の動向―ネオ方言の記述

　現在の関東地方では，首都の東京を中心に，おもに共通語を使用する地域が広がっている。伝統方言においては，東関東方言には東北地方の南奥方言との連続性が，西関東方言においては中部方言との連続性が観察されることは第1項でみたとおりであるが，現在では，関東地方の各県が「共通語主流社会」であるといえる。関東地方に住む人は自分の方言を方言だと意識しない傾向があり，佐藤（1996）で示されるような「方言主流社会」は関東地方では見出しにくいようである。

　現代の若年層が使用することばを観察すると，関東方言はもともと共通語とよく似ていることもあって共通語らしさが随所に現れるが，音韻や文法に伝統方言から伝わるものも見出せないわけではない。以下，本項では関東地方のネオ方言として特徴づけられるところを中心にみていくことにする。

(1) アクセント・イントネーションの変容

① 専門家アクセント

　首都圏若年層のアクセントにみられる特徴的な現象に，アクセントの平板化がある。従来はドラマ（HLL），オンガク（HLLL）と発音していたものを，ドラマ（LHH），オンガク（LHHH）と発音するようになった類のものである。

　井上（1992a，b）は，首都圏在住の大学生を対象にした調査によって，このようなアクセントの平板化には話者の専門領域などがかかわっていることを明らかにした。話者がその道の専門家（プロ），もしくは愛好家（セミプロ）である場合には，その領域でなじみのある語，とくに外来語は平板化しやすいようで，たとえば音楽に携わっている人はドラム（LHH）やギター（LHH）という音楽用語を平板化し，登山をしている人はザイル（LHH），ハーケン（LHHH）という登山用語を平板化する。井上は，こうした平板化したアクセントを「専門家アクセント」と呼んでいる。会話のなかで専門家アクセントを用いることは話者の関心領域あるいは専門領域を表明することになり，また，会話参加者どうしが専門家アクセントを用いた場合には，その話者らが同じ集団に属しているということを確認する働きを担うことになる。

　このような専門家アクセントについては，自分の趣味に関連して使っている，あるいは所属するサークル内で使用している専門的な用語を振り返ってみると，確認しやすいであろう。サークルに入る前や入ったばかりのころはそのサークルとはかかわりをもたない人と同じアクセントで発音していた語も，だんだんサークルになじんだり趣味の域が高じてきたりすると専門家アクセントに移行していくという現象が観察される。

② 尻上がりイントネーション

　東京付近では，1970年代から，「尻上がりイントネーション」が広がりをみせている。「ソレデ，ワタシガァ」のように各文節末に上昇と下降を伴って，末尾の拍が引き延ばされて発音されるイントネーションである。「昇降調・女子大生口調・語尾上げ・語尾伸ばし」などとも称される。1960年代に東京の子どもが使っていたという報告もあり，関東地方から広がっていったイントネーションであると考えられる。

③ 擬似疑問イントネーション

　1990年代にメディア業界や若い女性から広がったとされるのが「擬似疑問イン

トネーション」である。「いつも私ががまんしている↑ って思っていて，それが不満↑」のように，同じ話し手が，一部の文節のなかの単語末尾に疑問文と同じような上昇イントネーションを使い，ポーズをおいたあとさらに発話を続けていくといったもので，時に上昇のまま終わることもある。話し手の意図したことが相手に伝わっているかどうかを確認しながら話を進める際にこのようなイントネーションが顕著に観察されるが，以前よりも使用する人が増えていて，インタビュー映像などでは中高年男性にもみられるようになっている。

④ とびはねイントネーション

「とびはねイントネーション」とは，「これかわいくない？」などのアクセントの高い部分が最後まで続いて，最終部が最も高くなるようなイントネーションのことである。首都圏西部から若い女性に広がったとされ，最近では若い男性にも「それおかしくね？」のようなイントネーションが聞かれるが，その使用者はまだ若年層に限られるようである。

(2) 語彙の変容と言語意識の関係

四方田 (2005) では，2004 年，世田谷区立中学の生徒を対象にして，関東方言に対する認識とその使用についての調査，分析を行い，その結果を図 2.8 のようなグラフにまとめている。図 2.8 は，関東地方の伝統方言由来の 20 項目について，それぞれの語形が「共通語だと思うか方言だと思うか」，また，それを自身で「使用するかどうか」を調査した結果である。

このグラフからは，「共通語だと思う」と回答された語形は「使う」という回答が多く，「方言だと思う」と回答された語形は「使わない」という回答が多いという傾向がみてとれる。ここにあげられている 20 語は，関東地方の方言として伝統的に使用されている語や，伝統方言が関東方言の音声的な特徴の影響を受けて形を変えている方言語形である。ワカンナイ，デンナヨ，センセーンダヨなどは第 1 項 (1) (a) ⑦ にあげた撥音化の例であるし，カッケー (格好いい)，チッチェー (小さい) は同じく ③ の連母音の融合で生じた語形である。共通語意識の高い上位 (図の左の) 5 語に相当する標準語形も「塩辛い」「してしまった」「わからない」「行かせた」「じゃない」であって，「しょっぱい」や「しちゃった」などではない。しかし，東京の中学生にとっては，「自分たちが使う語形が共通語，使わない語形が方言」であることが，この結果からわかる。事実，「ふだん自分が話していることばは，どの程度共通語または方言だと思うか」という質問に対する回答

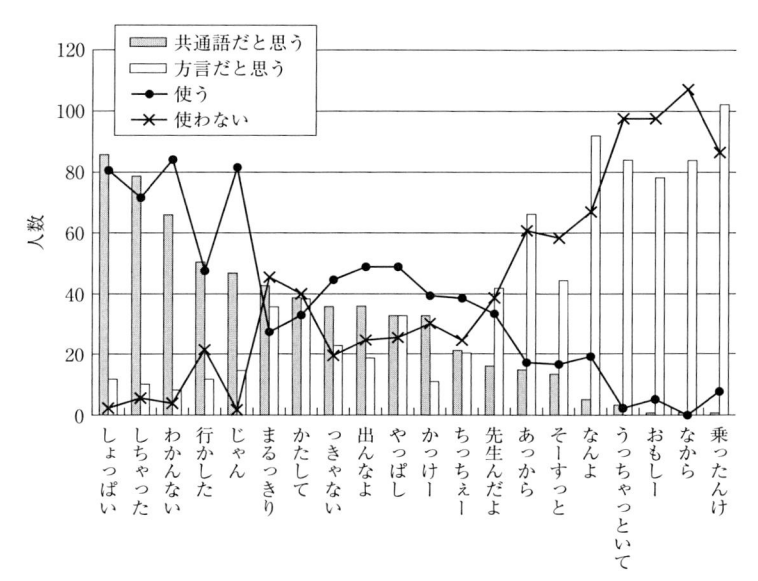

図 2.8 「共通語／方言」意識と使用度

は，「まったく共通語」「ほとんど共通語」があわせて 91.7%，「共通語と方言の半々」が 8.3% で，「ほとんど方言」「まったく方言」は 0% だった。

東京方言は共通語の基盤となったことばであり，最も共通語に似ている方言である。しかも，東京を含む首都圏から発信されることばは共通語だという認識が世の中にあるために，関東圏居住者には自分が「共通語話者」だという意識が高いが，実際には，関東地方に特徴的な方言語彙を方言だとは気づかずに使用しているところがあるのである。

(3) 千葉県の若年層の会話例

次に，具体的に関東の若年層方言話者のことばをみてみよう。次は，千葉市生え抜きの女子高生の日常的談話の事例である。

［会話の内容］購入したアクセサリーについて
［話者］A：千葉県千葉市出身・女性・1990 年生まれ
　　　　B：千葉県千葉市出身・女性・1990 年生まれ
［収録時期］2007 年 9 月

01A：モラッタノ？　イッショニカッタノ？　　02B：カッチャッタノ。　イッショニ。

03A：イイネー。
04B：ダカラー　コレヤッタンダヨ。
05A：チョット<u>ミシテ</u>。「ザ・キス」（店名）デカッタ？
06B：ウン。
07A：アタリー。スグワカルカラ。<u>カワイイ</u>。
08B：ナンデワカルノ？
09A：ワカルヨ。ドコノカダイタイワカル。
10B：ダイタイワカンナクナイ？　<u>ナンカ</u>。
11A：<u>ナンカ</u>　ナンカウチノ　センモンブライダルダケド
12B：ウン。
13A：ナンカソコサーペア<u>ジャン</u>？　ケッコウコレサー　アニバーサリー　<u>ナンカ</u>　ケッコンムケモアルンダヨネ。ベツデ。
14B：ウン。ソウソウソウ。
15A：カップルムケデ。
16B：ソウ。
17A：ダカラ　ウチノセンモンカラソコニシュウショクスルヒトケッコウイルラシイ。
18B：ヘー　アレッテバイトジャデキナサ<u>ソウダ</u>モンネ。
19A：ウン。ンーウマイ。
20B：ジャー　コノドットナニ？
21A：コレ？{笑い}　コレワーナンカチガカッタノ。オモッタノト。「エ？ミスジャナイ？」<u>ミタイナ</u>ハナシニナッテ。
22B：ドンナンガヤリタカッタノ？
23A：<u>ナンカ</u>　ウエデコウスラッシュ<u>ミタイ</u>ノアッタノ。
24B：ウン。
25A：カイテアルカミニワ。
26B：コノペン<u>カケナイヨ</u>
27A：コレツカイナ
28B：ア　コウ　コウイウコト？
29A：ソウ。
30B：ウンウン。
31A：ソンナカンジニナッテテ　ダカラ「ア　ジャコレデヨクナイ」<u>ミタイニ</u>イッテタラナンカ「エ　チガクナイ」<u>ミタイニ</u>。
32B：{笑い}
33A：「エ　ナニコレ」<u>ミタイナ</u>ハナシニナッテ。
34B：ナニコレワ。{笑い}
35A：デモ　ロク？　ロクワキネンビ。
36B：アームイカッテイウ　アー　ソーイウコトネ。

　全体的に関東地方の伝統的な方言形の使用はみられないが，随所に新方言的な形式やいわゆる若者語的特徴が混在している。たとえば次のような形式である。
- 02Bの〜チャッタは「〜てしまった」が変化した形式である。若年層男性のあいだでは，北関東で発生した〜チッタが関東全域に広がりをみせている。なお，高年層では〜チマッタの形が現れる。
- 10B，11A，13A，23A，31Aで使用されているナンカは，とくに意味をもたず，会話の進行を整える働きをしているといってよいだろう。つまり，話し手がその発話場面に最適な表現形式の選択を思案しているあいだのつなぎ的な機能を果たしているといえる。
- この会話では，断定を回避する，いわゆる婉曲的な機能を果たしているミタイニの多用が目立つ（21A，23A，31A，33A）。そのものであると表現する

のではなく，それに近いものであると表現することによって，断定を和らげようとする意図がみられる。
- 「違う」の過去形「違っていた」にあたる最近の東京の新方言チガカッタが21Aに，同じく否定形「違わない」に対応するチガクナイが31Aに現れている。
- 26Bのカケレナイは，近年東京に隣接する地域を中心に若者のあいだで目立ってきた形式で，いわゆる「ラ抜きことば」のミレル，タベレルがレルで終わることへの類推作用によって可能動詞カケルにさらにレルを添加した「レ足すことば」といわれるものである。

そのほか，この会話には，ミシテ（05A），カワイイ（07A），ジャン（13A），「サ入れことば」（18B）など，関東地方から全国へ広がりをみせている若者語的な特徴も見出すことができる。

3. 方言活動
最後に方言活動という側面から関東方言を見わたしてみよう。
(1) 文学・芸能
① 伝統方言かるた

東京都稲城市の坂浜歴史研究会は1994年に「稲城方言かるた」を作成した。稲城市坂浜の伝統方言が読み札に示されている。いくつか例をあげよう。
- 「うっちゃっときゃ　しとんでに　なおんべえ」（放っておけばひとりでになおるだろう。）
- 「えばちがど　うぬらもこっけえい　ひゃるだんべに」（居場所が違うよ，おまえたちは向こう側に入るのだろうに。）
- 「ふるしきにや　あにへってんだ　めしてくんろい」（風呂敷包みには何が入っているのだ，見せてくれ。）
- 「塀がへえ　灰がへえなり　稗がへえ　蝿がへえなり　兵がへえ」（塀はヘエと発音し，灰がヘエ，稗がヘエ，蝿がヘエ，兵もヘエという同じ発音だ。）

ヒトシの混同（「しとんでに」←ひとりでに），オとウの交替（「ふるしき」←ふろしき），ベーの使用（「なおんべえ」「ひゃるだんべ」）などが観察される。「塀が…」の札からは，エイ，アイ，イエ，アエの連母音はすべてエーに融合し，同音衝突が起こっていたこともわかる。

② 方言が使われている小説

関東方言のなかでは，次のような方言が小説で使用されている。

1） 茨城方言

結城郡岡田村出身の長塚節（明治12（1879）-大正4（1915）年）は，茨城方言を映し出すような作品を書いている。長編小説『土』（初出明治43（1910）年東京朝日新聞連載，明治45（1912）年春陽堂刊），短編小説「芋掘り」（初出明治41（1908）年「ホトトギス」第11巻第6号），「利根川の一夜」（初出明治37（1904）年「馬醉木」第拾號）。

下村千秋（明治26（1893）-昭和30（1955）年）の「旱天実景(かんてんじっけい)」（初出大正15（1926）年「早稲田文学」），犬田卯(いぬたしげる)（明治24（1891）-昭和32（1957）年）の「米」でも茨城方言が使用されている（川嶋2009）。

2） 神奈川方言

神奈川県愛甲郡南毛利村恩名(おんな)（現：厚木市恩名）出身の作家・和田傳(わだでん)（本名つとう）（明治33（1900）-昭和60（1985）年）は，『鰯雲』（初出昭和32（1957）年）や「祖先」（初出昭和11（1936）年）など，厚木周辺の農村の方言が自然な形で現れている作品を残している（日野2009）。

3） 東京方言

東京方言もさまざまな小説のなかで用いられているが，ここでは一つの例として，石井桃子の作品を取り上げてみよう。石井桃子（明治40（1907）-平成20（2008）年）は埼玉県北足立郡浦和町（後の浦和市，さいたま市）生まれで，居住歴としては埼玉県，東京都が主である。30代後半に2年間ほど宮城県に居住した。ここでは，次の三つの作品を取り上げる。

- 『ノンちゃん雲に乗る』（桂ユキ子画，装丁松本かつぢ，1947年，大地書房（1967年刊行の福音館書店版をここでは利用））
- 『迷子の天使』（脇田和(わきたかず)画，1959年，光文社（1986年刊行の福音館書店版をここでは利用））
- 『こすずめのぼうけん』（ルース・エインズワース作，石井桃子訳，堀内誠一画，1976年こどものとも発行，1977年こどものとも傑作集，福音館書店）

これらの石井作品では，副助詞「きり」の使用に特徴がある。たとえば『迷子の天使』は，昭和19年から昭和30年代くらいの東京を舞台にした小説であるが，次のような表現がみえる。

A. 洋子ちゃんは，財布を調べてみました。五百円ちょっと<u>きり</u>ありません。
B. そして，おくさんのかさをひったくるようにしました。一本<u>きり</u>ないかさを，どこかへもっていかれるのかと，おくさんが，内心あわてていると（後略）
C. 「うちの主人ね，あたしと結婚してから，ほんとにおこったこと，二度<u>きり</u>ないんですよ。一度は，サンチョが，あの人の大事にしてた鉢，めちゃくちゃにした時。それから，今度と……」

ここで「きり」で表現されている「五百円ちょっときり」は標準語では「五百円ちょっとしか」，「一本きりないかさ」は「一本しかないかさ」，「二度きりない」は「二度しかない」となるだろう。

また，『こすずめのぼうけん』はこすずめがはじめて空に飛び立った日の物語だが，こすずめは出会うほかの鳥たちから，おまえは自分と同じように鳴けるかと質問され，そのたびにこすずめは次のように答える。

D. 「いいえ，ぼく，ちゅん，ちゅん，ちゅんって<u>きり</u>いえないんです」

これも標準語では「てしかいえない」となるだろう。

GAJ51 図「百円<u>しか</u>（ない）」に，下に否定のことばを伴って限定の意味を表す，共通語の「しか」に相当する表現の全国分布が示されているが，これをみると「しか」の意味でキリが使われているのは，宮城県南部，山形県南部，福島県，埼玉県，東京都，静岡県，長野県である。埼玉県と東京都はキリが最も多く分布している。石井桃子作品に出てくる「しか」を表すキリは，埼玉県と東京都で暮らしていた石井が，方言と気づかずに使用している可能性がある。AとBは一般的には方言が使われることのない地の文であり，Cのせりふを語っているおくさんはキリを使用しないはずの千葉県の出身で，結婚に伴い東京に移住したという設定の主人公である。石井はこのような場合にもキリを使用している。Dのこすずめのせりふのキリも，石井の母語方言を反映しているものと思われる。

また，三つの作品に共通しているのは，東京語らしい丁寧さである。『ノンちゃん雲に乗る』は東京都四谷と埼玉県が舞台で，主人公の少女ノンちゃんや家族が使用することばは東京語をほうふつとさせるものがあり，地の文も東京中央部のことばの語りを思わせる。『迷子の天使』では，戦時中の空襲のシーンが出てくるが，このときにも登場人物の女性が次のように叫ぶ場面がある。

・「おくさま，うちの壕におはいりになって！」

・「どうぞ！きょう，家にだれもおりませんの！」

爆撃の最中という非常時に，しかも叫んだときに出てくることばは，話し手が日常的に使用して最も慣れ親しんでいることばだと考えられる。作品のなかでの表現効果ということも考慮しなければならないが，当時の東京の女性のことばを反映しているものかもしれない。同様に，『こすずめのぼうけん』のこすずめも，やっと飛べるようになった子どもではあるがことばづかいが丁寧で，

・「あの，すみませんが，なかへはいって，やすませていただいていいでしょうか？」

と述べる。子ども向けの絵本にふさわしいことばづかいということでこのような表現を採用しているのかもしれないが，東京中央部の丁寧なことばづかい，東京らしさが通底していることは，石井桃子作品の特徴の一つのように思われる。

(2) 方言による地域活性化

次に，各都県ごとの，方言を生かした地域活性化活動をみてみよう。ここでは，最近目にすることが多くなった，地域での触れ合いを広めるイベントや情報サイト，施設名などに方言を冠する事例を取り上げることにする。次のような例がある。

栃木県那須烏山市（旧南那須町）では「いかんべ祭」が開催される。

茨城県では，日立市の常陸多賀駅前で昭和48（1973）年から「よかっぺまつり」が行われ，駅前通りが「よかっぺ通り」と命名された。また，幅広い県民運動を推進する「大好きいばらき県民会議」が，ふるさとの素晴らしさを再発見する事業の一つとして，2000年と2002年に「正調茨城弁大会」を開催した。茨城県大洗町観光協会の観光情報サイトは「よかっぺ大洗」というタイトルである。茨城県は自県の方言への肯定的感情が低いといわれているが，ヨカッペという方言をさまざまなところに使用しているところをみると，その意識も変わりつつあるようである（川嶋2009）。

千葉県でも匝瑳市（旧八日市場市）で「よかっぺ祭り」，千葉県印西市で「印西よかっぺ夢まつり」と銘打ったイベントが行われている。また山武市蓮沼には道の駅「オライはすぬま」がある。オライは「俺の家」の意。オライはすぬまの施設中央に位置する物産館は「喜太陽（きたいよう）」といい，由来は方言キタイヨ（おいでよ）と蓮沼のシンボル「太陽」とをかけているとのことである。

群馬県前橋市の前橋まつりでは1995年以来，前橋音頭をアレンジして振り付け

た「前橋だんべえ踊り」,「子どもだんべえ踊り」が祭りを盛り上げている。

　埼玉県秩父地方の秩父音頭には「そうともそうともそうだんべ，あちゃ・むし・だんべにつるし柿」という囃子詞が入っている。アチャは「それでは」，ムシは終助詞「～ね，～よ」にあたる助辞である。

　東京都では，東京方言を冠した看板などをみる機会は少なそうだが，世田谷区三軒茶屋のすずらん通り商店街入り口に「喰うてかへんか？」という看板が掲げられている。近畿方言ならばクーテイカヘンなどが相当しそうだが，あまり実態にこだわらずに，それらしい方言を看板に付したようである。なお，東京には全国各地のアンテナショップが多くあり，その店先で各地の方言看板や方言ポスターをみることができるという，都市部ならではの景観がある。

Exercises

1. 関東周辺部の方言が首都圏の若者ことばに取り込まれた例を探してみよう。
2. 国立国語研究所編『日本言語地図』,『方言文法全国地図』の各地図をみて，共通語形にあたるものがどこに分布しているかを調べてみよう。そして共通語と東京方言，関東方言との関連を考察してみよう。

3 中　　　部

1. 伝統方言の要説

　中部地方は，明治時代の国語調査委員会による『口語法調査報告書』(1906) 以来，東西方言の境界線に位置するものとされてきた（第1章参照）。この『口語法調査報告書』で東西方言境界とされた親不知-浜名湖線をはじめとして，気候条件や関西圏との交流の度合が大きく異なる日本海側と太平洋側では言語特徴に顕著な異なりも認められ，中部地方は，さながら日本アルプスの山々を中心に背中合わせでおしくらまんじゅうをしているかのごとく，特徴の異なる方言地域の寄せ集めの観を呈している。

　大きな特徴ごとに区画を施せば，まず，富山，石川，福井の方言が北陸方言として切り出される。ただし，福井県若狭地方では関西方言が話され，新潟県佐渡地方は北陸方言に入れられる。岐阜と愛知の方言は親不知-浜名湖線の西に位置し，語彙を中心に一つの方言区画として切り出されることもあるが，中部方言の東半分との共通点も少なくない。また，山梨・静岡両県東部は推量・勧誘の「ベー」を使うなど，関東方言へのつながりをもつ。

(1) 音韻・アクセント

(a) 音　韻

　中部方言の音韻的特徴は，地域全体を通じて共通語と大きく変わるところがない。ただし，名古屋方言においては，連母音が融合して，独自の8母音体系をもつ。平山 (1998) による名古屋市方言の母音体系は図2.9のとおりである。連母音 /ai/ にあたる /æ:/，連母音 /oi/ にあたる /ö:/，連母音 /ui/ に当たる /ü:/（音声的にはそれぞれ，[æ:]［œ:］[y:] があてられている）が加わっている。このような連母音の融合は，おおよそ江戸時代においてすでに存在したと考えられる（芥子川1971）。

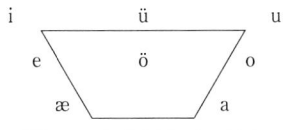

図2.9　名古屋方言の母音

　連母音の融合に関しては，新潟県中越方言に，「アウ」から生じた広い [ɔ:] と，「オウ」から生じた狭い [o:] が区別される（オ母音の開合）。また連母音 /ai/ の融合は，北陸地方や静岡県西部などを除き，各地にみられる。

　融合という通時的変化以外では，東北地方と共通する中舌母音（いわゆるズーズー弁）が，北陸地方で沿岸部を中心にみられる。これについては，北前船の航

路と関係すると一般に考えられている。

　古音の残存に関しては，合拗音[kʷa][gʷa]が，新潟・長野北部・富山・石川・福井にみられる。また，山梨県西部の奈良田では，「つ」は「トゥ」[tu]，「づ」は「ドゥ」[du]と発音される。

（b）アクセント・イントネーション

　次に，アクセントとイントネーションに関する特徴を概観する。

　アクセントは，おおよそ北陸方言は京阪式，東海以東の中部方言は東京式である。ただし，富山・石川の方言は，母音の広狭によってアクセントが変わるという特徴がある（第2章第1節参照）。これは，母音的性質の弱い狭母音/i//u/がアクセント核を本来あるべき位置に担うことができないために前倒しされたものである。表2.9にあげた2拍名詞では，本来，類としては尾高型になる「紙」/kami(-ga)/や「春」/haru(-ga)/の下線部/i//u/を含む音節に富山方言ではアクセント核がないため頭高型になっている。

　東海方言に関しては，全般に東京式であるが，岐阜県西部の関ヶ原から垂井にかけて，京阪式アクセントと東京式アクセントの中間的な垂井式アクセントがみ

表2.9　中部方言の2拍名詞アクセント

類―末尾母音	語例	京都	富山	垂井	岐阜	東京
I	庭・鳥・飴・鼻…	●●▲	○●▲	●●▲	○●▲	○●▲
II―i・u	石，紙，橋，雪…		●○△		●○△	●○△
II―a・e・o	歌，音，旗，胸…	●○△	○●▲	●○△	●○△	●○△
III―i・u	足，犬，月，鬼…		●○△		●○△	●○△
III―a・e・o	山，腕，草，花…		○●▲		●○△	●○△
IV	笠・糸・海・空…	○● / ○○▲	○●▲	●●▲〜○●▲	●○△	●○△
V―i・u	秋，春，鯉，猿…	○◐	●○△	●○△	●○△	●○△
V―a・e・o	雨，窓，藍，汗…	○●△	○●△		●○△	●○△

○△：低い拍　●▲：高い拍　○●：名詞　△▲：助詞　◐1拍のなかで下降のある拍

　類別の語例に関しては『国語学辞典』（1955）のなかから代表的なものを選び示してある。各語のアクセントは，京都，富山，東京方言に関しては『NHK日本語発音アクセント辞典新版』（1998）により，岐阜方言については筆者の内省による。垂井方言については真野（1966）の分類を手がかりとしている。

表 2.10　動詞・形容詞のアクセント

「赤い」	アカイ	アカイト	アカイカ	アカク	アカクテ	アカカッタ	アカケレバ
東京方言	○●●	○●●●	○●●○	○●●	○●○○	○●○○○	○●○○○
岐阜方言	○●○	○●●○	○●○○	●○○〜○●○	●○○○〜○●○○	○○●○○	○○●○○

東京方言は秋永（1966）を参照，岐阜方言は筆者の内省による．

られる．また，東京では「人」「蟬」（ともにⅡ類）は○●▲で類別の例外となるが，岐阜では，○●△と類の規則に従っている．逆に，「靴」「坂」（Ⅲ類）は，東京で○●△，岐阜では，●○△と岐阜のアクセントが東京式に合わない．このような異同が少なからずみられる点も注意が必要である．

形容詞のアクセントに関しても，東海地方では同じ東京式でありながら共通語との違いが少なくない．三音節形容詞を例にとると，愛知県三河地方や岐阜県東濃地方では東京と同じく平板型と中高型が区別されるが，愛知県尾張地方や岐阜県中西濃地方ではすべて中高型に統合される．また，活用形ごとのアクセントも要注意で，岐阜方言と東京方言の形容詞活用を比較すると表2.10のようになる．

アクセントに関してはまた，東北地方南部から北関東にかけてと九州地方中部にみられる，アクセント型が区別されない，いわゆる無型アクセント地域が，福井市とその周辺および，静岡県の大井川上流地域にみられる．これらの地域では，「橋」「端」「箸」の意味がアクセントによって区別されず，文脈から判断される．

北陸地方では，文末ならびに文節末のイントネーションが「↘↗」と変化する，いわゆる「うねり音調」「ゆすり音調」と呼ばれる音調がみられる．

(2) 文法・語彙

(c) 文　法

東西方言の分水嶺と喩えられる中部地方は，文法現象も東西両方言の特徴が混在する地域である（第1章図1.1参照）．文法や語彙には，そのほか，あまり気づかれることのない方言差も存在する．

〈格助詞ニ・ヘ〉

隠れた方言差とでもいえるものが，移動方向・着点を表す格助詞の「ニ」「ヘ」である．共通語では「ニ」「ヘ」どちらも許容されるが，東海地方では「ヘ」が多用される．真田（1983）は，愛知県知多半島で，調査文で「ニ」で誘導された問

いに対し「ニ」で回答したインフォーマントが皆無であったことを報告している。同じく知多半島の半田市出身の新美南吉による「ごんぎつね」では、「村へ出てきて」「畑へ入って」「外へも出られなくて」「草の深い所へ歩きよって」など、（編集者による改変の可能性も否定できないが）「に」と置換できる着点を表す格助詞の大半は「へ」で表されている。

〈サ行イ音便〉

「書かない，書きます，書く，書けば，書け，（書こう）」のように，ア段からオ段の五つの段にわたって活用する動詞を五段動詞という。五段動詞では，「て」や「た」に続く形に，「書いて」「立って」「読んで」のような発音の変化（音便）がみられる。カ行ほか八つの行がある五段活用動詞のうち，共通語で唯一音便形をもたないのがサ行五段動詞であるが，中部方言では福井，石川，富山，岐阜，愛知，静岡および長野南部においてサ行イ音便が用いられる。

「出す」「（傘を）さす」は，共通語で「出した」「さした」となるが，この地方では「だいた」「さいた」となり，「抱いた」「割いた」と混同されやすくなる。岐阜県岐阜市周辺部では，サ行五段動詞「壊す」の音便形「こわいた」がカ行と混同され，「こわく」という動詞が作られて使われている。このような語の生成を逆成または逆形成（back-formation）という。

〈ラ抜きことばとレ足すことば〉

「見る」「着る」「食べる」などの一段動詞が可能の意味をもつ場合，「見られる」「着られる」「食べられる」の代わりに用いられる「見れる」「着れる」「食べれる」をラ抜きことばという。共通語ではことばの乱れの象徴のごとく戒められるこのことばは，中部地方ではきわめて自然である。とくに，岐阜であれば「へん」という方言の否定形をつけた場合，大阪のような「食べられへん」ではなく，「食べれ（ー）へん」が自然である。このように，当該方言のほかの語との親和性も考慮に入れれば，圧倒的にラ抜きことばが自然であるとみることができる。

五段動詞「書く」「話す」などは，共通語においても，ラ抜きに先んじることおよそ1世紀，明治時代に「書かれる」「話される」から，いわゆる可能動詞の「書ける」「話せる」へと変化したが，ラ抜きとの「れる」という形態的一体性を保つため，中部地方では，「書けれる」「話せれる」のような「れ」を過剰に含んだ形式（レ足すことば）も広く用いられる。

〈終助詞〉

　名古屋で発達した終助詞「ナモ」「エモ」「ケモ」などは，それぞれ，確認要求・伝達，伝達，疑問を主たる機能としてもつ終助詞「ナ」「エ」「ケ」に，丁寧さを表現する「モ」がついたものである。謙譲語「申す」に由来する「モ」が終助詞の一部として丁寧さを表す表現となったのは，文法化（grammaticalization）の一現象である。機能の重なる「ナモ」と「エモ」は，大正時代まで名古屋の上町，下町という階層差を代表する形式でもあった。

　念押しの表現では，愛知県尾張地方ならびに岐阜県美濃地方に，終助詞への文法化途上にある「エカ」がみられる。「エーカ（いいか）」が音として短くなると同時に，「わっちがやっとくで，エカ（私がやっておきますからね）」のような確認要求の機能から，「ありがと，エカ」のような，本来「いいか」が使用されないような用法にまで拡張している点も，文法化の一側面である。

〈否定辞〜ン・〜ヘン／セン〉

　西日本方言では，動詞の否定に「ン（＜ぬ）」を用いるが，一部に「ヘン」を用いるところがある。「ヘン」は，「（書きや）せぬ」から変化した形であるが，関西中央部で「（書か）へん」は強意的な意味をもっていない。岐阜市付近では，一段動詞の「〜ヘン」の形が，近年，「（食べ）れーへん」から「（食べ）れへん」のように短くなりつつある。また，「知っているか」と問われて「知らない」と答えるときに「知ラヘン」とは答えにくかったが，若年層ではこのような場合にも「知ラヘン」が用いられるようになってきている。なお，愛知県では，尾張地方に強意的な「カキャセン」「カカセン」などが分布する。このように，岐阜県南部および愛知県東部では，否定辞の語形・用法ともに変化が進行中である。なお北陸地方では，「カカン」など，依然として「ン」の勢力が強い。

　否定辞の東西差は万葉集からみられるとされるが，当時の標準用法「ぬ」に対応する，万葉集の東歌にみられる「なふ」に直接由来する「ノー」が，静岡県大井川上流にみられる。

〈継続相の〜ヨル〉

　共通語で，「開いた」結果「開いている」というときの「ている」は，「開ける」という動作の途中を表す「開けている」の「ている」と示している状態が異なる。富山県，長野県木曽谷南部，静岡県以西の西日本方言では，近畿中央部を除いて，前者の結果残存の「ている」は「トル」，後者の動作・変化の継続は「ヨル」（お

よび「トル」）と広く使い分けられている。

　岐阜県美濃地方（郡上市南部から加茂郡，可児郡にかけて）においては，過去の継続的状態を回想する場合，「寒カリヨッタ」のように，「形容詞＋カリヨッタ」を用いることがある。状態的な形容詞にさらに継続を表す「ヨル」を用いることで，過去の反復的状況を表す。

〈推量表現〉

　静岡県，山梨県，ならびに愛知県三河地方東部および長野県南部では特徴的な推量表現「ズラ」を用いる（動詞の場合，「ラ」または「ズラ」となる）。

〈敬語〉

　敬語には東西差があることが知られている。関東地方では，東京および埼玉を除き，無敬語が基本であり，東北地方までこの特徴が続くが，中部地方でも，山梨と静岡で尊敬語表現が概して未発達で丁寧表現のみをもつ。長野県でも南部ではこれに準ずる。ただし，敬語形式がないことと敬意がないこととは同じではない。また，新潟方言および北陸方言は，父母，祖父母ら身内に対しても敬語を用いる絶対敬語であり，関西以西と共通した特徴をもつ。

　敬語形式について，各地の方言形式を動詞「読む」を例にして概観すると，新潟県では，中下越で「ヨミナサル」，上越で「ヨミナル」が用いられる。「ヨミナサル」は長野県北部でも用いられる。愛知県三河地方では「オヨミル」がみられ，尾張地方の「ヨミャース」「ヨマッセル」と対立する。岐阜県では，美濃地方で「ヨミンサル」が広くみられるほか，「ヨマッセル」も多く使われ，飛騨地方や美濃地方北部（郡上）では「ヨミナル」が主流である。北陸地方では，富山県と石川県能登地方で「ヨマレル」が主流である。この「ヨマレル」は，関東地方の敬語使用地域にもみられるほか，長野，岐阜でも使用されるが，富山県では命令形に「ヨマレ」を用いるなど，特徴的である。福井県では関西方言に広くみられる「ヨミナハル」がみられる。しかし，複数の方言敬語形式を併用することも少なくない。

　（d）語　彙

　中部地方はまた，語彙に関しても，常に東西方言境界が問題とされてきた。一般に，富山・新潟両県境が等語線として太い束となっているのに対し，太平洋側の境界は一律ではない。徳川（1993）には，おおよそ，図2.10のように図案化できる境界線が示されている。

Aは、「カル」対「カリル・カレル」の対立である。「アク」対「アキル」、「タル」対「タリル」など、五段動詞型と一段動詞型の境界線は、岐阜や愛知において明瞭ではないが、おおよそ北陸・近畿から東海以東の中部地方を分ける位置に位置づけられる。

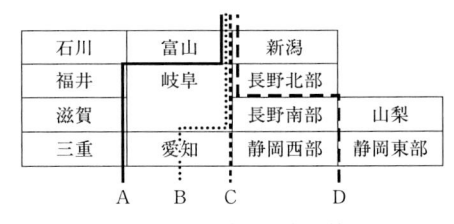

石川	富山	新潟	
福井	岐阜	長野北部	
滋賀		長野南部	山梨
三重	愛知	静岡西部	静岡東部

図 2.10　中部方言語彙の境界

Bには「ナスビ」対「ナス」の境界線があたる。また、「鱗」を「コケ・コケラ」というのも、この線以東である。

最も多くの語彙の境界線となっているのが、Cである。「カライ・シオカライ」に対する「ショッパイ」、「コワイ・オソロシイ」に対する「オッカナイ」などがこのCを境界とする。「オル」対「イル」、「ケムリ」対「ケム」は、長野南部を西側に含みながら愛知・静岡の県境付近を境界とする。浜名湖という大きな湖が自然障壁となって東西のことばの大きな境界が作られている。

Dは「シアサッテ」対「ヤノアサッテ」の境界線である。類似した位置に境界線が走るものに、「スイ」対「スッパイ」もある。

このように、語彙の東西境界線は北陸では束となってまとまるが、中山道ではややばらけ、東海道では東西に広がってまとまらないという分布を呈している。

なお、中部地方各地の代表的な方言語彙を、NHK が 2000 年から 2001 年にかけて放送した「ふるさと日本のことば」から拾ってみると、表 2.11 のようになる。

2. 方言の動向
(1) 中部地方のネオ方言および新しい方言

中部地方は、東西方言の接点であることから、両方の言語要素を取り入れて、新しい方言形が生まれることも少なくない。

動詞の否定形に「ナル」「スル」がついた「〜ないようになる」「〜ないようにする」に相当する表現として、東海地方の若年層ではよく「〜ンクナル」「〜ンクスル」の形が用いられる。これは、西日本的な否定辞「〜ン」（あるいは「〜ヘン」も）が共通語表現の「〜なる」「〜する」と組み合わされて新しい方言形（ネオ方言）を形成した例である。ちなみに、伝統的な言いかたは、「〜ンヨーンナル」「〜ンヨーンスル」である。

表 2.11 中部各県方言の 21 世紀に残したいことば

新潟県	なじらね・なじょだいね（調子はどう？），だんだんどうも（こんにちは），おみちょう（お気をつけて），おしずかに（ごゆっくり），じょんのび（のーんびり），あちこたない（心配ない・だいじょうぶ），つぁーつぁー（お父さん），てんぽこき（うそつき），おまんた（あなたがた），だちかん・だちゃかん（だめ）
富山県	きのどくな（ありがとう），まいどはや（こんにちは），ねまる（座る），ときとき（新鮮な），つかえん（かまわない），いくそった（おどろいた），まめなけ（元気ですか），なーん（いいえ），うい（苦しい），〜れ・〜られ（〜しなさい・したらどうですか？）
石川県	〜まっし（〜しなさいよ），いいがに（いいように・適当に），きのどくな（ありがとう），なーもなーも（どうぞ気にしないで），おんぼらぁと（ゆっくりと），ちきない（つかれた），だちゃかん（だめだ），えとしぎに（ありがとう・ご苦労さま），にゃあにゃあ（若い娘さん），ねんね（赤ちゃん）
福井県	ほやほや（そうだそうだ），てきない（体調が悪い），けなるい（うらやましい），うら・うらら（わたし・わたしたち），だんね（気にするな），かたいけの？（元気ですか？），おちょきん（正座），つるつるいっぱい（あふれるほど，いっぱい），じゃみじゃみ（テレビ画面の砂嵐状態のこと），きのどくな（ありがとう）
山梨県	ごっちょう（めんどうな），ももっちい（くすぐったい），わにわにする（ふざける），からかう（手間をかける），けける（のせる），おつかれなって（夕暮れどきのあいさつ），〜じゃん（〜です），〜ずら（〜です），〜し／〜ちょし（〜しなさい・〜してくれ／〜してはいけない），〜ごいず（〜ございます）
長野県	ずく（元気），みやましい（かいがいしく働く），はぁるかぶり（ひさしぶり），いかず（行こうよ），おかたしけ（心から），てきない（つかれた），ごしたい（つかれた），ずら（だろう），しょうしい（はずかしい），おつかい（こんばんは）
岐阜県	まわし（準備），おおきに（ありがとう），〜なも（〜ですね），おんさい（いらっしゃい），あんじゃない（心配ない），まめ（元気），だちかん（だめ），こわい（はずかしい・申しわけない），はんちくたい（腹が立つ・くやしい），ためらって（気をつけて）
静岡県	〜ずら？（〜でしょう？），ぬくとい（あたたかい），ひずるしい・ひどろしい（まぶしい），なりき（ぞんざい・いいかげん），やっきりする（いらつく・腹立たしい），やらまいか（やろう・やってみよう），いかい（大きい），けっこい（きれいな・美しい），ごせっぽい（せいせいした），みるい（やわらかい・みずみずしい）
愛知県	やっとかめ（おひさしぶり），おしまいやーす（お先に失礼します），いこまい（行きましょう），もうやーこ（一つのものを共有してつかう），おたからさん（おりこうさん），〜だがや・〜めぁ・〜なも（愛知のことばの，特徴ある語尾），〜じゃん・〜だら・〜りん（愛知のことばの，特徴ある語尾），おとましい（もったいない），まわし（を）する（用意する・準備する），えか（いいかい？）

（表記と訳は NHK 放送文化研究所監修 2005b による）

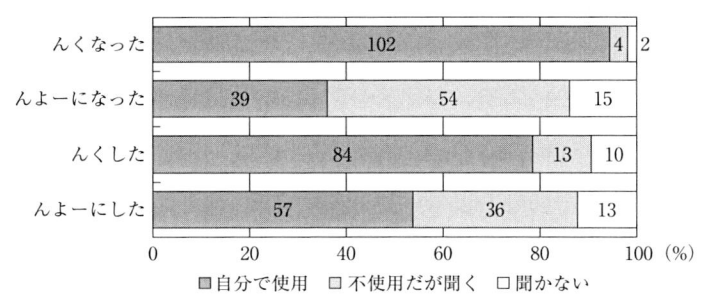

64 2. 各地方言の実態—方言の現在—

```
んくなった       102           4 2
んよーになった   39    54       15
んくした         84       13   10
んよーにした     57     36     13
                0   20   40   60   80  100 (%)
         ■自分で使用  □不使用だが聞く  □聞かない
```

図 2.11 「〜ないようになる」「〜ないようにする」

　ただし，若年層が一様に「〜ンクナル」「〜ンクスル」を用いるかというとそうではない。2005 年 5 月 11 日に岐阜大学全学共通教育で愛知県と岐阜県出身学生（18〜20 歳）108 名に対して行った調査の結果は，図 2.11 のとおりである。この図からは，「〜ンクナル」は 9 割以上に使われるが，「〜ンクスル」は 8 割程度の使用にとどまること，一方「〜ンヨーニスル」と「〜ンヨーニナル」では，「〜スル」をもつ前者のほうが使用度が高いということなどがわかる。

　岐阜県内では，形容動詞ならびに名詞が形容詞化するという現象も顕著にみられる。伝統的な「横着い」「丈夫い」「がさつい」「きいない」に加え，「ピンクい」「みどりい」「きみどりい」などの色彩形容詞が多く用いられている。ただし，これらは，完全な形容詞化が進んでいるというよりは，活用形ごとにばらつきがあり，語彙的な側面をもっている。2004 年 5 月 10 日に調査した岐阜県および愛知県出身学生 49 名の調査結果を示すと図 2.12 のようになる。文法に関する新しい方言形の発達は，語形変化体系の獲得である側面と，語彙獲得の側面との両面性をもつことを考えておかなければならない。

　一方，中部地方最大の都市名古屋を中心に，新しい方言も少なからず生まれている。図 2.13 は，大学生世代に「雨，降ってきて（し）まった」に続く不満を表す形式を問うた回答を地図に表したものである。伝統的な名古屋方言の終助詞「ガヤ」は名古屋市北部に見られるものの少数派で，名古屋市および尾張地方北部においては，「ガ（ー）」や「ガン」となって用いられている。また，「ガヤ」に由来すると思われる「ゲー」が，愛知県三河地方および岐阜県に分布し「ガ（ー）」によって分断されている様子がわかる。新しく生じた方言形の，名古屋を中心としたミニ周圏分布とでもいえようか。

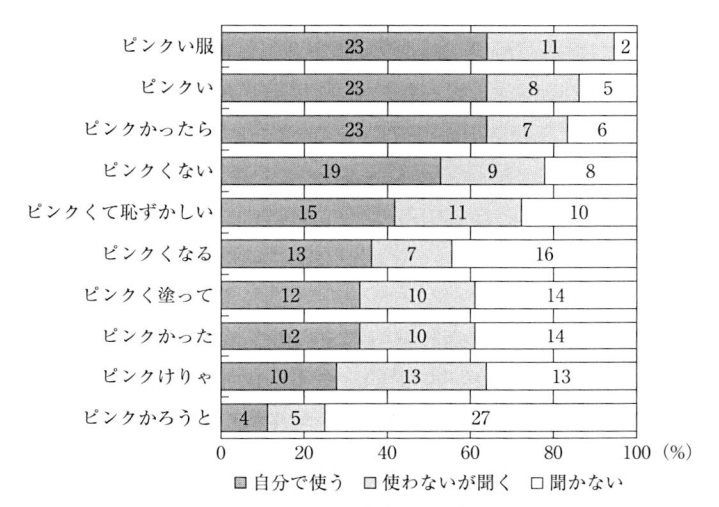

図 2.12　形容詞型「ピンクい」の活用

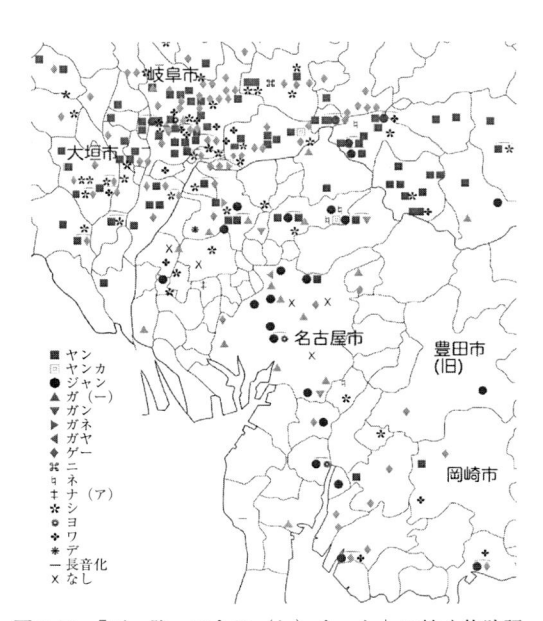

語形	自分で使う	使わないが聞く	聞かない
ピンクい服	23	11	2
ピンクい	23	8	5
ピンクかったら	23	7	6
ピンクくない	19	9	8
ピンクくて恥ずかしい	15	11	10
ピンクくなる	13	7	16
ピンクく塗って	12	10	14
ピンクかった	12	10	14
ピンクけりゃ	10	13	13
ピンクかろうと	4	5	27

図 2.13　「雨，降ってきて（し）まった」に続く終助詞

凡例：
- ■ ヤンカン
- □ ジャンカン
- ● ジャン
- ▲ ガン (ー)
- ▼ ガンネ
- ▶ ガヤ
- ◀ ガゲー
- ✖ ニネ
- ✛ ナシ (ア)
- ✱ ヨ
- ✿ ショ
- ✤ ワ
- ✻ デ
- ＊ 長音化
- ー なし
- ×

(2) 岐阜県の若年層の会話例

次に，若年層の会話の様子をみてみよう。

[会話の内容] AとBは教員採用試験の合格発表を明日に控えた4年生である。発表後，合格者は大学内での二次面接の練習に参加することができる。そのときの服装についての相談を電話でしている。
[話者] A：岐阜県岐阜市出身・女性・1986年生まれ
　　　　B：愛知県西尾市出身・女性・1986年生まれ
[収録時期] 2008年8月

01A：も⌐しもし，あ，あ⌐っちゃん。
02B：ふん，どしたー？　な⌐になに？
03A：明日⌐だよ，結果。
04B：ほんとやね。で⌐もさー，二次試⌐験の勉強もし⌐ないかんもんでさぁ，十二⌐日だっけ，面接の練習あ⌐るやんかー。ス⌐ーツだよねぇ。
05A：ス⌐ーツやんねぇ。
06B：やだねー。暑⌐いやんねぇ。
07A：ぜったい，あっついよー。ぜったい，家(いえ⌐)から出⌐るの嫌⌐やと思うもん。
08B：上って，上着着んで⌐もい⌐いっけ。
09A：た⌐ぶん，持って⌐きた方がい⌐いとは思うけど，絶対着と⌐れとは言わんと思う⌐よ。G先生⌐やし。
10B：あ，そっかー。な⌐んかさあ，く⌐つがさぁ，も⌐うボロボロな⌐んやけどさぁ，このま⌐えさあ，新し⌐いくつ買って⌐ったらさぁ，教採の日，面接がさぁ，な⌐かやったもんでさぁ，全然く⌐つ関係なくてさぁ，む⌐しろさあ，シュ⌐ーズの色⌐の方が関係あ⌐って…
11A：えー，ぱ⌐って見られ⌐るの，そんな⌐ん。
12B：わ⌐あし，ピンクいシュ⌐ーズやったんやけどさぁ…
13A：ピンクはやば⌐くない？
14B：赤⌐いのも，赤⌐い子もいたし，黒⌐い子もいて，まだ，薄いピ⌐ンクやったもんでぇ，よ⌐かったんやけどぉ，なんか，真っ赤っかー⌐の子なんて，まったくス⌐ーツに合⌐ってなくて，かわいそ⌐うやなぁって思⌐っとった。
15A：た⌐しかに，私も革靴買った⌐もん。(うそ⌐ー) その前の日⌐に，で靴擦れ⌐っていう（笑い)，や⌐っぱ見と⌐るんかなぁ。ま⌐あ，シュ⌐ーズは別にい⌐いけどさぁ，きょ⌐う育（学部）じゃない子とかさぁ，私，中が⌐っ校で受けたで余計や⌐けどさぁ，た⌐ぶん文学⌐部の派手⌐な子とかさぁ，Yシャツが，めっちゃピンクか⌐ったりする⌐やんねぇ。
16B：学校だ⌐と白⌐いのしかいかん⌐って言わ⌐れたよねぇ。
17A：そ⌐うそう，し⌐ろって言わ⌐れたで，あ⌐えてし⌐ろいっぱい何ま⌐いも持っと⌐るのにさぁ，すごいピンク⌐い服で来られ⌐るとさぁ，それで，も⌐うま⌐えで，生徒に出⌐る気なんですか⌐っていう。それで，わかっと⌐るやん，自分のま⌐えの子はそういうふ⌐くでぇ，受験ば⌐ん号ま⌐えやんかぁ，そ⌐の人だったらみたいな，わー…
18B：そ⌐うだよねぇ，へえ。じゃあ，面接のと⌐きも…，面接の練習のと⌐きもしっか⌐りした服装で行った⌐方がいいよねぇ。
19A：やっぱ，慣れ⌐じゃない？　だ⌐って，当日も⌐っと暑⌐いしさあ，これで⌐も慣⌐れた方がい⌐いけど，で⌐も，またあ⌐せ含ませ⌐るのが嫌⌐なんだけ

　　　　　　　　　　　　　　　　23A：持⌝っては来よ⌝うかな，私は。
　　　　　　　　　　　　　　　　24B：じゃ，私⌝も持⌝ってくね。じゃ⌝あ，
　　　　　ど。　　　　　　　　　　　　また明日⌝も学校来⌝る？
20B：だ⌝よねー。　　　　　　　25A：明日は来（こ）⌝なかんよねぇ，明日⌝
21A：じゃ⌝あ，とりあ⌝えずさぁ，十二⌝　　　は来⌝る来⌝る。
　　　んちはさぁ，ス⌝ーツ着てって⌝ぇ，で　26B：そ⌝やね。じゃ⌝あ，また学校で。
　　　も，別に着てか⌝なかんけど，めっちゃ，27A：ご⌝はんでも食⌝べつつ，みたいな。
　　　かって⌝りじゃな⌝くてもい⌝いって　　　じゃ⌝あ，また⌝ねー。バ⌝イバーイ。
　　　ことだよね。　　　　　　　　28B：バ⌝イバーイ。
22B：上着⌝は別にど⌝っちでもい⌝いんか
　　　なあ。

　岐阜大学構内で収録した会話である。岐阜大学には，隣県愛知県からも多くの学生が通っており，方言が混じり合って交わされることも多い。典型的なのは，断定辞の「だ」と「や」である。岐阜市出身のAは，09A「G先生やし」，15A「余計やけど」のように，基本的に断定辞は「や」を用いている。一方の，断定辞に「だ」を使う地域から岐阜に通っている愛知県出身のBは，04B「十二日だっけ」，16B「学校だと」，20B「だよねー」にみられるように，基本は「だ」を用いている。しかし，両者ともに，入れ替わりが観察された。Aは，19Aの接続詞「だって」は固定化した表現として除いたとしても，17Aで「その人だったら」，21A「いいってことだよね」のような場合に「だ」を用いている。一方のBも，ときどき岐阜の発音になるとも証言するように，「や」を用いている。12B「シューズやったんやけど」，14B「ピンクやったもんでよかったんやけどぉ」など，意図して標準語（あるいは愛知方言）と岐阜方言のコード切り換えをしているようにも思われない。

　特徴的な語彙としては，「ピンクい」が用いられている。過去の「ピンクかった」が用いられているなど，活用もしている。程度副詞としては，「めっちゃ」が15Aおよび21Aにみられる。16Bの「白しかいかん」，25Aの「来なかん」のように，義務・当為判断を表す表現は，「いかん」「あかん」ともに用いられる。

　アクセントに関しては，共通語と異なるアクセントが多く用いられている。共通語で尾高型の「服」「靴」などは当地で一般的に頭高型であり，これは学生たちの世代でも受け継がれている。逆に，「何枚も」は，今回，比較的古い形の中高型で現れたが，最近では共通語と同じ頭高型もよく聞かれる。また，いくつかアクセントにゆれがあるものがみられる。「私」に助詞がついた場合，多くは平板型であったが，24Bでは，「わたし⌝も」と尾高型であった。ほかにも多くの共通語と

のアクセントの異同が観察されたが，本人たちには共通語でないという意識がまったくない。この点も，この地方のアクセントの特徴である。

文節末の「でぇ」(14B) や，多く用いられていた文末の「ねぇ」などは，「で」や「ね」が長く伸ばされ下降調イントネーション（会話中には示していない）で発音される。そのため，聞きかたによってはきつく聞こえる可能性もある。

(3) 気づかれにくい新しい方言

伝統的な方言が衰退していく一方で，新しい方言が出現することも少なくない。とくに，子どもたちの遊びや学校という環境における地域独自の語は，岐阜と愛知両県を例にとっても，きわめて興味深い分布をみせる。

遊びのなかで，とくに，ジャンケンを用いて二つのチームに分ける際のかけ声の分布はきわめて興味深い。図 2.14 は，2007 年度に岐阜大学に通う大学生 400 名に対し行った調査の結果を，小学校区ごとに示したものである。

図 2.14 チーム分けジャンケンのかけ声

愛知県のグーとパーを用いる方法（●の地点）は，岐阜市周辺に集中して分布するグーとチョキを用いる方法（▼の地点）と，大きく県境を挟んで対峙しているが，一部では県境を越えて岐阜県側にも入り込んでいる。愛知県でもグーとチョキの方法を用いるところもあるが，ほとんどはチョキを「ピー」と呼ぶ（▶の地点）など，独自性をもっている。グーとパーを用いる地域では，最後に「そろい／そろった／そろいもん」「あわせ／あった」「わかれ」「組作り」のうちのどれを加えて出すタイミングを整えるかなどのバリエーションが多様であることも特徴としてあげられる。

　また，各地のややへんぴな地域に「うらおもて（■の地点）」の分布も確認できる。

　そのほか，学校独自の方言としては，愛知県，岐阜県とその周辺でしか用いられない「B紙（模造紙）」「机をつる（持ち上げて運ぶ）」が地元で共通語と認識されていることは有名である。また，愛知県では，「放課」ということばが，5分間の短い休み時間，2・3時間目のあいだの比較的長い休み時間，昼休みと，さまざまな意味で使われており，学生は高校に入ってはじめてこの違いに気がつくといったこともあるようである。ちなみに，このようにして休み時間を表すのに「放課」ということばを使用することから，愛知県では，共通語の「放課後」にあたる言いかたを，「授業後」や「業後」と言ったり，特に決まった言いかたがなかったりするところがあるという報告がある。

　岐阜県における学校の方言に関しては，小学校のときに用いた漢字ドリルと計算ドリルを，「カド・ケド」と略すことなどが特徴的である。隣県愛知県では，名古屋周辺で「カンド・ケード」が多いほか，略さないというところも多い。このような学校文化に根ざした方言は，県単位の学校行政区分を反映しつつ，県境を越えての広がりをみせるなど，興味深い新しい方言であるが，一方で，小学生のころは方言差に気がつかず，また，卒業後は使わないものであるため，方言であると認識されることが少ない。

3.　方言活動

　中部地方では，関西地方ほどの方言的個性が見出しにくく，また，東北方言や九州方言のような方言の特異さをアピールするような動きは相対的に出てきにくい傾向にある。そのようななかで特徴ある方言に関する事業をいくつか紹介する。

(1) 文学・芸能と方言

　愛知県の県庁所在地であり，尾張徳川家の城下町であった名古屋では，江戸時代に独自の文化を花開かせ，とくに江戸後期のおよそ百年のあいだ，方言での戯作も盛んであった。このような方言による芸能が盛んになることは，やはり地方文化の独立性がなければできないことである。東京と大阪の文化の谷間に埋没してしまっている近年では，名古屋市内唯一の演芸場である大須演芸場も経営の危機に瀕するなど，名古屋独自の芸能は成り立ちにくくなってきている。

　名古屋方言による活動も関西方言などと比較して低調である。名古屋方言で書かれた小説としては，清水義範のショートショート『決断』などが有名であるが，数は少ない。名古屋市郊外出身の鳥山明による『Dr. スランプ』には，ニコチャン大王という名古屋方言を話すキャラクターが登場するが，やはり田舎くささを売り物にした特徴づけがなされている。

　名古屋以外では，松田悠八の『長良川』や朝井リョウの『桐島，部活やめるってよ』が，全編を通して会話部分が岐阜方言で綴られており，生き生きとした人物描写がなされている。方言による小説は，注をつければ面倒であり，注をつけなければマーケットが狭くなるというジレンマを抱えつつも，確実に作品数を増やしている。

　北陸地方では，富山出身で人気落語家の立川志の輔が，1999 年ごろ，自身が担当する FM とやまの番組のなかで富山方言で落語を語っていたことがある。この，江戸前落語を基本にして方言語彙をちりばめ語る創作落語は，地方における新しい音声言語による芸能の可能性を示したものの，それを継続していくことのむずかしさも同時に露呈させる結果となった。

(2) 方言教育

　伝統的方言が廃れゆく今日，それを積極的に教育に取り入れていこうという動きもみられる。山田（2004）は，日本語を母語とする他地域からの転入者に対して岐阜方言の基礎を教えるとともに，岐阜方言を母語とする地元出身者に，伝統的な方言のなかの文法を整理し，方言であっても一つの言語として尊重されるべき構造と歴史をもつものであることを訴えようとして作成されたものである（図 2.15）。

　一方，盛んな工業生産を背景に外国人の集住が進む東海地方では，外国人児童生徒向けの音声教材も必要とされている。岐阜県美濃加茂市教育委員会が中心と

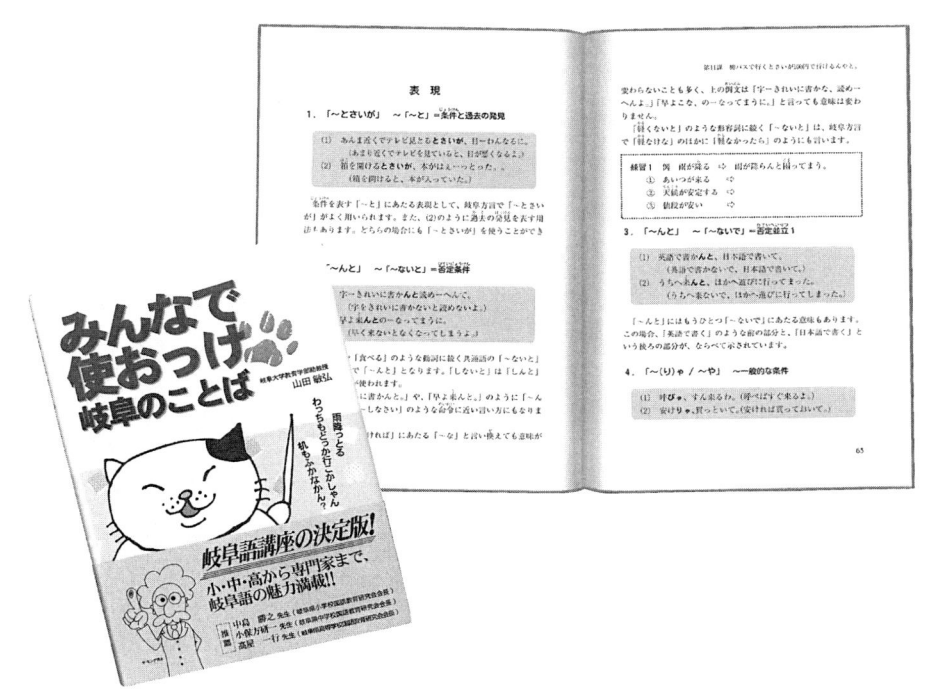

図 2.15　『みんなで使おっけ！　岐阜のことば』

なって作成された『よ〜い，ドン。にほんご』はこのようなニーズに応えたもので，「机をつる」など方言語彙を取り入れ，アクセントも当地のものを用いた CD 音声教材である。生活言語レベルでの方言使用は現実問題として避けて通れない。地域言語の実態に合わせたニューカマーに対する教材の充実が急務である。

(3) 方言の活用

地域の独自性を出すことを目的とした，方言による名称命名や，方言を記載した看板などが，身近に多くみられる。最も多いのは「来てください」に相当する方言をもじったもので，富山県黒部市国際文化センターの愛称である「コラーレ」（図 2.16）や岐阜県恵那市の道の駅「らっせいみさと」のような施設に対する名称から，岐阜県美濃加茂市の「おん祭 MINOKAMO」や同中津川市の「おいでん祭」のように祭りの名称に用いるもの，さらには，「金沢よるまっし」のような携帯電話による美術館・博物館紹介サイトの名称まで，さまざまな地域で用いられ

図 2.16　富山県黒部市国際文化センター　コラーレ（提供：黒部市国際文化センター）

ている。

　方言を名称として用いる際には，伝統的な方言のイメージそのものではなく，「コラーレ」のようにカタカナ書きし，外国語（おそらくイメージはイタリア語）っぽい印象を与える方法もよく採用される．新奇さが売り物の商品では，一時期名古屋を中心に売られていたビール「でらうま（とてもおいしい）」に続き日本コカ・コーラ社から「でら！珈琲」（図 2.17）が 2010 年に発売されるなど，従来の方言よりもあえて短くネーミング用に改変することも少なくない．

図 2.17　でら！珈琲（提供：コカ・コーラ セントラルジャパン）

Exercises

1. 文法項目の東西方言境界線（第 1 章図 1.2）と語彙項目の東西方言境界線（本節図 2.10）を比較してみよう．また，東西方言境界線の位置が移動している言語項目がないか，調べてみよう．
2. 「中部各県方言の 21 世紀に残したいことば」（表 2.11）の山梨県，愛知県の項目

に,「～じゃん」という文末形式があがっている。これは,あらたまった場ではあまり使われないものの,現在,全国的に使用される形式になっている。この形式について,どこでどのようにして発生し,どのようにして,またなぜ各地に広がったのか,調べてみよう。

4 関　西

　一般に「関西」という語は，京都府・大阪府・滋賀県・奈良県・兵庫県・和歌山県の2府4県を指して使われることが多いが，本節では三重県を加えた7府県を指すものとする。これは，楳垣編（1962）の方言区画における近畿方言域にほぼ重なるものである。この7府県の方言はそれぞれに固有の特色を有しており，また府県内部でも北部・南部あるいは沿岸部・内陸部，都市部・山間部といった地域ごとの細かな方言区画を設けることができる。しかし一方で，7府県のほぼ全域を，京阪式アクセント使用地域という共通性によってまとめることも可能である。語彙や文法にも広域に通用するものが少なくない。

1.　伝統方言の要説

　ここでは，主として京阪神地域で話されていることばを対象に，その特徴を概観する。関西各地の伝統方言については，楳垣編（1962）や飯豊・日野・佐藤編（1982a）などでその概略を知ることができる。また，都道府県ごとに編纂された平山輝男編『日本のことばシリーズ』（明治書院）などの概説書もある。適宜参照されたい。

(1) 音韻・アクセント
　(a) 音　韻
〈母音〉
　関西方言は標準語と同じく /a/・/i/・/u/・/e/・/o/ の五つの母音をもっている。ただし，標準語の /u/ が唇を丸めずに [ɯ] と発音されるのに対して，関西では唇を丸めて [u] と発音されることが多い。たとえば，「歌 /uta/」「熊 /kuma/」「唾 /tuba/」「犬 /inu/」といった単語に現れる /u/ は，標準語では唇を丸めずやや横に引いた形で発音される。それに対して関西方言では唇をすぼめて /u/ を発音する。この唇の丸めは英語の [u] にくらべると弱いものであり，関西方言話者自身にも標準語との違いはあまり意識されていない。

　また関西では母音の無声化があまり起こらず，ひとつひとつの母音がはっきり発音される傾向にある。一般に無声化は，「無声子音があとに続く語頭」「無声子音に挟まれた語中」「無声子音のあとに続く語末」のいずれかの音環境にある狭母音 /i/ と /u/ に起こるとされるが，関西方言話者の場合，「行きます /ikimasu/」の

語頭の /i/,「明日 /asita/」の語中の /i/,「墓地 /boti/」の語末の /i/ はいずれもはっきり発音される。若年層では無声化する傾向がみられるようであるが，語中と語末のみであり，語頭での無声化はほとんど起こらない。

なお，「危ない＞アブネー」や「悪い＞ワリー」のような，/-ai/ から /-e:/，/-ui/ から /-i:/ といった二重母音の融合現象は一般的ではない。

〈子音〉

関西には広くガ行鼻濁音が使用されていたというが，現在は衰退が顕著である。ガ行鼻濁音とは鼻音［ŋ］によって発音されるガ行音をいい，関西方言では，語頭のガ行子音が破裂音［g］によって，語中のガ行子音が鼻音［ŋ］によって実現されていた。このルールに従うと，たとえば「ぎん（銀）」は［giŋ］，「かぎ（鍵）」は［kaŋi］のように発音されるが，現在の中年層・若年層でガ行鼻濁音を保持している人はほとんどいないようである。また関西には，「座布団」をダブトン，「淀川」をヨロガワというなど，ザ行・ダ行・ラ行に混同がある。ザ行・ダ行の混同は関西各地にみられるが，ザ行・ラ行，ダ行・ラ行の混同は和歌山県にとくに多いといわれている（楳垣編 1962，杉藤 1982）。このほか，ヒチヤ（質屋），ホーカ（そうか）など /s/ 音の /h/ 音化という特徴もある。ただしすべての /s/ 音が /h/ 音になるわけではなく，指示詞など特定の語彙に偏っている。

〈長音・促音・撥音〉

長音・促音・撥音に関しては，長音の脱落・添加，促音の添加，撥音の添加，という現象がある。長音の脱落は，ガッコ（学校），センセ（先生），コーヒ（コーヒー）など，語末によくみられる。長音の添加はメー（目），ハー（葉・歯），テー（手）など，1 拍語に現れるものである。促音添加にはニッチョー（日曜），トッショリ（年寄り）などがあり，撥音の添加の例としては，ゴンボ（ごぼう），カシン（菓子）などがあげられる。またボンサン（坊さん）のように長音から撥音に転じるケースもある。

(b) アクセントと音調の型

関西地域の方言の多くは「京阪式アクセント」と呼ばれるアクセント体系をもっている。京阪式アクセントでないのは，京都府北部（丹後），兵庫県北部（但馬）および奈良県南部（吉野）で，ここでは主として東京式アクセントが使用されている。表 2.12 は，京阪式アクセントをもつ大阪方言と，東京式アクセントをもつ奈良（吉野）方言の 2 拍名詞のアクセントパターンをまとめたものである。

表 2.12 大阪・奈良（吉野）方言の 2 拍名詞アクセント
（① 郡 1997, ② 中井 2003）

類	語例	① 大阪	② 奈良（吉野）
I	水・飴・風・鳥・端・庭・鼻・虫・桃…	●● ●●▲	●● ●●▲
II	川・石・夏・橋・冬・町…	●○	●○
III	犬・馬・花・月・耳・山…	●○△	●○△
IV	船・海・傘・肩・空・種・箸・糸・松…	○● ○●▲	●○
V	雨・秋・声・猿・春・窓…	○◐ ○●△	●○△

○△：低い拍　●▲：高い拍　○●：名詞　△▲：助詞　◐：1 拍のなかで下降のある拍

　京阪式アクセントには，「低起式」「高起式」と呼ばれる二つのアクセント型の区別がある。これは単語のはじめの音が低くはじまるか高くはじまるかによる二分類で，フネ̄（船），スズメ̄（雀），イチゴ̄（苺）のように低くはじまるものが低起式，ミ̄ズ（水），ナ̄ミダ（涙），フ̄タリ（二人）のように高くはじまるものが高起式である（傍線部を高く発音）。表 2.12 に示したように，2 拍名詞の場合は，I・II・III 類が高起式，IV・V 類が低起式で実現される。また，単語のなかに高から低へのアクセントの下がり目（アクセント核）があるかないかによっても型が区別され，アクセント核のあるタイプを有核，ないタイプを無核と呼ぶ。たとえば，ナ̄ツ（夏），イ̄ノチ（命），ハ̄ナビラ（花びら），クス̄リ（薬）などは下がり目があるので有核，ト̄リ（鳥），サカ̄ナ（魚），ム̄ギ（麦），デン̄シャ（電車）などは下がり目がないので無核である。表 2.12 でいえば，II・III・V 類が有核，I・IV 類が無核で実現される。高起式無核（I 類）・低起式無核（IV 類）は東京式アクセントにはないアクセントパターンであり，京阪式アクセントを母方言にもたない人には習得がむずかしいとされる。

　京阪式アクセントのもう一つの特徴は「拍内下降」という現象である。たとえば 2 拍名詞の場合，「雨」「秋」「窓」などは伝統的な関西方言ではアメ̂，アキ̂，マド̂のように発音される（表 2.12 の第 V 類参照）。いずれも低起式でそれぞれ 2 拍目が高く発音され，さらにその拍内で高から低へ音が下がるという特殊なア

クセントパターンである。

　関西方言におけるアクセントの特徴は際立っており，当該方言であると認知する「方言マーカー」として重要な役割を果たしている。関西方言に特徴的な方言語彙や表現を用いなくとも，京阪式アクセントで話すことで関西方言話者であると認識されるのである。

(2) 文法・語彙
（c）文　法
〈助詞〉

　主格をガ，対格をオによって表示し，方向はニ・エ（イ），場所はデ，主題はワ，引用はト・テを使用する。ただし多くの場合，場所を表すデのほかは省略される傾向にある。

　　例1）アントキφ　ワタシφ　ハサミφ　ココφ　オクデー φ　ユータヤン。
　　　　あのとき，私がはさみをここに置くよと言ったじゃない。

　　　　　　　　　　　　　　　　（φはゼロマーク（何もつかないこと）を表す）

　接続助詞は，原因・理由を表すものにサカイ類（サカイニ，サケなど），ヨッテ・ヨッテニ，デ，モンデ，シ，カラなどがある。逆接にはケド，ノニがある。条件節はおもに～シタラによって表され，～スルトの使用は少ない。滋賀県には～スルトサイガという形式がある。そのほか，特徴的な形式として，譲歩節を作る～シタカテ（～しても）や，同時並行的な動作を表す形式である～シモッテ（～しながら）などがある。

　文末詞・間投助詞には関西内部の地域的特色があるが，広く使われているものとしては，標準語の「な」や「ね」に相当するナー・ノー，「よ」に相当するワ・デ・ヤ，問いかけのカ・ケなどがある。なお，ヤは命令形（シロ，シー）・依頼形（シテ）・勧誘形（ショー）にしかつかず，カ・ケは疑問詞疑問文には使われない。ほかに，ガナ・ヤンカ（ではないか），ントチガウカ（のではないか）などがある。地域的特色のあるものとしては，和歌山県の文末詞ノシ（ですね）・ラ（よ），奈良県の間投助詞ミー（ねえ），三重県の文末詞ニ（よ）などが知られる。

〈活用〉

　動詞の活用は標準語とほぼ同じで，特徴的なものとしてはワ行五段動詞にみられるウ音便形がある。たとえば，「買う」「思う」「誘う」などの動詞は，連用形（タ形）では「コータ」「オモータ」「サソータ」のような形をとる。3拍語の場合

は,「オモタ」「サソタ」といった短呼形も用いられる。ただし,ウ音便形は全体として衰退傾向にあり,標準語形と同形の「カッタ」「オモッタ」「サソッタ」といった促音便形が主流となりつつある。

　関西各地に広く認められるものではないが,一段動詞の五段化とみられる現象がある。これは,義務表現における「タベラナアカン(食べないといけない)」,やさしい命令表現として用いられる連用形命令における「タベリー(食べ)」のようなものである。このような表現が一般化していくのかどうか,今後の動向が注目される。

　形容詞の活用も標準語のそれとほぼ同じだが,音便形とカリ活用形の使用に特色がある。音便形は,「安い→ヤスナイ,ヤスーテ」「遅い→オソナイ,オソーテ」「赤い→アカナイ,アカーテ」「大きい→オーキナイ,オーキーテ」のように語幹(および語幹末母音を長呼した形)をそのまま利用するタイプと,「赤い→アコナイ,アコーテ」「大きい→オーキュナイ,オーキューテ」のように語幹末母音を変化させるタイプとがある。一方,特徴的なカリ活用形とは,連用形(テ形)にみられる次のような形式である。

　　例2)　オキタン　<u>オソカッテ</u>　ジュギョー　チコクシタ。
　　　　　起きたのが遅くて,授業に遅刻した。

この〜カッテは,過去に起こった事態あるいは仮定の事態を述べる場合にのみ用いられる特殊な形式である。並行的な事象として,ナ形容詞・名詞述語の連用形(テ形)に過去・仮定の事態を表す〜ヤッテという形式がある。

　　例3)　イチゲン　キューコー<u>ヤッテ</u>　キョーシツ　ダレモ　オランカッタ。
　　　　　1時間目が休講で,教室にはだれもいなかった。

　形容詞に関しては,そのほかアカン(だめ)→アカンカッタ,チガウ→チガウカッタ,のように「形容詞ではないが形容詞型の活用をもつ語」もいくつかある。

〈否定表現〉

　動詞の否定形は,イカン・イカヘン(行かない)のように否定辞ン・ヘンによって作られる。ヘンは,イキワセヌ(行きはしない)のような「動詞連用形＋ワ＋セヌ」という強意の否定表現に由来し,ワセヌ＞ワセン＞ヤセン＞ヤヘン＞ヘンと形を変えたものである。ン・ヘンの連用形(タ形)は伝統的にはナンダ・ヘナンダであるが,現在ではンカッタ・ヘンカッタに置き換わりつつある。

　ヘンには,ヒン・セン・シンといったバリエーションがある。また,ヤヘン・

ヤヒン・ヤセン・ヤシンやヤン・ランという形もあり，これらが一段動詞に使われることから，五段化現象との関連を指摘する声もある。各形式の使用には関西内部での地域差があり，『方言文法全国地図』第2集（国立国語研究所，1991）の否定形の項を分析した日高（1994）によれば，ンは三重県・和歌山県・奈良県南部や滋賀県・京都府北部・兵庫県北部に偏っており，大阪府を中心に分布するヘンと相補的な分布をなしている。ヤヘンの類は奈良県北部や兵庫県の日本海側に多く，ヤンの類は三重県や奈良県に偏って分布している。

なお，ナ形容詞・名詞述語の否定表現はヤナイやトチガウによって表される（マジメヤナイ・マジメトチガウ，桃ヤナイ・桃トチガウ，など）。イ形容詞否定形には，前項で示したとおりナイが用いられる。

〈命令表現〉

命令表現には，イケ（行け），タベヨ・タベロ（食べろ）といった命令形命令のほかに，イキ，タベなどの連用形命令がある。連用形命令は，相手に何かを勧めたり，やさしく命じたりする表現である。ほかに，イカンカイナ（行かないか），タベンカイナ（食べないか）といった否定疑問形による命令表現もあるが，これは，当然そうするべきであるのにまだしていない，といった非難を込めた言いかたとなる。また否定命令（禁止）の表現にはイクナ，タベルナという終止形＋ナの形と，イキナ，タベナのような連用形＋ナの形，さらにはイキナイナ，タベナイナといった形がある。

〈アスペクト表現〉

アスペクト表現にはシヨル（シヨー），シヤル，シトル（シトー），シテル，シタールなどの形式が用いられるが，どの形式をどの意味で使用するかには関西内部の地域差が大きい。井上（1998）によれば，大阪府北部を中心とする関西の大部分が，アスペクト的意味ではなく丁寧さを軸に｛シテル：シトル｝を使い分ける。これは存在動詞イル・オルの使い分けと並行的である。また兵庫県西部や大阪府南部，和歌山県南部のように｛シヨル：シトル｝，｛シテル：シタール｝，｛シヤル：シタール｝がそれぞれアスペクト的意味（前者が動作持続，後者が結果持続）において対立している地域もある。シトル，シタールのどちらか1形式だけを用いる地域としては，三重県や京都府北部，和歌山県南部がある（井上 1998）。

ほかに，「しはじめる」といった意味を表すシカケルという形式が大阪府や奈良県などで用いられている。たとえば，「電話するからタベカケトイテ（食べはじめ

て)」「先イキカケトクネ(行くね)」のように使われる。多くの場合シカケトクという形で用いられる。

〈待遇表現〉

　関西は待遇表現形式の発達している地域の一つで、関西内部での地域差も大きい。滋賀県・奈良県のように、似通った意味機能を有する形式が複数使われている地域もあれば、同じ形式が地域によって異なる意味機能を担っていることもあり、複雑である。

　話し手と聞き手、あるいは話し手と話題の人物のあいだに上下関係がある場合に、話題の人物や聞き手が話し手より上位の存在であることを示すのが、上向き待遇表現、いわゆる尊敬語である。兵庫県西部で頻繁に使用されているシテヤ(テ敬語)や大阪府で用いられるシハル(ハル敬語)などがこれにあたる。逆に、話題の人物が話し手より下位の存在、あるいは親しい存在であることを示す形式に大阪府のショル・シャルがある。前者は男性に、後者は女性によく用いられる下向き待遇表現である(岸江 2005)。また、上下という関係把握によらない待遇表現に京都府のシハル・シヤハルがある。形式上は大阪のシハルと類似しているが、京都のシハル・シヤハルの使用は話題の人物の年齢や社会的地位にはよらず、その基本的機能は、主語が話し手と聞き手以外の第三者であると明示することにある(辻 2001)。

　相手との関係ではなく、話し手の好悪感情など心的態度によって使用が決まる形式もある。たとえば、大阪府のショル(下向き待遇のショルと同形式)、シクサルなどは、腹が立ったときや嫌悪している相手について述べるときに用いられる卑語的形式である。

　(d) 語　彙

〈名詞〉

　関西方言の語彙で特徴的なのは、動詞連用形からの派生名詞が豊富なことである。その多くが人の気性を表し、どちらかというとマイナスイメージを伴うものである。牧村(1979)には次のようなものがあげられている。

イチビリ(ふざけまわる人)、イラチ(せっかち)、ウレシガリ(お調子者)、カジケ(寒がり)、シャベリ(秘密をすぐ口外する人)、ヤッシ(おめかし屋)、イータイコトイー(自分勝手なことを無遠慮に言う人)、エーカッコシー(かっこつけ)、

> エラソーシー（偉そうにする人），イランコトシー（余計なことばかりする人），キニシー（物事をなんでも気にする人），エーモンカイ（よい物ばかり買いたがる人），アカンタレ（弱虫），アクタレ（いたずらっこ），ウソタレ（うそつき），ビンボタレ（さもしい人）

　このほか，カシコ（賢い人），コンジョワル（意地悪）など，形容詞語幹からの派生によるものもある。
　伝統的な形が比較的よく保持されていると考えられている関西方言であるが，使われなくなっている語彙も少なくない。大阪市方言の動態を調査した真田・岸江（1990）には，世代が若くなるにつれ，ナンバ（とうもろこし），ナンキン（かぼちゃ），ニヌキ（ゆで卵）などの語が使用されなくなっていることが顕著に示されている。
　その一方で，新しい方言語彙も形成されている。自転車を表すチャリ・チャリンコ，原動機付自転車を表す原チャ・原チャリなどは，若い世代に使用が増えている語である。またオカン（お母さん），ショーミ（本当のところ）のように，昔からあった語が新鮮な言いかたとして若い世代に受け入れられ，使用が広がるケースもある。
　このほか，話し手自身が方言と認識していない語彙もある。オシピン（画びょう），サシ（プラスチック製の定規），カシワ（鶏肉），オツクリ（刺身），ドンツキ（つきあたり），イキシ・イキシナ（行き），カエリシ・カエリシナ（帰り），サラ・サラピン（新品）などがこれにあたる。このような，方言であることが気づかれにくい語彙の多くは衰退せず，若い世代にも使われている。

〈動詞〉
　関西方言の動詞の多くは，標準語と同形でかつ同じ意味を表している。しかしなかには標準語にないものや，標準語と同形だが意味の異なるものがある。前者の例としては，ホル・ホカス（捨てる），トゴル（沈殿する），ヤツス（おめかしする）などがあげられる。また後者には，ナオス（もとに戻す），パーマをアテル（かける），蚊にカマレル（刺される），髪の毛をククル（結わえる）などがある。
　有情物を主語にとる存在動詞には，イル・オル・アルのいずれかが使われる。アルは和歌山県や三重県南部で用いられているが，これは古語の「あり」に通じる古い用法であることが知られている。井上（1998）によれば，大阪府北部を中

心とする関西の多くの地域でイルとオルが併用されており，イルに対してオルはぞんざいな表現と位置づけられている。また大阪府では，イル・オルのほかにイテル（いている）という形式が使われている。

2. 方言の動向

　標準語の普及に伴い，人々の標準語運用能力が高まった結果，地域社会ではそれまでになかった劇的な言語変化がみられるようになった。具体的には，地域方言を捨てて標準語だけを使うようになる〈共通語化〉，地域方言と標準語とを場面や状況によって使い分ける〈バイリンガルへの移行〉，地域方言とも標準語とも異なる〈新しい言語変種の形成〉などである。関西の場合も，標準語からの影響は大きく，方言語彙の衰退やアクセント体系の変化などが起こっているが，話し手自身は自分たちのことばを方言であると認識している。また，場面によって方言と標準語とを切り換えるという規範意識は低く，カジュアルな場面では非関西方言話者に対しても関西方言を使うことが珍しくない。あらたまった場面でのことばの切り換えは行われるが，「丁寧な方言を話している」という意識をもつ話者が多く，標準語への切り換えを意識する話者は少ないようである（田原 2006）。このようなことから，関西は，〈共通語化〉や〈バイリンガルへの移行〉ではなく，標準語との接触下における〈地域方言の維持〉という言語状況にあるということができる。

　しかし当然，標準語との絶え間ない接触からの影響は免れない。標準語という顕在的権威をもった言語変種にさらされながら，自身のことばをあえて方言へと引き戻そうとする話者の志向が，結果として，伝統的な地域方言とも標準語とも異なる言語体系，すなわちネオ方言を形成する土壌となっているのである。

(1)「関西共通語」としてのネオ方言

　標準語との接触による急激な言語変化の結果，若年層の話しことばは伝統的な地域方言とは大きく異なることとなった。とくに語彙における伝統方言の衰退は顕著であり，関西内部における地域差の希薄化へとつながっている。

　地域差の希薄化は，社会状況の変化も要因となっている。交通網の発達に伴い，日常生活における個人の移動可能距離が格段に長くなり，関西内部における人的交流の範囲も広くなった。その結果，互いの使用言語が影響を与え合い，地域間の言語的差異が減少することとなったのである。

このような事情により，関西では，「関西共通語」とでも呼べるような広域方言が形成されつつある。高木（2006）は，滋賀県・京都府・大阪府・奈良県・兵庫県出身の大学生を対象に関西若年層の話しことばを分析し，実際の言語使用からは地域的な差異がほとんどみられないことを指摘している。もちろん，神戸のアスペクト表現ショー・シトーや三人称マーカーとしての京都のシハルなど，地域限定的に使われている言語要素がないわけではない。しかし相対的には，地域間の言語的差異が小さくなっているということができる。

(2) ネオ方言の実体

　標準語の影響を受けた関西方言とは，具体的にどのようなものであろうか。以下の談話は1997年に収録された大学生2人の会話だが，ここには，出自の異なるさまざまな言語要素が確認できる。

［会話の流れ］大学の授業（実験）の話：理系の学部に所属しているAとBが，それぞれの授業で行った実験について話している。まずAがマウスを使った実験の体験を話し，動物を使った実験の苦労を述べる。それを受けてBが化学の実験の話をし，同じく化学の実験の経験があるAが化学の実験は楽しいとコメントする。それに対してBは，扱いにくい実験器具で苦労したことをAに話す。
［話者］A：兵庫県宝塚市出身・女性・1976年生まれ（録音当時21歳）
　　　　B：大阪府高槻市出身・女性・1977年生まれ（録音当時20歳）
［収録時期］1997年9月

01A：なんか　もう　今日もな―，今日まで　テストやってな―，(B：うん，)　ほんまは明日から実験やと思ってな，(B：うん，)　今日は実験［の］説明やと思ったんがな―，(B：うん，)　いきなり　なんか，今日な　マウスの　なんか　実験やってんやんか―。(B：うそ―。) マウスの―，
02B：マウスって，ネズミやろ｛笑｝
03A：うん。ネズミ出てきてな―, (B：へ―。)「血を採りましょう」とかいって―，(B：うそ―,)　ほんま，(B：いや―，｛笑｝) めっちゃ　それがな―　もう，めっちゃ　精神的に疲れ　あたし　(B：あ―,) なん も　やってないねんけど―, (B：あ―,) 三人組でな―, あたし以外　男の子やった から, (B：う

ん,) みんな　やって もらってんけど―, (B：うん,) でも―　なんか　見てるだけで「あ――」って感じで さ―。(B：あ―。あ―) えぐかったで―　今日は―, う―ん。
04B：そうなんや―。そっか― 薬学やもんな―。
05A：そう，動物は― なんか，嫌やな―。
06B：ふ―ん　動物なんか，
07A：まだ　化学の方が，いいな。
08B：[動物の実験なんか] 全然ない｛笑｝もう，滴定［＝実験方法］とか　もう嫌んなる｛笑｝なんか　も，
09A：あ―　滴定　でも楽しくない？　すぐ終わるやん　あれ―。
10B：楽し，そう　でもな―, もう, 一回, 滴定ばっかりの実験があって さ, (A：

｛笑｝）もう　ずーっと滴定やねん｛笑｝
11A：ビュレット［＝実験器具］カンカンカンとかゆって？
12B：そう　も，こう　回すやつ じゃなくて な　あたし　あれしか　知らんかってん けど さ ，（A：うん）なんか，ゴムが　あってなー，そん中にガラスのー，ガラスの，なん　ちっちゃい玉みたいなんが　入っててなー，（A：うん，）ちっちゃい　こんな　なんか，それが，ちょ　こう押したら な ，（A：うん，）ビャーって出てくるんやんかー　｛笑｝
13A：あ　そんなん　あるんや。
14B：そうそう　そ，（A：おー。）もう　めっちゃ，押さなあかんねん　あと［で］手　え痛くてさ　｛笑｝
15A：あ　そうなんやー。

　上の談話のなかで一重下線を施してあるのが方言形である。間投助詞ナー，断定辞ヤ，形式名詞ン，「のだ」相当のネン・テン，文末詞ヤン（カ），ヤロ，デ，義務表現〜セナアカン，といった文法項目や，テー（手），ホンマ（本当に），メッチャ（とても），エグイ（むごい），などの音声項目・語彙項目が出現している。なお，メッチャは比較的新しい語だが，代表的な関西方言として知られている語彙の一つである。

　二重下線を施したソーナンヤ，アルンヤ，シランカッ（タ）という表現は，形式上は方言形だが伝統的な関西方言にはなかったものである。これらは標準語・東京語の「そうなんだ」「あるんだ」「知らなかった」といった表現に影響を受けて生まれたもので，ネオ方言形ということができる。近年使用が広がりつつあるヤカラ（だから）・ヤケド（だけど）なども伝統方言形にはない新しい方言形であり，標準語の「だから」「だけど」に対応させる形で誕生したものと考えられる。

　上の談話で枠囲みを施してあるのは標準語形・東京語形である。接続助詞カラは多くの話者に使用されており，サカイニ，ヨッテニといったもともとの形は若年層ではほとんど使われなくなっている。それに対して間投助詞サーや否定形ジャナイは，方言形ナーやチャウとの意味機能の分担が行われており，併用状態にある（高木2006）。

　このように，出自の異なる語形が混在して使用されているのが関西若年層の話しことばの特徴である。関西若年層は，標準語の影響を受けながらも方言を維持しようとし，結果として，標準語とも伝統的な方言とも異なる言語体系を有しているのである。

（3）ネオ方言に対する話し手の意識

　新しい言語変種が形成されたとき，その変種に対する話し手の認識には三つの

タイプが考えられる。すなわち、「標準語形の受容に着目して〈共通語化〉と考える」「ネオ方言形の形成に着目して〈新しい言語変種の形成〉と考える」「伝統方言形の保持に着目して〈地域方言の維持〉と考える」の3タイプである。関西の場合、若年層の話しことばは伝統方言とも標準語とも異なる言語変種となっているが、話し手の多くはそのことに無自覚で、自分のことばはあくまでも関西の方言であると認識している。むしろ、関西内部の地域差が希薄化しているにもかかわらず、わずかな言語項目における地域的特性をよりどころとして地域ごとの違いを意識している話者もおり、〈地域方言の維持〉が意識されている（高木 2006）。言語変化の実態と話者の意識の関連は、今後追究すべき興味深いテーマである。

3. 方言活動

(1) メディアのなかの方言

　関西方言は、標準語（東京語）の使用が基本とされるメディアにおいて最も頻繁に登場する方言ということができるだろう。関西方言がメジャーな言語変種となりえたのは、「標準語との相違が明確である」「他方言話者にも理解されやすい」という相反する二つの条件を満たしているためと考えられる。関西方言はアクセントや文法項目に特徴があり、短い発話にも標準語との違いが比較的はっきり現れる。それでいて音声・音韻や語彙には標準語との共通点が多く、関西方言を母語としない人にも発言内容の理解がむずかしくない。この「適度に違いがあり、適度に共通点がある」という標準語との言語的距離が、関西方言をメジャーにした大きな要因といえる。もちろん、メディア側が多様な言語変種を受け入れるようになったこと、関西人の多くが自分のことばに愛着をもっていることなども関係しているだろうが、相手（視聴者）に通じなければことばを切り換えるしかないはずで、理解しやすい方言であることが関西方言の大きな強みであることは疑いを容れない。

〈母方言としての方言使用〉

　少し前までは「テレビで関西方言を話す人はお笑いタレントか野球解説者」といった感があったが、近年では、俳優や作家など仕事で標準語を使うことが多い人でも、バラエティ番組やインタビュー番組などで素顔の自分を語る場合に母方言の関西方言を使う人がいる。関西方言を駆使して活躍するアイドルグループも登場している。他地域出身の芸能人が母方言をまったく使わないわけではないが、

86   2. 各地方言の実態—方言の現在—

メディアにおける関西出身者の母方言使用は群を抜いているといえよう。

　ドラマやアニメといったフィクションの場合には，関西を舞台にした作品のなかで，地元の人間という設定で関西方言が使用されることがある。これなども，演出ではあるが母方言としての方言使用といえるだろう。ただし，俳優・声優が必ずしも関西出身というわけではないので，不自然なせりふ回しになってしまうことも少なくない。

〈受信者を意識した方言使用〉

　メディアにおける方言使用には，受信者の母方言を意識して行われるものもある。たとえば，関西地域限定のローカル番組に，出演者が関西方言話者ばかりで構成されている情報番組がある。これなどは，多くの受信者にとっての母方言と考えられる関西方言を用いることで，親しみやすさを演出しているとみることができる。

　CMや広告にも，同様の意図をもった関西方言の使用が認められる。図2.18は大阪府警察鉄道警察隊の「列車内チカン追放キャンペーン」広告，図2.19は大阪府水道部・大阪府営水道協議会による「府・市町村共同水道キャンペーン」広告である。キャッチコピーに「アカンデ（だめだよ）」「メッチャ（とても）」「〜ヤン（ではないか）」といった方言が使用されている。大阪府在住の市民に向けたこ

図 2.18　チカン追放キャンペーン広告
　　　　（提供：大阪府警察）

図 2.19　大阪府水道部・大阪府営水道
　　　　協議会（2010 年度現在）キャ
　　　　ンペーン広告（提供：大阪府）

れらのキャンペーン広告は，方言を使用することで市民の目を引き，市民に強く訴えかける効果をねらっているものと思われる。

〈イメージを利用した方言使用〉

架空の世界を舞台とするドラマやアニメ，あるいは CM・広告のなかに，関西方言を話すキャラクターが登場することがある。金水（2003）は「大阪弁・関西弁を話す人物のステレオタイプ」として，お笑い，食いしん坊，派手好き，下品，ど根性，やくざ，といった特性を指摘しているが，ドラマやアニメの登場人物たちはそういった典型性をもったキャラクターとして描かれることが多い。

(2) 芸能・文芸・娯楽と方言

関西は伝統芸能の盛んな地域でもあり，落語，狂言，浄瑠璃など「上方ことば」で演じられるものが多くある。こうした伝統芸能のなかのことばは師匠から弟子へと口承で伝えられ，日常語としては使われなくなった古いことばが受け継がれている。これに対して，ボケ・ツッコミを基本とする上方漫才は，現代の関西方言による芸能である。漫才師をはじめとするお笑いタレントのことばは若い世代に強い影響力をもっている。

関西方言の登場する小説も多数ある。谷崎潤一郎の『細雪』がとくに有名だが，関西出身の作家では田辺聖子や宮本輝が知られている。2008 年に芥川賞を受賞した川上未映子，直木賞候補に上った黒川博行なども小説で関西方言を用いる作家である。またマンガでは，はるき悦巳の『じゃりン子チエ』や青木雄二の『ナニワ金融道』などが有名である。近年では，大阪の高校を舞台にした中原アヤの『ラブ★コン』が中高生に大人気となり，映画化やアニメ化なども行われた。また，関西方言で書かれた歌は，『大阪うまいもんの歌』のような子ども向けのものから，ロック，ポップス，演歌など幅広いジャンルに存在する。これらの歌は，関西出身者でない歌手やグループによって歌われている場合もある。

このように，関西方言による芸能・文芸・娯楽は，幅広い年齢層に受け入れられる裾野の広さをもっているといえる。

(3) 産業と方言

関西方言は観光土産にも活用され，代表的な関西方言をモチーフにした T シャツやキーホルダー，せんべいやクッキーなどが「方言グッズ」として販売されている。ただ，方言グッズの制作・販売は日本各地で行われていることであり，関西に特有の現象ではない。産業分野における関西方言の特色は，人と機械（ロボッ

ト）のコミュニケーションツールとして利用されている点にある。以下，三つの事例をあげておく。

　(a)「おしゃべり自販機」：　ダイドードリンコ(株)（本社・大阪市）の自動販売機の音声案内には関西方言バージョンがあり，「マイド（毎度いらっしゃいませ）」「オーキニ（ありがとうございます）」のほか，「アッタカーイノミモン　ドーデッカ（温かい飲み物はいかがですか）」「ヒルカラモ　ガンバッテヤ（午後からもがんばってください）」など，50 パターンの音声が状況に応じて流れるようになっている。なお，この自動販売機は富山や沖縄など他地域にも設置されているという。現在は，津軽方言，名古屋方言，博多方言，広島方言の各バージョンも制作されており，音声をウェブサイトで聞くことができる。

　(b)　車の音声案内：　大阪府吹田市の万博記念公園には，音声案内の言語として関西方言が使用されている作業用軽自動車がある。停車時には「トマリマッセ（止まりますよ），トマリマッセ，トマリマッセ…」と音声案内が繰り返され，来園者を楽しませている。

　(c)　ロボットの話しことば：　ATR 知能映像通信研究所が開発した「Muu（むー）」は，人間とのコミュニケーションに重点を置いたロボットで，その使用言語は関西方言である。またソニーが開発したペットロボット「AIBO（アイボ）」には追加プログラムとして関西方言機能が提供されていた。

　(a)(b) は表現のおもしろさを生かしている点で方言グッズに近いが，(c) は，ロボットの自然なコミュニケーションを追求するなかで，関西方言あるいは関西的なコミュニケーションを利用している点が注目される。人とロボットをつなぐものとして，方言のもつコミュニケーション力が評価されているということであろう。

Exercises

1. 関西方言の登場人物が現れる小説，マンガ，映画，テレビドラマなどの作品を集め，使用されている方言の特徴を分析してみよう。
2. 1 で集めた作品のなかで，関西方言話者はどのようなキャラクター設定になっているか。とくに，関西以外を舞台とする作品のなかで，「関西人キャラ」がどのように特徴づけられ，どのような関西方言を話す設定になっているかを分析してみよう。

5 中国・四国

1. 伝統方言の要説

　中国・四国地方の方言には，日本海側・瀬戸内海側・太平洋側という，県境を越えたまとまりが認められる。おだやかな瀬戸内海は古くから日本の交通軸として機能し，大陸からの文物を京畿に運んだ。それは京畿で咀嚼され，この国の新たな文化として，再び瀬戸内海を通って西へ，南へと伝播していったのであろう。このような事情もあって，瀬戸内海沿岸部はことばも改新されていくことが多かったものと思われる。それに対して，中国山地・四国山地に隔てられた日本海側・太平洋側の地域は改新の波が及ぶことも少なく，日本語の古いすがたを残しているところがある。

　本節では，『方言文法全国地図』（全6巻，国立国語研究所）のデータを再加工した各種地図を利用しながら，中国・四国地方の伝統方言について述べる。『方言文法全国地図』は，昭和51（1976）年から同62（1987）年にかけて，全国各地で実施された方言調査の成果を収めたものであり，昭和後期における各地の方言状況を知るための第一級の資料である。ここでは，公刊された『方言文法全国地図』そのものではなく，国立国語研究所がWeb上に掲出している生データを，筆者が開発したコンピュータプログラムGAJ-Sugdasによって処理し，これを資料として用いる。なお，この地域の伝統方言の詳細については，東条編（1961b），飯豊・日野・佐藤編（1982b）のほか，県別に編纂された平山輝男編『日本のことばシリーズ』（明治書院）などを参照されたい。

(1) 音韻・アクセント

(a) 音　韻

　いわゆる標準語音声と比較すると，中国・四国地方の方言のなかには次のような特色をもつものがある。

① 母音のイが，イとエの中間のような音（中舌音）[ï] で発音される（図2.20）
　　例）息 [ikï]
② 濁音の前の鼻音の存在（図2.21）
　　例）カ゜ゴ（籠），゜ガッコー（学校）
③ 連母音の融合
　　例）「書く」の過去形 [kaita] において，連母音 [ai] が融合し，[aː] [æː]

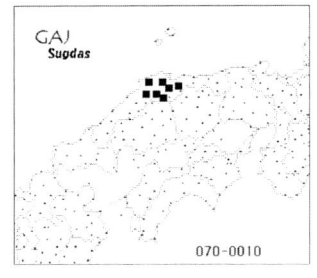

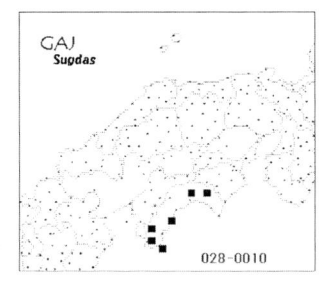

図 2.20 中舌音 [ï]　　　　図 2.21 濁音の前の鼻音

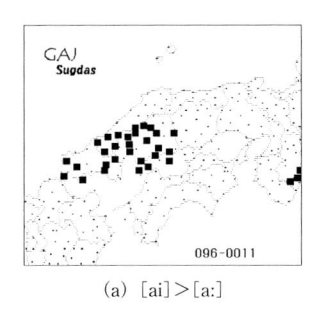

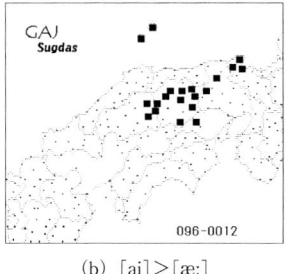

(a) [ai]＞[aː]　　(b) [ai]＞[æː]　　(c) [ai]＞[jaː]

図 2.22 連母音 [ai] の融合

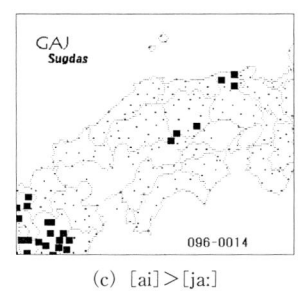

[jaː] などとなる。(図 2.22 (a) (b) (c))

例)「酒＋を」において，名詞の末尾母音 [e] と格助詞の [o] とが融合し，「サキョー」のように発音される。(図 2.23)

例) イ形容詞のウ音便において，連母音 [au] が融合し，[oː] [o]，あるいは [aː] [a] のように実現される。(図 2.24 (a) (b))

④ ラ行音の規則的な脱落

　例) クーマ (車)

⑤ 合拗音 [kʷa] [gʷa] の残存

　例) クヮジ (火事), グヮンタン (元旦)

⑥「セ」「ゼ」に該当する「シェ」「ジェ」の存在

　例) シェナカ (背中), ジェーキン (税金)

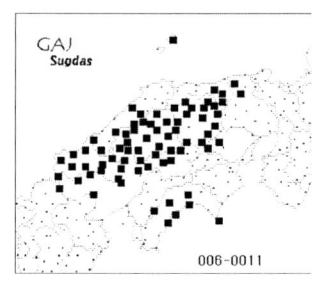

図 2.23 名詞末母音と格助詞 [o] の融合

(a) ［au］＞［o:］［o］　　　(b) ［au］＞［a:］［a］

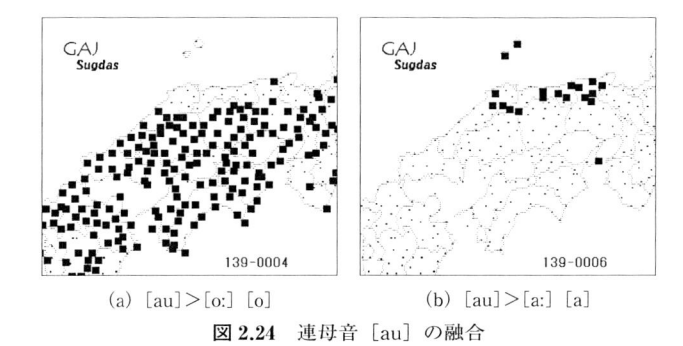

図 2.24　連母音［au］の融合

⑦ 四つ仮名（ジ・ヂ，ズ・ヅ）の発音上の区別

例）フジ（富士）・フヂ（藤），スズ（鈴）・ミヅ（水）

図 2.20 と図 2.21 に示すように，中国・四国地方では，① は出雲方言にのみ，② は土佐方言にのみみられる現象であるが，いずれも，遠く東北地方につながっていくと考えられる現象である（第 2 章第 1 節も参照）。③ は中国・四国地方の各地方言にみられる。それぞれの融合形の分布については図 2.22〜2.24 を参照されたいが，その融合のありさまには瀬戸内海を挟んだ対立をみることができる。④ は出雲地方にみられる現象で，⑤ は中国・四国山間部に，また ⑥ は徳島県の瀬戸内海島嶼部に認められる。⑦ は高知県にのみ存在していたが，近年は衰退の著しい現象である。

(b) アクセント

アクセントについては，瀬戸内海を挟んで，四国地方と中国地方のあいだに大きな断絶がある。図 2.25 は，中国・四国地方のアクセント体系の分布の様相を示したものである。図にみるように，四国地方に京阪式（●）とそれに準ずるアクセント体系（○）をもつ地域があり，中国地方と四国西南端に東京式（｜）とそれに準ずるアクセント体系（—）をもつ地域が存在する。また，興味深いことに，京阪式と東京式とが衝突している愛媛県大洲市付近には無アクセント（▲）の地域がある。

図 2.25　中国・四国地方のアクセント体系（飛田ほか編 2007 より抜粋して作図）

(2) 文法・語彙

(c) 文　法

ここでは，中国・四国地方における興味深い文法現象として，断定辞（ダ・ジャ・ヤ），アスペクト，形容動詞の活用，接続助詞，の四つを取り上げる。

〈断定辞〉

　断定辞（ダ・ジャ・ヤ）は，図 2.26 (a)（ジャ）・(b)（ヤ）・(c)（ダ）のように分布する。ジャ・ヤの使用されている地域は多いが，伝統方言としてダを用いる地域もある。また，徳島方言のように，ダ・ジャ・ヤが混在する方言もある。

〈アスペクト表現〉

　中国・四国地方の諸方言では，「動詞テ形＋オル」に由来する形式（〜テオル系）と「動詞連用形＋オル」に由来する形式（〜オル系）の二つによって，いわゆる「結果相」と「進行相」とを表し分けている。

　　例 1) 桜の花が {チッテオル／チットル／チットー／チッチョル／チッチョー／チッチュー}。（図 2.27 (a)〜(f)）

　　例 2) 桜の花が {チリオル／チリヨル／チリヨー／チリユー／チリョール／チンリョル／チッリョル}。（図 2.28 (a)〜(g)）

　例 1) の形式はいずれも，「〈すでに〉桜の花が散ってしまった」状態（結果相）を指していうときに用いられるものである。それに対して例 2) の形式はすべて，「〈いままさに〉桜の花が散りつつある」状態（進行相）を指していうときに用いられる。チットル，チッチョル，チリユーといった具体的な語形の分布状態は，図 2.27 および図 2.28 に示すとおりである。

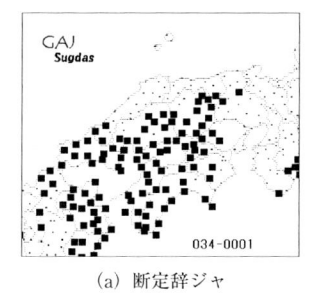

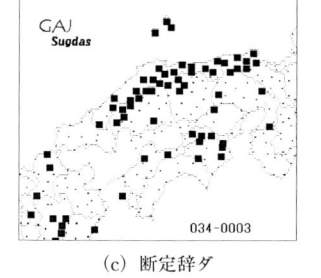

(a) 断定辞ジャ　　　(b) 断定辞ヤ　　　(c) 断定辞ダ

図 2.26　断定辞ダ・ジャ・ヤの分布

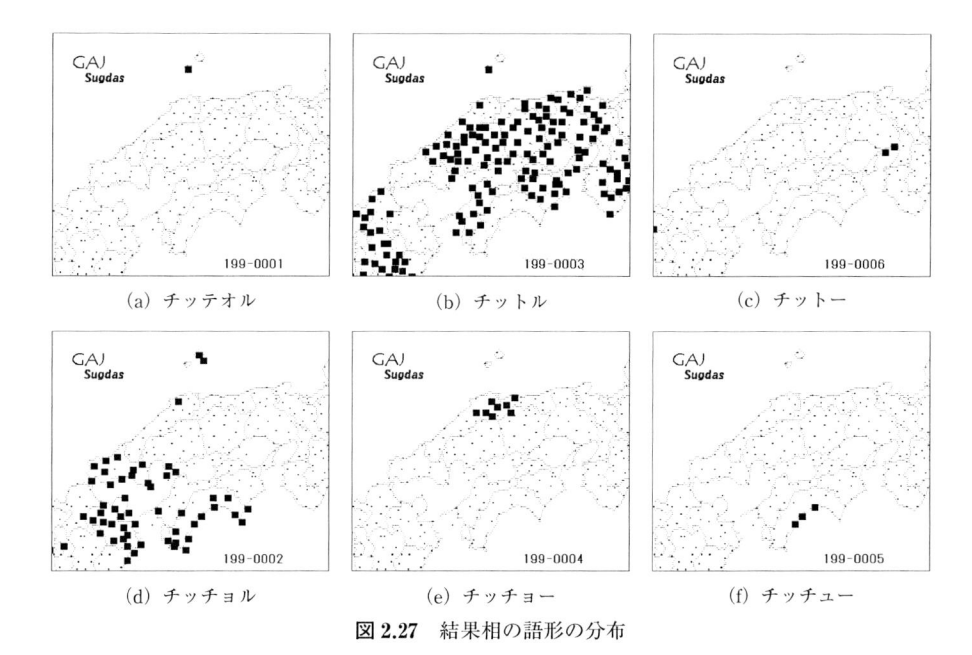

(a) チッテオル (b) チットル (c) チットー
(d) チッチョル (e) チッチョー (f) チッチュー

図 2.27 結果相の語形の分布

〈形容動詞の活用〉

　標準語の場合，いわゆる形容動詞（ナ形容詞）の終止形は「静かだ」のように〜ダの形をとるが，中国・四国地方にはシズカナのように〜ナの形をとる方言がある（図 2.29 (a)）。これを「ナ終止形」ということがあるが，このような方言においては，形容動詞の過去形はシズカナカッタとなり，アカカッタ（赤かった），オーキカッタ（大きかった）などと同じく形容詞（イ形容詞）のように活用する（図 2.29 (b)）。また推量形でも，シズカジャロー，シズカヤローのほかに，シズカナロー，シズカナカローといった形も分布している（図 2.29 (c)）。このナ終止形は，古語のニアリに由来し，ニアリ＞ナリ＞ナと変化したものと考えられている。

〈接続助詞〉

　理由を表す，いわゆる標準語の「から・ので」に相当する表現は，中国・四国地方においては複雑な分布をみせている。図 2.30 (a)〜(d) は，『方言文法全国地図』第 37 図に示された，「子どもなのでわからなかった」の「ので」にあたる部分のデータである。大別すると，四国側にのみ分布するキニ・キン・キー・キ

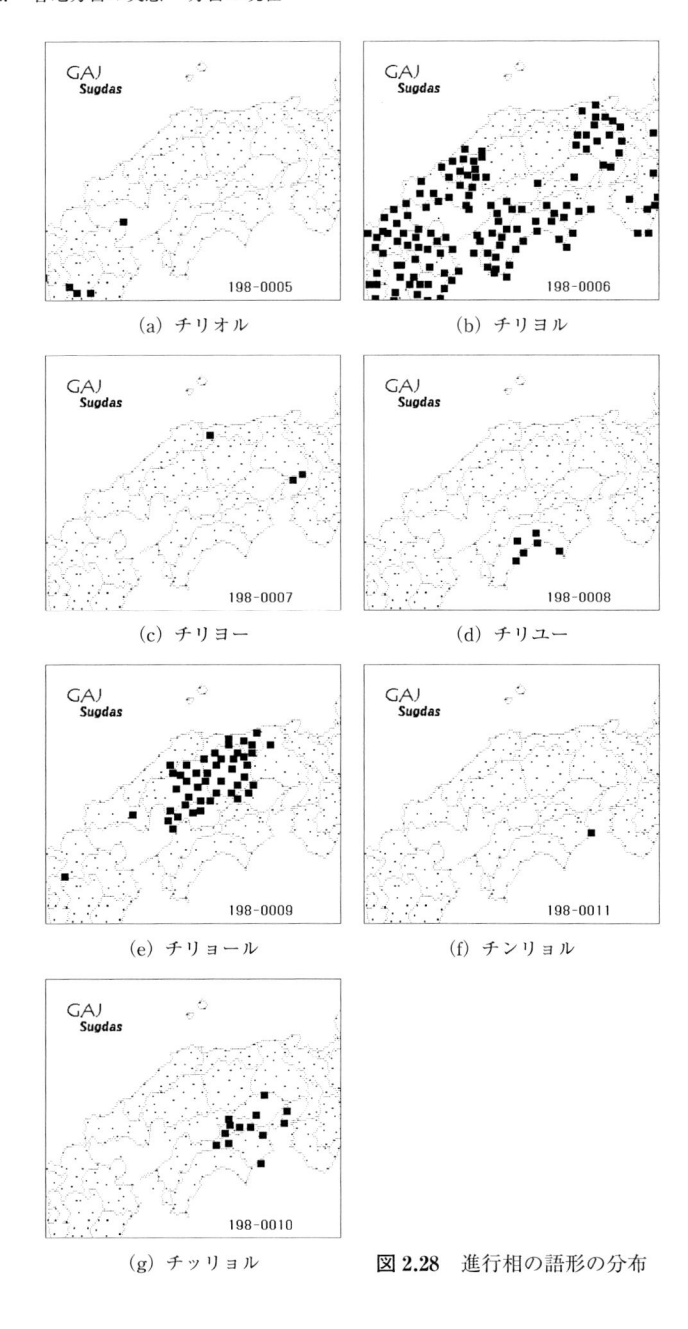

94   2. 各地方言の実態―方言の現在―

(a) チリオル

(b) チリヨル

(c) チリヨー

(d) チリユー

(e) チリョール

(f) チンリョル

(g) チッリョル

図 2.28 進行相の語形の分布

(a) シズカナ　　　(b) シズカナカッタ　　　(c) シズカナロー・シズカナカロー

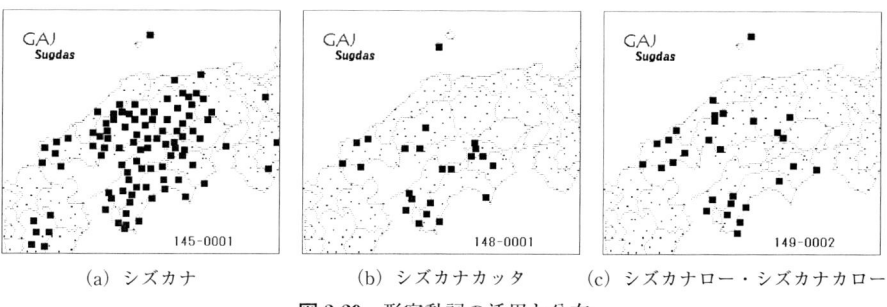

図 2.29　形容動詞の活用と分布

(a) キニ・キン・キー・キ　　　(b) ケニ・ケン・ケー・ケ

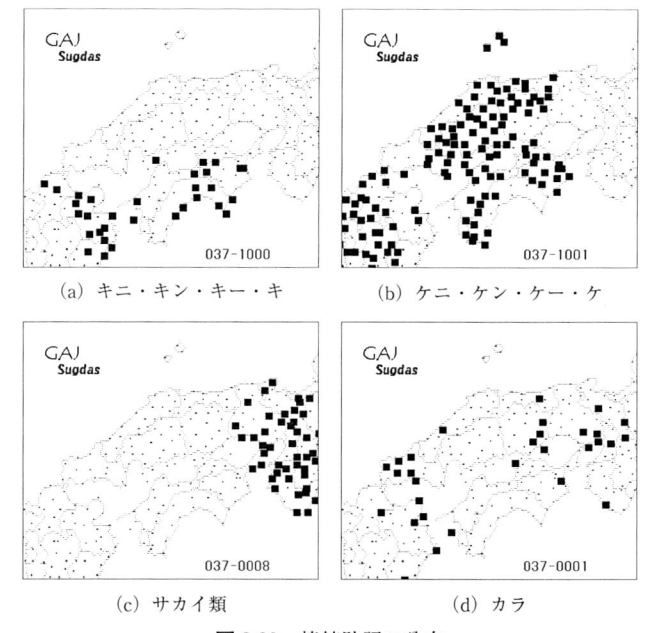

(c) サカイ類　　　(d) カラ

図 2.30　接続助詞の分布

（図 2.30（a））と，中国地方にも広がるケニ・ケン・ケー・ケ（図 2.30（b））にわかれるが，これらのもととなったのは，ケニであろうと思われる。ケニは，浄瑠璃の語りのなかにも出現する古い形式である。一方，図 2.30（c）に示すごとく，関西中央に分布することで有名なサカイ類はこの地域にはほとんど侵入していない。それに対して，標準語形であるカラは少しずつ分布しはじめているよう

である(図 2.30 (d))。

(d) 語　彙

中国・四国地方の方言には多くの特徴的な俚言が存在する。その多様さについては各地の方言集，また分布図集などに詳しい。具体的には，藤原(1990)や Ken's Linguistic-Atlas というホームページで確認することができる。語彙においては，中国地方，あるいは四国地方にまとまって分布のみられるものが少なくない。また，東の近畿地方，西の九州地方の諸方言とのあいだの連続性も認められる。自分の地域に固有の方言語彙だと思っていたが，実は近隣の他県でも使われていた，といった気づきも少なくないだろう。もう一点，古語の残存も中国・四国地方の方言語彙の特色とされることが多い。たとえば，イヌル(帰る・戻る)，オドロク(目が覚める)，キョートイ・キョーテー(おそろしい)などは，それぞれ古語の「往ぬ」「おどろく」「気疎し」に由来する語とされている。古語の残存は他地方の方言にも認められるので中国・四国地方に固有の特色というわけではないが，このような古語とのつながりは話者自身にも意識されているようである。

2. 方言の動向

ここでは，(1) 中年層と若年層のことばを対比したときに見出すことのできる分布状況の変化と，(2) 若年層のカジュアルな会話の様子をみてみよう。

(1) 分布状況の変化

中国・四国地方で，昭和後期に耳にすることのできた伝統方言は，現在，大きな変貌を遂げている。以下，(a) 衰退・消滅，(b) 維持・復活，(c) 地域的拡大，(d) 意味変化，(e) 語形変化の，五つの変化の様式について述べる。

(a) 衰退・消滅

まず，衰退・消滅しつつあるものとしては，先に述べた音韻項目がある。現在の大学生の世代から，中舌母音や濁音の前の鼻音，格助詞「を」と前接名詞末尾母音の融合，あるいはラ行音の脱落といった音声事象を聞くことはまずない。合拗音 [k^{w}a] [g^{w}a] は 70 歳代以上の話者からであればわずかに聞くことができるだろうが，高知県特有の四つ仮名(ジ・ヂ，ズ・ヅ)を発音し分けるのは，40 歳代ですでに一部の人にすぎず，30 歳代ではまず聞くことができない。シェ・ジェの音も，ある特定の語彙においてのみ，中年層以上の話者から聞かれるにすぎない。

(b) 維持・復活

一方，音韻項目のうち，イ形容詞のウ音便形［o:］などは若い世代からも聞くことができる。これは，テレビなどに関西出身のタレントが多く出演しはじめ，自分たちの方言に近いことばがメジャーな方言として市民権を得たことと関連があるものと思われる。関西方言の後ろ楯があるために，伝統方言が使われて（または復活して）いるものとみることができるのである。

(c) 地域的拡大

地理的な分布状況に変化がみられる形式もある。たとえば，断定辞ダ・ジャ・ヤについては，若年層世代におけるヤの使用が急激にその版図を広げているという（陣内・友定編 2005）。興味深いのはその拡大の道筋で，ヤはまず四国へ広がり，さらに九州に上陸していくのに対して，関西と陸続きである中国地方へはあまり広がっていない。むしろ九州に上陸したヤが，関門海峡を通って山口県に上陸し，東に分布を広げているといった様子が観察される。結果として，中国地方のジャは現在，西と東の両方からヤによって「挟み撃ち」にあっているのである。

(d) 意味変化

先に述べたとおり，この地域の方言の多くが，〜テオル系と〜オル系によって結果相と進行相とを表し分けている。しかし，当該地域の現在の若者たちはしだいにこの区別を失い，進行相においても結果相においても〜テオル系の形式を使用するようになっている。

この変化の萌芽は，昭和期高年層のデータにすでに認められる。図 2.31 は進行相についての質問において得られた〜テオル系の回答をプロットしたものである。このうち出雲地方は，もともと〜オル系の表現がなかった地域とされているが，そのほかは，本来的には〜オル系の回答が期待される地域である。これらの地域における進行相としての〜テオル系の回答は，〜テオル系と〜オル系によるアスペクトの表し分けが失われつつあることを示しているものと思われる。ただ管見によれば，高知県中央部においては，かなり若い世代でも〜テオル系と〜オル系による区別が残っている（高橋 1996）。

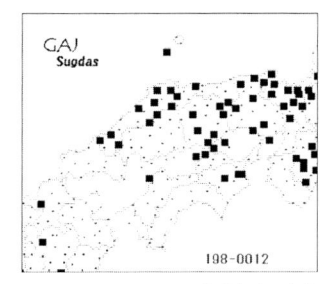

図 2.31　〜テオル系進行相形式

(e) 語形変化

ここでは動詞「行く」の過去否定の表現(図2.32(a)〜(d))について見てみよう。伝統方言形として,イカンジャッタ((a)),イカザッタ・イカダッタ((b)),イカナンダ((c))が複雑な分布をみせているが,西から,イカンジャッタ,イカザッタ・イカダッタ,イカナンダ,と層状に並んでいる。関西からの周圏分布と考えればこの順に古い表現であるということができよう。より古いイカザッタ・イカダッタが太平洋側と日本海側に分布し,より新しいイカナンダが中国・四国地方の瀬戸内海側に分布しているところに,冒頭で述べた言語伝播における瀬戸内海の海運の役割が示されている。新しい形式として注目したいのはイカンカッタである。昭和期高年層の資料((d))では分布領域はまだあまり広くないが,この表現は現在の若者たちのあいだに広がってきている(高橋1986)。イカナカッタという標準語形が普及しようとしたが,西日本に根強く分布するンによる否定の表現が完全な共通語化を阻止し,この新形式を生み出した。つまり伝統方言が共通語化に干渉したものとみられる。

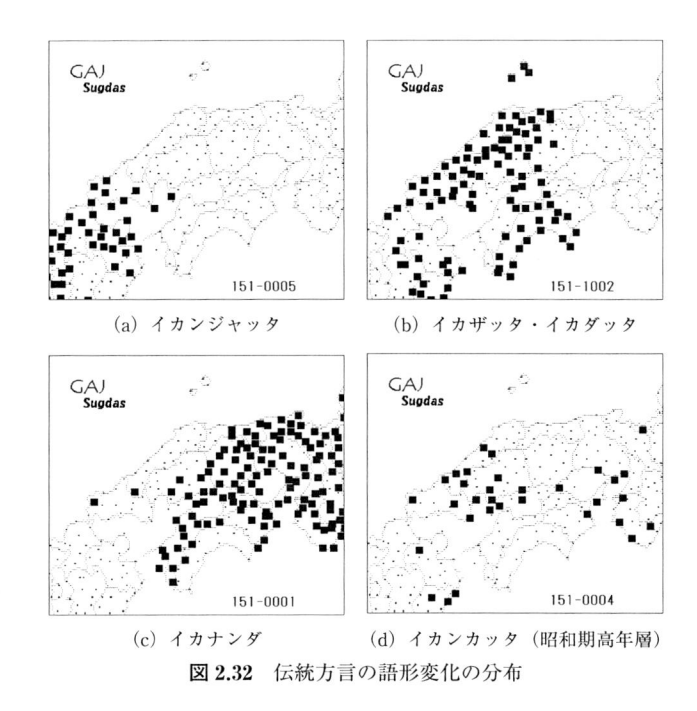

(a) イカンジャッタ   (b) イカザッタ・イカダッタ

(c) イカナンダ   (d) イカンカッタ(昭和期高年層)

図2.32 伝統方言の語形変化の分布

(2) カジュアル談話体（ネオ方言）

ここで具体的に，若年層の話しことばをみてみよう。次にあげるのは，2000年に収録した高知県幡多地方の高校生の会話である（高木 2002 より，一部表記を改めた）。

[会話の流れ] 中学時代の同級生であるAとBは，現在は別々の高校に通っている。久しぶりに再会した2人は，中学時代の仲間の近況や，互いの高校生活について語り合う。まずAが偶然会った中学時代の仲間について，高校で音楽部に入部して髪形も変わっていたことを話し，それを受けてBがAに何か部活動をしているかたずねる。Aは自分の高校にはいわゆる部活動がないことを説明する。そして，高校にBに似ている同級生がいると話す。
[話者] A：高知県宿毛市出身・男性・1983年生まれ（録音当時16歳）
　　　 B：高知県宿毛市出身・男性・1983年生まれ（録音当時16歳）
[収録時期] 2000年5月

01A：K［＝人名］ね，Kとも おれ，会おう，会おう，
02B：おーてない［＝会ってない］？ おれ，
03A：おーてない よ？
04B：え，え，あの　春，卒業式から？
05A：うん，卒業式以来ね　おーてない。
06B：あ　今度行かないかんね　T［＝人名］んとこに。 おれ Tしか　お，もう　これでTーぐらいや　おーてないが［会っていないの（は）］。
07A：あ　そー
08B：あ　おーた［＝会った］。あいつ。
09A：おーた？
10B：あの　キャンプにおったもん。一回。
11A：なんじゃ　それ。{笑}
12B：なんか　あいつ　あれ やろ。音楽部かなんか入っちょーろ［＝入っているだろう］。
13A：音楽部入って，
14B：ん　びっくりし，
15A：髪形ん［＝が］変わっちょーねー［＝変わっているね］。
16B：うそー， 見てないけど，
17A：髪形　後ろ　こんなん［＝こんな（風）に］　なっちょーもん［＝なっているもん］{笑}

18B：そーなが［＝そうなの］？
19A：あー でも ねーなんか，
20B：え，あ，あれって音楽部，おー　びっくりしたーん最初，「なに入った」［って］ゆーたら［＝言ったら］ おれ　き，てっきり　き，帰宅部かなーとおもーた がって［＝思ったんだよ］。（A：あー。）[そ]したらなんか音楽部とかゆーて［＝言って］。
21A：いや　お前　なんか　入ったが？
22B： おれ ？
23A：あん。
24B：ないもん。
25A：ないが？
26B：うん　あの　なに，そーゆー　なに　試合関係の一部活はなくてクラブみたいなが［＝みたいなの（が）］ある がって（A：あー）小学校みたいな（A：あー）あれ，将棋入った。あの　テニス　入りたかった がって　ほんま。（A：あー） やけどねー　なんか　テニスねー，じゃんけんで負けた{笑}
27A：は？　なに　それ。
28B：{お茶を飲む} 1コートしか　ないがって。
29A：1コートしか　ないが？

30B：そー　やけん［＝だから］ねー，やけん，どーしても　人数制限　あるが。
31A：え　C高［＝高校名］って　どんなとこなが？
32B：あん，「どんなとこ」って　いわれても　愛媛ながやけど。
33A：あー，あー　愛媛なが？　愛媛なが？
34B：D市［＝地名］って　知っちょー？　知らんねー。
35A：{お茶を飲む}知らん。
36B：やけん　将棋ながって　地味な。
37A：将棋かー。
38B：そー［い］やね［＝そういえばね］，＊＊＊＊＊，ウケる［＝おもしろい］がってあの，
39A：あー　なに　なに　なに　なに，なに。
40B：E高［＝高校名］　知っちょー？
41A：あー　知っちょーよ？
42B：あそこからねー（A：うん）来た奴［が］おるがって。（A：うん）F［＝人名］って　ゆーが［＝の］，Aちゃんと　キャラ同じで［＝よ］{笑}
43A：なーんで　どんなキャラながよ。
44B：{笑}そっくりやもん　だって。将棋むちゃくちゃ，
45A：そっくりって今の おれ のキャラを知っちょーがか？　知っちょーわけないが［＝ではないか］。
46B：いや，昔のキャラ。
47A：昔のキャラか。
48B：や　そっくりなやって　将棋もむちゃくちゃうまいがってー。（A：ふーん。）まー頭もえーがやけど　E高やけん。

　上の談話には，伝統的な方言形（一重下線），標準語形（枠囲み）のほか，標準語とも伝統方言とも異なる新しい方言形（二重下線）が出現している。伝統方言形としては，義務表現〜セナイカン，ワ行五段動詞の音便形（オータ，ユータラ，オモータなど），存在動詞オル，断定辞のジャ，アスペクト表現の〜シチョー（ハイッチョー，カワッチョーなど），確認要求のロ（ハイッチョーロ：用言に接続），「の」に相当するガ，主格の格助詞ン，動詞否定形を作る否定辞〜ン，などがある。枠囲みをした標準語形（東京語形）には，一人称代名詞のオレ（方言形はオラ），終助詞のヨ（方言形はゼ），否定アスペクト表現〜シテナイ（方言形は〜シチョラン），逆接の接続助詞ケド（方言形はケンド）などがみられる。そして新しい方言形には，オーテナイ（会っていない），断定辞ヤ，確認要求のヤロ，「本当」の意のホンマ，接続詞のヤケド・ヤケン，状況説明を表す文末表現のガッテ（のだよ），などがある。

　新しい方言形は，標準語の影響を受けて作られたもの，他地域方言の影響がうかがえるもの，当該地域独自の改新によって誕生したもの，の三つに分類できそうである。まずオーテナイは，前半部分が伝統方言形（ワ行五段動詞のウ音便形）・後半部分が標準語形（〜テナイ）となっていて，方言形と標準語形が融合したような形式である。また断定辞のヤや確認要求のヤロの使用は，ジャ＞ヤと

いう音の変化の結果とも考えられるが，関西方言など他方言の影響も背景にあるものと思われる。関西方言のホンマが使用されていることからもこれがうかがえる。接続詞については，逆接のヤケドの語構成は「新しい断定辞ヤ＋標準語形ケド」となっている一方，原因・理由のヤケンは，「新しい断定辞ヤ＋伝統方言形ケン」という語構成になっている。ここには，{標準語：方言}＝{ダケド：ヤケド}，{ダカラ：ヤケン}という対応をみることができる。構成要素は異なるが，どちらにも対応置換という変化のメカニズムが働いているのである。文末表現のガッテについては，用法は明らかでないが，当該地域で独自に誕生した形式と考えられる。ガッチャという形式も使われるが，このッチャは「ってば」に相当する方言形である。関西など他地域の若い世代が「～んだって（ば）」という表現を同じような意味で用いており，各地で同時発生的に新しい形式が誕生していることは興味深い。

　さて，上でみたような新しい方言スタイルは若年層に特徴的なものだが，その使用は，親しい友人同士など，地元でのカジュアルな会話の場に限られる。現在の若者たちは，フォーマルな会話場面ではほぼ完璧な標準語を使用でき，また，書きことばとして使用すべき表現とそうでない表現との峻別もみごとにできるようになっている。地域の方言しか使用できなかった，つまり，一つの言語体系しかもたなかった祖父・祖母の世代に比して，若年層は，フォーマルな談話体としての標準語と，カジュアルな談話体としてのネオ方言とを使い分ける，いわばバイリンガルになっているのである。

3．方言活動

　最後に，当該地域において，方言を使用して行われているいくつかの活動をみておこう。

(1) 産業と方言

　中国・四国地方の伝統方言は，東北方言や琉球方言などとは違って，関西中央の方言に比較的近い。関西中央は，過去から現在に至るまで，政治・経済の中心が京都から東京へ移ったあとでさえ，一つの文化の中心として存在し続け，他地域に対する強い影響力をもっている。少なくとも四国の瀬戸内海側には，関西中央での言語改新を次から次へと，粛々と受け入れてきたという歴史がある。また近年，関西中央の表現が東京を経由して全国に放射されるようになり，中国・四

表 2.13　方言を使用したイベント名の例

イベント名	地域	方言の意味
津山納涼ごんごまつり	岡山県津山市	ごんご…水の守り神，かっぱ
がいな祭り	鳥取県米子市	がいな…壮大な
おんまく花火大会	愛媛県今治市	おんまく…すごい
おいでませ山口展	山口県（開催は東京日本橋三越本店）	おいでませ…いらっしゃい
きなはいや伊方まつり	愛媛県伊方町	きなはいや…おいでなさい

国地方の若者にとっては，自分たちの方言に近いことばがメジャーな方言として市民権を得てきている状況にある．上層にかぶさってくる言語（関西弁）と，伝統的な基盤言語（母方言）の差があまり認められないのである．

このような地域であるがゆえに，方言の存在を逆手にとってそれを「地域おこし」の核にしようとするような動きは，東北や九州・沖縄にくらべてやや低調であるといわざるをえない．たとえば，方言をメインに据えた山形県三川町のような地域ぐるみの取り組み，また，福島県郡山市・大分県豊後高田市・沖縄県宮古島市にみられる方言弁論大会のような継続的なイベントはみられない．しかしながら，土産物としての方言番付・方言手拭いや方言を使った交通標語・案内板などはこの地域でも各地でみられる．CD付きの方言かるたや，当該地域独特の表現をあしらった絵はがきなどもある．絵はがきのなかには，QRコードにアクセスすれば実際の音声を聞くことができる手の込んだものもある．また，催し物や各種イベントの命名に方言を使用したものとしては，表2.13のようなものがある．

(2) 方言を扱っているウェブサイト

最近のインターネットの世界には，各地の方言を扱ったホームページ，ブログが多く存在する．山本和英氏によって1995年に作成され，以来継続的に運営されてきた方言関係ホームページのリンク集「ふるさとの方言」には，2008年2月現在，全国で459のサイトが掲載されている．そのなかには中国地方57，四国地方38のサイトがあげられているが，中国・四国地方で少なくともこれだけの（学者・研究者ではない）一般の人々が，地元の方言を観察し，ホームページを作成しているということである．なかには音声ファイル付きで実際の音声が聞けるようになっているサイトも存在する．

このリンク集には，「学校関連のページ」として，全国の小学校，中学校，高等学校が作成した方言ページも掲載されている。中国・四国地方でもいくつかの小中学校で作成された方言ホームページが紹介されている。精粗の差はあるが，学校現場での子どもたちの取り組みとして注目される。これらは，小・中学校学習指導要領における「言語事項」の記述に基づく活動だと思われる。

(3) ことばの教育と方言イベント

　広島県では，全県をあげて「ことばの教育」に取り組んでいる。これは，「知・徳・体」の基礎・基本の徹底を実現していくための視点として，平成15年度から全国に先駆けてはじまったものである。活動の主旨は，ことばの教育を推進することによって児童生徒に「確かな学力」を身につけさせ，「豊かな心」をはぐくむために，学習や生活の基盤となる「ことばの力」を児童生徒に確実に身につけさせようというものである。これに連動する形で「ことばについて考える100人委員会」が同県下に組織され，2003年には，その主催による方言イベント「まっかひとむかし」が開催された。「まっか」は「まっこと」の転じた語で，「まっかひとむかし」は，昔話をはじめるときのこの地域での決まったせりふ「むかしむかし，あるところに」にあたる表現である。このイベントは，地元の昔ばなしのDVD収録に出演した地元の語り手，挿絵を作った小学生，また，方言による演劇活動を行っている地元の劇団，方言によるさまざまな活動を進めている「おくにことば研究会」などが協力した催しであった。

Exercises

1. 断定辞ヤの地域的広がり，また，過去否定の表現におけるイカンカッタの若年層への広がりを，陣内・友定編（2005）などで確認してみよう。
2. この地域独特の俚言について，その分布をウェブサイト "Ken's Linguistic Atlas" で調べ，過去の方言集・俚言集と比較して，その分布の退縮・拡散の様子を分析してみよう。逆に，分布が拡大しているものはないだろうか。

6 九 □ □ □ 州

1. 伝統方言の要説

　九州方言は，福岡県・長崎県・熊本県にかけての肥筑方言，大分県と宮崎県を中心とする豊日方言，おもに鹿児島県の方言を含む薩隅方言の，三つの方言に分けられる。
　以下，これらの三つの方言をまとめて，九州方言の音韻・アクセント，文法，語彙の特徴をみていく。

(1) 音韻・アクセント

(a) 音　韻

　九州方言の音韻面におけるおもな特徴には，次のようなものがある。
①母音の無声化：[k][t][s]などの無声子音に挟まれた[i][u]が無声化する。
　　例）岸［kiʃi］（福岡），下［ʃita］（鹿児島）
②中舌母音エ，オの舌の上げによる高舌化（狭母音化）
　　例）エ＞イ　俺［ori］，　オ＞ウ　あそこ［asuko］（福岡）
③連母音の融合
　　例）アイ＞エー（[ai]＞[e:]）　赤い［ake:］（大分）
　　　　エイ＞エー・イー（[ei]＞[e:]，[i:]）
　　　　　時計［toke:］（佐賀）・姪［mi:］（大分）
　　　　オイ＞イー・エ（[oi]＞[i:]，[e]）
　　　　　黒い［kuri:］（大分）・来い［ke］（鹿児島）
　　　　ウイ＞イー（[ui]＞[i:]，[i]）　寒い［sami:］（大分）
④ガ行鼻濁音：九州本土の大部分にはないが，本土の周辺部と離島で聞かれる。
⑤ラ行子音［r］：九州全域で弱まる傾向があり，［r］音が脱落して母音だけが残ることもある。または，そり舌音［ɽ］化する（福岡南部，熊本）。
　　例）針［hai］，［haɽ］
⑥撥音化：語末のナ行，マ行音（鼻音）を含む音節（ヌ，ノ，ニ，モ，ミ，ム）などははねる音（撥音ン［N］）になる。

例）犬［iɴ］，着物［kimoɴ］

ほかに九州方言には，「エ」を「ィエ」［je］とする発音や，ナ行連声，四つ仮名の区別，カ行合拗音（ごうようおん）［kʷa］，［gʷa］，エ列音の口蓋化（セ＞シェ，ゼ＞ジェ），ダ行音とラ行音の混同などの特徴も観察される。

(b) アクセント

九州方言のアクセントには，大きく分けて以下のようなものがある。

① 東京式アクセント

福岡県東部の豊前地方および大分では，標準語と同じ東京式アクセントであり，その型の種類は，平板型，尾高型，頭高型の三つがある。

② 筑前式アクセント（準東京式アクセント）

東京式より型が一つ少ない（平板型がない）二つからなるアクセント体系である。代表的なものは福岡市付近の方言。

　　例）「風が」　東京式：カゼガ ○●●　　筑前式：カゼガ ○●○

③ 二型アクセント

二つの型（A型，B型と呼ばれる）が認められる体系のこと。長崎県中・南部，熊本県南部等の九州西南部式アクセントと鹿児島方言の二型アクセントがある。鹿児島方言の二型アクセントでは，二つの型が次のようにきわめて規則的に生じる。

　A型：アクセント句の後から2番目の音節が高く発音される
　　例）アメ（飴）●○　　アメガ（飴が）○●○
　B型：アクセント句の最後の音節が高く発音される
　　例）アメ（雨）○●　　アメガ（雨が）○○●

この規則はアクセント句の長さに関係なく適用される。複合語の場合は，前の部分の要素がもつアクセント型が複合語全体のアクセントを決定する。また，アクセントを担う単位は，モーラではなく音節である。長崎の二型アクセントは，2拍語では第1拍目を，3拍以上の語は第2拍を高く発音するA型と最後の拍だけを高く発音するB型の二つである。

④ 一型アクセント（尾高一型）

鹿児島県大隅地方の宮崎県よりの地域と，宮崎県都城市などの諸方地方の方言で聞かれるアクセントである。最後の拍が高くなるという一つの型だけがある。

⑤ 一型アクセント（無アクセント）

宮崎の日向地方，熊本県中南部から北部，福岡県南部，佐賀県，長崎県北部に広がるアクセントである。その特徴は，アクセント句（語＋助詞など）の真ん中が「ふくらむ」ように高く聞こえることである。たとえば宮崎市では，2～5拍語はそれぞれ，

　　　　●○　　　○●○　　　○●●○　　　○●●●○

のように，アクセント句の中部が高めに発音される（岩本 1983）。どの語も同じように発音されるため，アクセントで語の区別（弁別）を行うことはできない（秋山 1983）。

(2) 文法・語彙

(c) 文　法

以下，九州方言の代表的な文法的特徴を取り上げる。

〈形容詞：カ語尾とイ語尾〉

形容詞，形容動詞の語尾は，肥筑方言および薩隅方言では「ヨカ」「フトカ」のように〜カである。豊日方言では〜カではなく，〜イを用いる。

〈助詞〉

① 格助詞

格助詞は方言により多少違いがある。おもな分布としては，

　　　主格：肥筑方言　ノまたはガ　　薩隅・日向方言　ガ
　　　　　　ハナノ　サイトル（花が咲いている）
　　　目的格：肥筑方言　バ　　薩隅方言　オバ　　その他　オ
　　　　　　ミズバ　チョウダイ（水をちょうだい）

② 文末助詞バイ・タイ

九州方言の代表格のバイとタイは肥筑方言の形式である。どちらも断定の文末詞として使用されるが，バイが話し手の判断などを知らせるという主観的な伝達であるのに対し，タイは客観的，自明な裏付けがあるものとして情報を伝えるという違いがある。（岡野 1983，陣内・杉村ほか 1997，藤田 2003）

③ 準体助詞，文末助詞ト

標準語の準体助詞ノに相当する形式で，筑後，熊本ではツ，豊前はノ，ンという形もある。オレガト／ツ／ン（俺のもの）のように用いられるほか，告知や問いかけの文末助詞としても用いられる。

ドコ　イクト？（どこに行くの？）
　④ 方向を表す助詞「〜へ」相当
　サイ・サエ（豊前，筑前），サン（筑後，熊本），セー（薩隅）などが用いられる。
　　ミギサン　マガル（右に曲がる）
　⑤ 接続助詞
　順接の「から」にあたるものには，ケン・ケー（肥筑），キー・キ（豊前，大分），デ（薩隅），カラ（日向）などがある。逆接の「けれども」にあたるものは，バッテン（肥筑），ケンド・ケド（大分，宮崎），ドン（薩隅）などである。
〈動詞の活用〉
　① 二段活用
　九州全域に古い二段活用が残る。おもな動詞は，アグル（上げる），ウクル（受ける），スツル（捨てる），オツル（落ちる）など。
　② ラ行五段化
　「起きる」，「見る」，「寝る」などの一段動詞が五段動詞のような活用をみせることがある。表2.14のように，否定形，意志形，命令形が五段動詞的になる。
〈可能表現〉
　薩隅方言を除いて，何かの行為を行う主体（行為者）にその能力があることを意味する「能力可能」を〜キルで，条件や状況などの外的な要因によって行為を行うことが可能であることを意味する「状況可能」を〜レルで表す傾向にある。
　　ノミキル（飲める，能力）　　ノマルル（飲める，状況）
　そのほか，エ飲ム（能力），飲ミユル（状況・能力），飲ミダス・ダサン（状況）などの形式もある。薩隅方言は能力，状況ともに「〜ガナル」（飲ンガナッなど）で表す。

表 2.14　福岡県筑後地方の「起きる」のラ行五段化（陣内ほか1997）

否定形 (起きない)	意志形 (起きよう)	命令形 (起きろ)	完了形 (起きた)	連用形 (起き-)	終止・連体形 (起きる)
オキラン	オキロー	オキロ オキレ	オキッタ	オキー	オキル

〈イクとクル〉

　九州方言の「来る」は標準語より意味が広く，相手が自分に向かって移動することだけでなく，自分が相手に向かって移動する場合にも用いる。

　　アンタガタニ　クルケンネ（あなたの家に行くからね）（岡野 1983）

　(d) 語彙：方言間の語彙の一致度と九州度

　九州の主要地点間の語彙の一致度を調べた松田（1983）によると，最も一致度が低いのは熊本と宮崎であり，次が熊本と鹿児島であるという。これらの地点のあいだには山脈が走っており，その地理的条件のためにことばの差異が生じたと考えられる。逆に，海上でも行き来が頻繁ならば，よく似た語形が生じることもある（有元 2007）。また，各方言の語彙面での九州独自性の強さをみると，熊本，鹿児島，宮崎，大分などが九州特有の語彙が多く，筑前，豊前（北九州市周辺）など本州とのつながりの深い地域の独自性が低い（松田 1983）。人の移動が多い地域では，異なる方言との接触が日常的に生じ，しだいと独自色が失われるのだろう。

2. 方言の動向
(1) 中核都市の方言状況

　九州は全般的に，方言をおもな生活語として使用する「方言主流社会」であるが（佐藤・米田編著 1999），それぞれの方言はそのすがたを大きく変えつつある。高年層の方言では伝統色が残る一方，標準語・東京語などの影響で若者層のそれはネオ方言化しており，入れ替わりが進行中である。ここでは，このような九州方言の現状を，1996 年に行われた九州の五つの中核都市（北九州市，福岡市，熊本市，宮崎市，鹿児島市）の調査結果をもとにまとめてみよう。調査はアンケート方式で，中学生，大学生，20 代社会人，40～50 代中年層，60 代以上高年層の 5 世代を対象に行った。回答者数は表 2.15 のとおり。全員外住歴のない生え抜き話者である。

表 2.15　回答者数

北九州	福岡	熊本	宮崎	鹿児島	合計
119 （男 59 女 60）	71 （男 36 女 35）	134 （男 67 女 67）	108 （男 44 女 64）	141 （男 68 女 73）	574 （男 274 女 299）

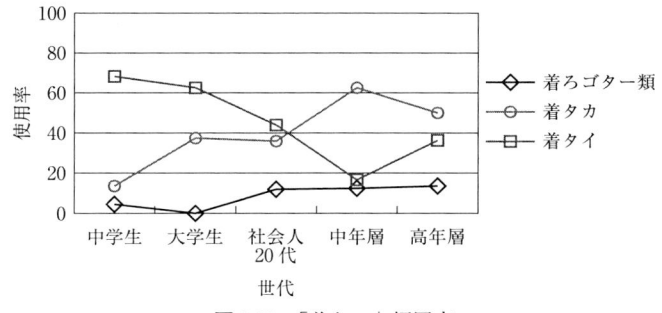

図 2.33 「着たい」福岡市

　以下，①語形の交替，②新しい方言形の広がり，③変化の広がりかたの，三つの観点から結果を整理してみる。
　①語形の交替：古い方言形の衰退と標準語形・新しい方言形の進出
　希望の表現「着たい」に相当する形式には，伝統形の「着ろゴタル・ゴター」，古いネオ方言形の「着タカ」，標準語形の「着タイ」の三つがあり，使用される語形の交替がはっきりと現れている。図 2.33 は，福岡市における各語形の使用状況を示したものである。熊本と鹿児島の中・高年層ではかなりの使用者がいる伝統形のゴタル・ゴターは，福岡市では中・高年層でも 12〜13% 程度と少数派である。また大学生以下の若年層の使用者はほとんどいない。一方，着タカは福岡市では中高年を中心に依然として使用者が多いが，若年層では標準語形着タイがよく使用されるようになっている。ここでは，伝統形がほぼ消滅しつつあり，古いネオ方言形が勢力を弱めている。またその一方で，標準語形が急速に広がっている様子がみてとれる。地域によって多少の差はあるが，伝統的な形式がしだいに新しい九州方言形や標準語形に席をゆずりつつあるというのが，九州方言変容の全体的傾向である。
　②新しい方言形の広がり
　①では古い形式が新しい形式（ネオ方言や標準語）に取って代わられる様子を観察したが，ここではさらに，現在広がりつつある新たな方言形式を確認しておこう。
　②-1 新しい方言形式の発生と広がり：イ語尾化による新語ヘンナイなど
　カ語尾形容詞の地域だった福岡市では，若年層で形容詞のイ語尾化が急速に進行している。たとえば，「辛い」はもともとカラカだったが，語尾をイに変換する

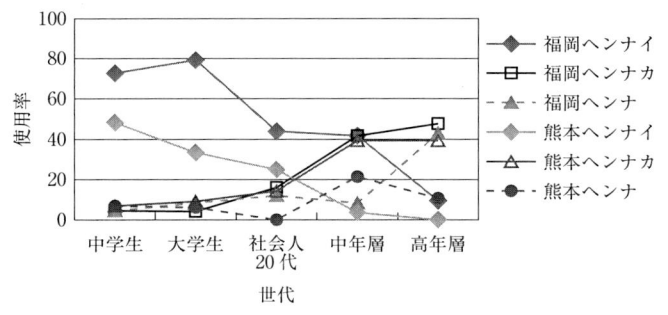

110 2. 各地方言の実態―方言の現在―

図 2.34 「変な」福岡市・熊本市

ルール（カ→イ）が適用されるようになって，カライが使用されるようになった。しかし，この地域ではここで止まらずに，このルールがさらに形容動詞のカ語尾にまで適用され，標準語とは異なる新しい語形が生まれている。たとえば，以下のようなものである。

　　変な：（旧）ヘンナカ→（新）ヘンナイ

　　下手な：（旧）下手カ→（新）下手イ

このほかに，キレイイ，元気イ，ヒマイ なども聞かれることがある。

　図 2.34 は，「変な」という意味でどのような形式を使うかをたずねた結果である。福岡市，熊本市の両方で古い形式ヘンナカは衰退し，ヘンナイが増加している傾向にある。イ語尾化の進んだ福岡市のほうが使用の広がりは早く，熊本市があとを追う形になっている。

　　②-2「方言語幹＋標準語活用語尾」による標準語化：オランカッタ，オランクナッタ

「いなかった」に対応するオランカッタ，「いなくなった」に対応するオランクナッタは，語幹に方言形（オラン），語尾に標準語形（〜カッタ，〜クナッタ）を連結させたネオ方言形である。ほかにイカンカッタ（行かなかった），イワンカッタ（言わなかった）などがあり，若年層を中心に九州全域で使用される。

　　②-3「標準語語幹＋方言語尾」による方言化：ラ抜きことばデレンの発生

　一段動詞のラ行五段化は，上述のように九州方言の代表的特徴の一つであるが，「〜できない」を表す可能動詞の否定形では，ラ行五段形に代わり，ラ抜きことばが増えている（陣内 1996）。「（台風で船は）出ることができない」の状況不可能を表す形式には，ラ行五段形のデラレンとラ抜きことばのデレンが多く使用さ

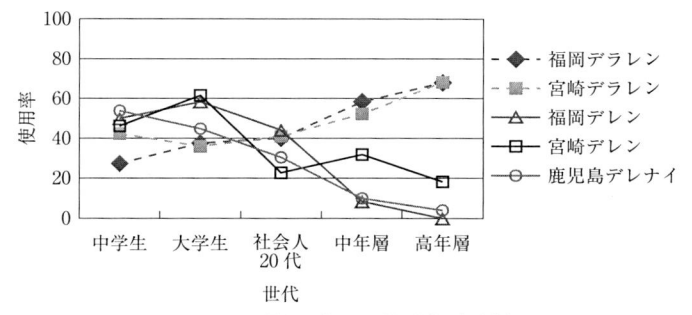

図 2.35 「出る」の可能形式（否定）

れているが，図 2.35 にみるように，その分布は対照的である。すなわち，中・高年層中心のデラレンは減少傾向にあるのに対し，デレンは若年層を中心に使用者が増加している。これは陣内（1996）が例にあげる「行けない」のイケンと同じく，方言における可能動詞形の出現であると考えられる。ラ抜きのデレナイのナイの部分を，イケンなどの類推から，地元方言の否定辞ンに置き換えてデレンになった可能性もある。なお，鹿児島若年層にはラ抜きの可能表現デレナイの使用者も多い。

　これらの変化以外にも，二段動詞の一段化（ウクル→ウケル），逆接接続詞バッテンなどの減少とケドの急増など，標準語への接近が目立つ。また，アスペクトは～ヨル・～トルが全域で安定して残るが，鹿児島の若年層だけは大多数が標準語形～テルである。

③ 変化の広がりかた

　鹿児島市，枕崎市，都城市の新しい方言の使用状況を調べた木部ほか（1996b）によると，新しい方言形の使用は鹿児島市の方が先行している。また，福岡県南部の大牟田市の高校での調査では，以前は聞かれなかった，～スルッタイ（するんだよ），～ッチャンネ（～んだよね）などの福岡市の形式が大牟田市の方言に入り込んでいることがわかった（太田 2009）。これらの例から，新しい方言形は言語接触が頻繁に生じる大都市部から，人の移動に伴い，周辺の地域社会へ伝播すると考えられる。

(2) ネオ方言の具体例——福岡と鹿児島

　それでは，各地のネオ方言は具体的にはどのようなすがたをしているのだろうか。福岡市と鹿児島市の若年層話者の談話資料を用いて，音声，文法面の実例を

みてみよう。

① 福岡市のネオ方言（二階堂 2004 より）

[会話の流れ] 親しい友人同士である大学生 2 人の会話。B がお笑い芸人のゴリ（ガレッジセール）に子どもが生まれたと話したことから，友人たちの出産が話題になる。A は友人の子どもが生まれたかどうかを B にたずねるが，B も詳しくは知らず，初産だから遅くなるのではないかと推測をする。そのうち A の話から実は出産予定が来月（録音は 9 月，予定日は 10 月）であることがわかる。早く友だちの子どもが見たいという A に対し，B は早く結婚するよう勧める。

[話者] A：福岡県福岡市東区出身・女性・1982 年生まれ
　　　B：福岡県福岡市東区出身・女性・1983 年生まれ

[収録時期] 2003 年 9 月

表記上の注意点：下線部は福岡方言の形式。【 】で囲まれた部分は方言的音調の部分，↗↘は文末イントネーションの上昇・下降を表している。アポストロフィは語アクセントなどの音調の下降を示す。( ) ははっきりと聞きとれない部分である。談話中の人名は「ごり」を除き，すべて仮名。

01B：ご'り　ご'りサー↘　【コドモ　ウマレタ(1)ローガ】
02A：ア　ソーナノー↗
03B：ウン
04A：ウソー↗↘
05B：ホントホント
06A：マジデ
07B：ウン
08A：アア　タ'ロージャナイヤ　ゴローノ　【コドモワ　ウマレタ(2)ン'(3)カイナ】　ウマレ(4)ト（ッ'タ）↗
09B：ア　モ'ー　【ウマレ(5)トッ(6)チャナーイ】
10A：【ウマレ(7)トー(8)ト'(9)カイナ】
11B：ア　【ワカ'ラ(10)ン】　ド(11)ヤロ
12A：ヨー'チャン　【モー　スグ'(12)ヤン】
13B：アアー　デモ　【ウイ'ザン(13)ヤ(14)ケン】　チョッ'ト　オソクナ'ルケドネ
14A：ア↘　ソッ'カ　アー　タノシミ(15)ヤー
15B：イッシュ'ーカングライ　【オソクナル(16)ッチャナイ】↗
16A：ア　カナ'ー↘
17B：ウン
18A：ドー'ダロ　ジューガツー　ナカバ'グライカナ'ー↘
19B：【マダマダ'(17)ヤン】
20A：（笑）
21B：（笑）【マダマダ'(18)ヤーン】
22A：イヤ　マチ'ニ　【ズーット　マッ(19)トッ'テサー↗↘】　ア'トヤット'ー↘
23B：（　　）イ'マ　ナナカ'ゲツクライカジャ'ー↘
24A：ウン　タ'ブン
25B：(20)ハ'ヨ　ミタイ'ヨネー　トモダチノ　コドモト'カッテ
26A：ネエ↘　【(21)ハ'ヨミターイ】
27B：【(22)ハ'ヨケッコン(23)シー】
28A：ケッコンー↗
29B：ウン
30A：シター'イ　ハ'ヤク
31B：ユッ'テ　【(24)ハ'ヨ　ケッコン(25)シーヨー↘】

45 秒ほどの談話だが，25 カ所に方言形が用いられている。結果相のトー（ト

ル）（4, 5, 7, 19。数字は発話内部にカッコ入れで記載している箇所を指す。以下同様），断定辞ヤ（ン）（11, 12, 13, 15, 17, 18），否定辞ン（10），準体助詞ン（2），「〜のではないか」にあたるッチャナイ（6, 16），接続詞ケン（14），疑念の助詞カイナ（3, 9），準体助詞ト（8），一段動詞的命令形シー（23, 25），「早く」のウ音便形ハヨ（20, 21, 22, 24），推量「だろう」にあたる形式で確認の要求をするローガ（1）である．また，全体の発話量のほぼ半分が福岡的音調で発音されているが，そのすべての部分に方言語形がある．たぶん，これらの方言語形が句の音調の決定に重要な役割を果たすのではないかと想像される（木部 2007）。ウマレタン'カイナのように撥音，促音，長音などの特殊拍がある場合，語アクセントは特殊拍まで高くなるという伝統的な傾向もみられる．語彙的には，「遅くなる」の伝統形オソーナルではなくオソクナルであること，希望表現が〜ゴターではなく〜タイであるなど，かなり標準語的である．また，福岡地方若年層の断定辞は一般にヤであるといわれるが，18A はヤローだけでなくダローも使用されることを示す．全体的には伝統的福岡方言をベースに標準語・東京語的要素をちりばめたネオ方言であると言える．

　音調については，福岡市方言では，いくつかの語が連なってできる句のなかでは，それぞれの語のアクセントが実現されることなく，平坦な調子で発音されることが知られている．上記の引用箇所にはないが，平板的音調句を作る文末助詞トを伴う発話「返ってくるとー」は，図 2.36 のような音調になる．

　ほかにも，疑問詞疑問文，ヨルやカイナなど方言的述部表現になると，このよ

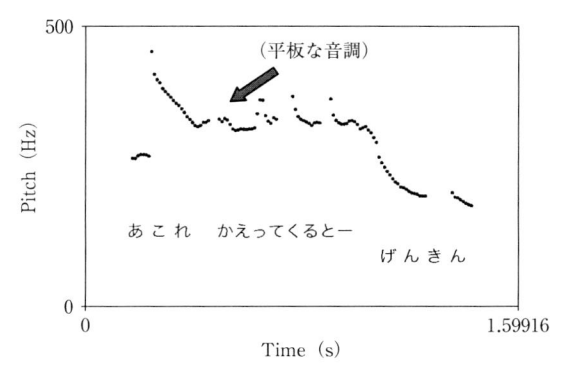

図 2.36 「あ，これ，かえってくるとー現金（あ，これ，返ってくるの　現金）」の音調

うに平板な句音調が現れやすくなるようである。一方，否定疑問文では尻上がり調のいわゆる「とびはねイントネーション」も聞かれる。音調面でも，福岡式音調を基本に，標準語式，東京式が取り入れられているといえる。

② 鹿児島市若年層の方言

ここでは，若年層のカジュアルな談話と，フォーマルな談話を対比して，その特徴をみてみることにしよう。

②-1 カジュアルな談話

[会話の流れ] 親しい友人同士である大学生2名の会話。Bは小室哲哉（ここでは「てっちゃん」と呼ばれている）が司会のテレビ番組にB'z（ロックバンド）の稲葉浩志が出演したときのことを話している。稲葉が「（いつもは2人なのに）1人で出演して緊張してます」と言ったことに対して，Bが「B'z 2人のときでも緊張している」とツッコミを入れている。Aはこの番組が鹿児島で放映されているのではないかとたずねるが，Bは知っているが見たことはないという。
[話者] A：鹿児島県鹿児島市出身・女性・1976年生まれ
　　　　B：鹿児島県加世田市（現南さつま市）出身・女性・1976年生まれ
[収録時期] 1997年7月

表記上の注意：[は語アクセントなどの音調の上がり目，] は下がり目，？は疑問の音調（上昇調）を表す。↗↘はそれぞれ上昇調，下降調の音調を示す。{ } はイントネーション的音調（イントネーション句末の上昇など）を表す。（ ）内は聞こえにくい部分である。

01B：［チュ］カフタ［リ］デシテテ］モ［キンチョウシテル］ヤン［オマエッテカンジ］（笑）
02A：（笑）［ダ］カラヨー↘［ソウ］ナン］ダー↘ ス［ゴー↗イ（ヤー）［タ］ブンネてっ［ちゃ］んダッ［タ］カラ{ネ} コトワレナカッ［タン］ダヨサー↘
03B：ウーーン（笑）［デ］モイ［マ］ンカ［かた か［は］らとも［み］ガ［ヤッ］テンデショー？
04A：［ア］［ウ］ン［ウ］ン［ヤッ］テルラ［シイ{ネ}
05B：［ミ］テ［ミ］ターイ↘ スゴイ
06A：ウーウン イ［マ］ナン］カ ティーケー ナント［カ］テ クラブ？
07B：（ウーン）
08A：エ？ コッ［チ］デ［ヤッ］テル］ヨネ？
09B：（マ）タシ［カ］ニー アー↘［ヤッ］テル［ヤッ］テルナ［ン］カ（コ）コム［コ］ムト［カ］（笑）イウヤツジャ ナイケー↗↘
10A：［ア］デシ［タ］デシ［タ］［マ］ァネー↗↘［チョ］ット
11B：（［デ］モ）ミ［タ］コト［ナイン］ダケ］ド ミ［タ］コトアルー↗↘
12A：［イヤー］ナン［カネー↗↘ グロー［ブ］ノコンサートトク［シュ］ウ［ミ］タイー ナー ノ］ヲ［ヤッテ{サ}ア［レ］ハ［ミター？
13B：アー トクシュウミ［タイ］ナヤツナノケ ソ［レッ］テ
14A：イ［ヤ］［キ］ガツイタ［ラ］マイ［シュウ］ヤッテ（ル）（笑）

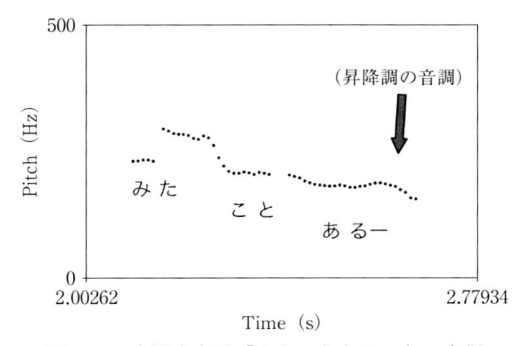

図 2.37 鹿児島方言「みたことあるー」の音調

　福岡の若年層が伝統方言的要素をふんだんに使って会話を行うのと対照的に，鹿児島の若年層のことばは，文字で読む限りはほとんど標準語である。伝統的な音声，文法面の特徴は見あたらない。「ヤッテル」などのアスペクト形式も若年層では標準語形である。これらの点からは，鹿児島方言に対して標準語から著しい影響があったことがうかがえる。

　しかしながら，［　］で囲まれたアクセントの位置をみると，音調面では伝統的な鹿児島二型アクセントの特徴を十分に残している。また，現在の鹿児島ネオ方言には，疑問文の音調に目立った特徴がみられる。たとえば 11B の文末は一度上昇して下降する「昇降調」である。図 2.37 のピッチ曲線をみると，文末の「あるー」にあたる部分のピッチが盛り上がっているのがわかるが，これが昇降調の特徴である。この音調は文末詞なしの疑問文のほか，疑念を表す文末詞ケとともに用いられることも多い。このケも鹿児島のネオ方言に特徴的な形式である。また，ネオ方言的語形としては，02A ダカラヨー，ダヨサーがある。ダカラヨは同意を表す表現で，「そうなんだよ」「そうそう，そのとおり」などの意味を表す。標準語の「だから」のような，「それゆえ」という意味はない。ダヨサは「そうだよ」にあたる。

②-2 フォーマルな談話

［会話の流れ］大学の授業での口頭発表。発表者（話者）が配布資料を朗読しながら説明を加えている。テーマは「若者語」について。
［話者］鹿児島県鹿児島市出身・女性・1981 年生まれ
［収録時期］2002 年 1 月

116　2. 各地方言の実態—方言の現在—

表記上の注意：［　］は語アクセント的音調の上昇，｛　｝はイントネーション的音調（イントネーション句末の上昇など）を表す。「つじ」は人名。下線の引かれた部分は，標準語的音調の部分である。

つ［じニヨ［ル］ト　［キュージュー［ネン］ダイニハイッ｛テ｝イ［ミロンテキニ］ハ［ゼ］ロノ［ナイヨーシ］カモ［タ］ナイ［モッパラソノヤクワ］リ｛オ｝［タイジンカンケーテキ　ゴヨーロンテキナキ］ノーニ［カ

タヨラ］セ｛タ｝ワ［カモノゴガトウジョーシタ］トイ［エマ｛ス｝ット［コノ］イミロン［ト］ゴヨー［ロン］ニツイテハー↗↘サンマイメ［ノ］　［チューオミ］テクダサ｛イ｝

　この談話にはスタイルのシフトに伴う音調の切り換えがみられる。原稿を読みながらの「朗読スタイル」であるため，大部分は高い音調を基本として語のアクセントなどで音調が下降する標準語的音調である。鹿児島アクセントの場合には，アクセントのある音節が一つだけ高くなるのが原則だが，「イ［ミロンテキニ］ハ」のように，標準語的に複数の音節が高くなっている。一方，用語の意味の説明をする際には「会話スタイル」になるため，「いみろん［と］」のように低い音調が基本で，アクセントの位置で音調が上昇する鹿児島的音調になる。句末部分に現れる音調は朗読スタイルでは｛　｝で表す上昇調が多いが，会話スタイルでは，次の談話例からもわかるように，上下する音調（↗↘）が多い。文法面については，カジュアルな談話の場合と同じく，方言形が現れることはほとんどない。

②-3　フォーマルな談話

[談話の内容] 大学の授業での口頭発表に続く質疑応答場面での談話。②-2 と同じ話者が，「～とか」「～みたいな」のような語用論的若者語と呼ばれる表現が今後どのようになるかという質問に答えている。
[話者] 鹿児島県鹿児島市出身・女性・1981年生まれ
[収録時期] 2002年1月

表記上の注意：音声に関する表記は基本的に ②-2 の談話と同じ。アルファベット A／B は，直後の語の伝統的アクセント型を表す（第1項（1）(b) アクセント参照）。伝統的アクセント型は原則として平山（1960）による。

［ッ］ト　A［コ］ノー↗↘　［エーッ］ト　B［ゴヨーロンテキ［ニ］トラエラレルー↗↘　B ワカモノ［ゴ］ッテ［ユー］ノハー↗↘　B［ホ］カノー↘↗　A［コ］ユ　B［ショーリャク］トカ　B［トーチー］トカ　［シャクヨ］ア B ショーリャ［ク］トカ B トー［チ］［ナ］ド

トユーウー↗↘　［A イミロンテキ［ニ］B トリアツカエル　B ワカモノ［ゴ］A クラベテー↗↘　［モ］A ス［デ］ニー↗↘（チョット）B ジュミョー［ガ］A ナガイ］トユーカー↘ A［コー］ユー A イミロンテキ［ニ］B トリアツカエ［ル］B ワカモノゴハー↗↘　A［ダイ］タ

イ ₆ヘー［キン］シテー ₆［イチニネンデ］モー ₆ショーメ［ツ］シテ，シマウンデ スケドー↗↘ ₐ［コ］ノ ₆ゴヨーロンテ［キ］ニ ₆トリアツカ［エ］ルホーワー↗↘ ₆モトモ［ト］ ₐキ［ゾン］ノコトオー↗↘ ₐソノ［マ］マ （ット）₆［ヘン］カサセタッテユ ₆コ［ト］モ ₆アッテー↗↘ ［モー］ ₆［ジューネン］トカ］モー ₐソノ［マ］マ ₆イキノコッ］テル ₐツカワレ［カタ］ナノデー ₐコノ［マ］マ ₐテーチャクシテー↗↘ ₐ［コー］ユー ₆［アタラシー］ ₐ［イ］ミトシテー↗↘ ₆［ナ］ル ₐカノーセーハ↗↘ ₆ア［ルン］ジャナイ｛カ｝ト ₆オモイマス

　下線を引いた部分が，平山のアクセント型（もしくはそれから推測されるもの）と食い違っている部分である。②-2，②-3ともに学術用語など日常のくだけた会話では使われることの少ない語彙がたくさん混じっているが，そのため興味深いアクセントが含まれている。たとえば，「意味論的に」という語は，伝統的アクセントでは全体がA型のイミロンテ［キ］ニ になるはずである。しかしながら，談話中の2回ともB型のイミロンテキ［ニ］になっており，音調の下がり目がないという意味では，むしろ平板型の標準語アクセントに近い。「定着して」や「可能性は」も同様に，本来A型であるはずだが平板に発音されている。逆に「生き残ってる」はB型であったものが，標準語と同じ「こ」の部分に音調の下がり目がくるA型に近い形になっている。ただし，下がり目は標準語と同じ「こ」のあとではなく，促音を含んだ音節「こっ」のあとにくる。「変化させた」もこれと同じく，B型語が標準語的な下がり目のあるアクセントを志向している例といえよう。

　これらの語のアクセントは，標準語の干渉により生じたと考えることができる（窪薗 2006）。鹿児島の若者たちの音調は，伝統的二型アクセントの音型は維持しながらも，アクセント型の入れ替えや標準語的な音調の下がり目をもつことにより，内部では標準語システムに接近する方向に向かいつつあると思われる。

　③ 地域語変容の類型

　九州方言全体では，伝統方言からネオ方言への変化という方向性がみられるが，その変容のありかたは地域とその方言の事情によりさまざまである。大きく分けて三つの類型がある。

　一つは「取り込み型」である。社会的にパワーをもつ都市の方言は，他方言と接触する際，自らのシステムを基本的に維持し，外部の要素をシステムに取り入れる形で変容していくのだろう。代表的な例は福岡市の方言である。たとえば，上述の下手イは，語形成の過程では「形容動詞語幹（下手-）」＋「形容詞形成語

尾（-カ）」という二つの形態素から形容動詞を作る規則が方言システムのなかに存在し，さらに語尾をイに変えるということが生じたために生まれた形だと考えられる。このように，福岡市方言はシステムそのものを大きく変えることなく，ルールの書き換えを部分的に行うことで変容していきつつある。

　二つめは「取り替え型」で，その代表的な例は鹿児島市の方言である。伝統的な鹿児島方言は，語彙や文法においてほかの九州方言との共通性・連続性があるにもかかわらず，その音声とアクセントの特徴から，九州人でさえほとんど理解ができないくらいであった。しかし，とくに昭和40年ごろまで続いたきびしい共通語教育により「方言の撲滅」が行われ，まず，語彙や文法面の方言形が標準語形と取り替えられた。その結果，このような教育を受けた世代の子や孫である現在の若年層の方言は，アクセントなどの音調面を除いてほとんどすべての方言形式が標準語形になった。その後，さらに，都市化による他方言との接触やマスメディアの発達によって日常的に標準語の音声に接する環境に置かれるようになり，変化しにくいといわれてきた音声システムにも，談話例にみられるような変化が進みつつある。

　三つめの型は，「地域内統合型」である。これは言語システムの問題ではなく，行政上二つの共同体が一つになったことにより，異なる言語システムが統合されていくことをいう。宮崎県の方言がその例である。宮崎県は日向地方と諸方地方にわかれるが，諸方は明治以前には薩摩藩の一部であったこともあり，都城などの方言は鹿児島方言によく似ていた。しかし，木部（1996b）によると，1990年代半ばには都城の中・高年層のことばは鹿児島的，若年層は宮崎的となって，宮崎方言へと統合される傾向が観察されている。早野（2007）によれば，近年はこの年齢差も，方言全体の標準語化なども加わって，失われつつあるとのことである。

④ その他の新しい方言形

以下，これまで取り上げていない各地の新しい方言形をあげる。

④-1 文末表現

・～サレテクダサイ：「～してください」の丁寧度をやや上げたもの。病院の受付などでよく聞かれるため，「窓口敬語」といわれることもある。

　例）月初めには必ず保険証を出サレテクダサイ

・コッセン：「～じゃない」のように軽く同意を求める表現。「こと＋あら＋せん」から。宮崎市の若年層を中心に使用される。（宮崎）

例）てげだりぃコッセン（ほんと疲れるよね）
- ケ：疑念を表す文末助詞。問いかけ，自問などに用いられる。「〜です／ます＋ケー」のように丁寧表現とともに用いることもある。（鹿児島，宮崎）

  例）あれ，英字新聞じゃないケー（あれ，英字新聞じゃないかな）
- ガ：伝達内容をほんの少し強めに伝える文末助詞。「〜しよう」という勧誘の意味でも使う。（鹿児島）

  例）その漢字　間違ってるガネー（間違ってるよ／間違ってるじゃない）
  　　泳ぎに行くガー（泳ぎに行こう）
- ヨ：標準語文末助詞のヨとほぼ同じだが，確認を求める場合にも使う。（鹿児島）

  例）あそこの角にコンビニがあるヨー（あそこの角にコンビニがあるじゃない）

④-2 あいづち
- アーネー：軽いあいづち（福岡を中心に広範囲で）

  例）A：明日ね　私福岡に行くと（明日ね　私福岡に行くの（よ））
  　　B：アーネー（あーそうなの）

④-3 強意語

「とても，非常に」の意味を表すことばとして，各地の方言では次のような形式が使用されるようになっている。

　ガバ・ガバイ（福岡・佐賀），デタン（北九州），シンケン（大分），バリ，チカッパ（福岡），タイギャ，タイナ，マーゴツ（熊本），イジ（長崎），テゲ（宮崎），ワッゼ（鹿児島）。

④-4 気づかない方言

　各地で共通語だと思って使用している形式である。共通語と意味が異なっているものの，語形が同じ，またはよく似ているので，方言だと気づきにくいものもある。
- アッテル（行われている）（肥筑）

  例）小学校でいま運動会がアッテル（いま運動会が行われている）
- ハワク（掃く），ナオス（しまう）など。

④-5 規則的な新語形成
- 〜デ：形容詞の〜ク形にデをつけて副詞を作る。（鹿児島，宮崎）

例）ヤスクデ買った（安く買った）　ハヤクデ行けた（早く行けた）
・〜デシタ：形容詞終止形につけて過去形を作る。あらたまった場面で使われる。（鹿児島）
　　例）先日はお会いできて，ウレシイデシタ
・[ai] 連母音融合（熊本）
　　例）キチャー（着たい），ケビャー（けばい），デキャー（でかい）

3.　方　言　活　動
(1) 芸能・教育と方言
① 伝統芸能
・にわか：　方言による郷土芸能。最後を「地口（じくち）オチ」と言われる同音異義語でオチをつけて締める。一人，二人で演じる短編と芝居仕立ての長編ものがある。有名なものは「博多にわか」「肥後にわか」など。博多のにわかは「半面（顔半分を覆う面）」をつけて演じられる。
・さつま狂句：　川柳と同様，五七五の音を基本に作られる。人情，生活，社会など幅広いネタをユーモラスに，時に皮肉を交えて，伝統的な鹿児島方言で表現する郷土文芸である。
　　例）横杵爺が　不在ん日決めた　郷中ん寄合
　　　　（よんごじが　おらんひきめた　ごじゅんよい）
　　　　意味：ひねくれ者の爺さんが　いない日に決めた　近所の寄り合い
　　　　　　　　　　　　　　　　　　　　　　　　　（MBC エンタープライズ 1993）
② 方言によることばあそび，かるた
　植村紀子（2004）「鹿児島ことばあそびうた」（石風社）は伝統的な鹿児島方言の語形，音韻を使った子ども向けの詩集である。著者の朗読 CD 付き。また同著者による「鹿児島ことばあそびうたかるた」（南方新社）もある。
③ 学校教育における方言
　小学校では，総合的な学習の時間に「方言を学ぶ」というテーマを設けているところがある。鹿児島県の鹿屋市寿小学校は，国語科の単元「方言と共通語」をベースに，「総合的な学習」の取り組みとして，地域の方言を調べ，その成果をまとめてホームページで発表している。

(2) 方言による地域活性化：方言大会

九州で代表的なものは,「なんでん　かんでん　いうちみい」をテーマに行われている大分県豊後高田市の「大分方言まるだし弁論大会」である（松田 2007)。この大会は,失われつつある大分方言の豊かさや感性を再発見し,ふるさとへの愛着,誇りを再認識するなかからまちづくりを進めることを主旨として,1983年からほぼ毎年行われている。

(3) メディアのなかの方言

メディアで使用されることばはおもに標準語であり,方言がテレビなどで使用されると何となく居心地の悪さを感じる人もいる。地元企業のローカル CM では以前から方言が使われていたが,それは博多の「にわかせんぺい」のように,地元ならではの商品の CM で,方言が使われることに納得がいくものであった。ところが最近は,とくに地域性と関係ない CM にも方言が使われている。また,全国放映の CM のなかには音声を方言に差し替えて,地域限定でオンエアされているものもある。

情報番組などローカル局制作のテレビ番組でも,以前より方言使用量が増えているように感じる。以前はインタビュー場面などで地元の人とのやりとりに限定して方言が使用されていたが,最近は直接視聴者に向けた発話も方言のことが多い。ふだんの生活の雰囲気や親しみを醸し出すために利用されているようである。宮崎県の東国原英夫知事の「宮崎をどげんかせんといかん」も,選挙戦での知事のイメージ作りに貢献したと思われる。

これらの例は,方言がビジネス拡大や仕事の成功につながる要因として認められるようになったことの現れだと考えられよう。観光客への珍しい見せ物ではなく,地元住民に向けてのメッセージの一部として方言の有効性が見直されているのだろう。このような現象の背後には方言に対する意識の変化があることは,もちろんいうまでもない。

Exercises

1. 本節で取り上げられている次の言語項目について,各種の言語地図類を参考に,九州地方にみられる諸表現の分布領域を調べてみよう。
    ・アクセントの型
    ・形容詞,形容動詞のカ語尾とイ語尾

・動詞の二段活用形
・可能表現の諸形式
2. 九州地方の古代の国境，近世の藩境を調べ，1で調べた方言形式の境界と一致するかどうかを確認してみよう。

7 沖　　　縄

1.　伝統方言の要説

　九州から台湾までのあいだにつらなる琉球列島の島々（奄美諸島・沖縄諸島・宮古諸島・八重山諸島）は，かつて琉球と呼ばれた地域で，日本に組み込まれる以前は，日本本土とは異なる，独自の文化圏を形成していた。この4諸島で使われてきた言語は琉球方言（琉球語）と呼ばれる。

　琉球方言は，まず奄美沖縄方言群（北琉球方言）と宮古八重山方言群（南琉球方言）に大きく二分される。両方言群は，地理的に見ても，隔てる海域の距離が琉球列島のなかで最大であることと相俟って，音韻，文法，語彙に異なる特徴をもっている。それぞれ多くの下位方言にわかれ，こまかくは村落ごとに異なっているといわれるほど，多様性に富んでいる。

　奄美沖縄方言群（北琉球方言）は，北から順に喜界島方言，奄美大島方言，徳之島方言，沖永良部方言，与論島方言，沖縄方言からなる。奄美大島方言は北部方言（奄美市（旧名瀬市，住用村，笠利町が2006年に合併して誕生），龍郷町，大和村）と南部方言（宇検村，瀬戸内町）にわかれ，沖縄方言は石川地峡を境として北部方言と中南部方言に分けられる。宮古八重山方言群（南琉球方言）は，宮古方言，八重山方言，与那国方言からなる（下位区分については上村1992,2000，狩俣2002を参照）。

　以下では，琉球方言の歴史を概観したあと，その音韻，文法について特徴をみていく。

(1) 琉球方言（琉球語）の歴史

　琉球方言（琉球語）は日本語と系統が同じであることが，基礎語彙の共通性や音韻の対応から証明されている（服部1932）。まだ特定できないが，本土の弥生時代以降，平安時代以前に，九州から南下してきた言語であろうと考えられている（上村1992）。

　琉球は，山下洞穴から発見された人骨から，旧石器時代から人が住んでいたことがわかっており，日本本土とは縄文時代から交流があったことが考古学的な資料などから確認されているが，本土から決定的な影響を受けることはなく，地理的，歴史的に隔たって，独自に歩んできた。言語学的に日本語と同系であること

は証明されたとはいえ、歴史学的な、考古学的な、また、形質人類学的な研究の成果からも、琉球方言を話す人々がどの時期に、どのように北から渡ってきたか、まだ特定することができない。また、琉球方言がもたらされる以前にこの地域に住んでいた人々に使用されていたであろう言語についても、その言語が後に渡ってきた琉球方言を話す人々にどのような影響を与えたかもまだよくわかっていない。

　琉球王国は、1429年に沖縄地域が統一されたことによって成立する。その後、1609年の薩摩藩の侵攻によって、琉球は実質的には薩摩藩の支配下におかれることになるが、王国体制は維持され、中国との朝貢関係は継続された。1879年の廃藩置県で沖縄県となるまで、一国として、中国、日本との関係をもちつつ、その影響を受けながらも、独自の文化を保ち続けた。4諸島のうち、奄美諸島は、薩摩藩の侵攻以後、琉球から切り離されて薩摩の直轄領となり、その後、鹿児島県に組み入れられた。

　琉球方言には、本土との空間的、時間的な隔たりによって、古い日本語の特徴を保持している側面と独自に発達した側面とがある。琉球方言圏に起こった独自の変化については方言ごとに多様性に富んでいる。

　まず、現代日本語が失った古代日本語の特徴を保持している例としては、音韻では、ハ行子音の唇音性（p,ɸ）の保存、ア行の音節とワ行の音節の区別の保持などがある。また、文法では、いわゆる終止形と連体形が異なる形をもち、係り結びの用法がよく使われる。語彙では、「とんぼ（ʔaːkeːdʒuː＜あきづ）」、「妻（tudʒi＜刀自）」、「朝（sutumiti＜つとめて）」、「去年（kudʒu＜こぞ）」（首里方言）などの古語が使用されていることがあげられる。

　一方、琉球方言が独自に変化している例として大きな特徴をあげると、まず、半狭母音 e,o の狭母音化がある。短母音の o は u に音韻変化しているが、これは琉球方言全体にみられる特徴である。また、短母音の e については、変化の段階が地域的に異なり、e が /i/ に変化している地域と、/i/ に変化している地域がある。それとかかわって母音の数は下位の方言によって異なり、子音の変化についても多様である。

　琉球方言は、本土方言とは相互理解が不可能なほど大きく多様に変化していること、歴史的に一つの国を形成していた地域で話されてきたことから、一つの言語と考え、方言とは呼ばずに琉球語と呼ぶこともできる。1893年に琉球を訪れ、

言語調査を行ったイギリス人，バジル・ホール・チェンバレンは，のちの琉球方言研究に大きな影響を与えているが，琉球語と日本語の距離をフランス語とスペイン語にたとえている。

　現在の四つの諸島の人口は約148万人（2005（平成17）年の国勢調査による）であるが，伝統的な方言を話せる人はかなり限られている。方言を第一言語として習得し，第二次世界大戦前に社会人になった世代で，習得した方言を自分の村落共同体（シマ）で使用してきた世代を伝統方言の保持者と考えた場合，それは昭和初期の生まれ（2011年現在80歳前後）の人々までということになるだろう。それ以降の世代も方言を話すことはできるが，表現や語彙数がそれ以前の人々にくらべると限られ，日本語標準語の影響が大きくなる。

　琉球方言圏では，1879年に日本の一県となる以前は，言語生活は琉球方言でなされていたが，日本に組み込まれることによって，日本語標準語での教育が早急に進められた。その際「方言札」などの罰則を伴う標準語の使用が強制された。それでも第二次世界大戦までは，標準語に接する場はごく限られていて，学校では普通語（標準語）を使用するが，学校から一歩外に出ると方言を使うという言語環境があった。しかし，戦後は，言語環境が一変した。戦災の大きかった地域の人々や米軍基地に土地を接収された地域の人々は，伝統方言の基盤である自分の村落共同体（シマ）を失うこととなった。また，都市化に伴って人々の移動や人口増加が起こり，さまざまな方言を母語とする人々が混ざり合うこととなった。たとえば沖縄中南部は，もともと琉球方言圏のなかでは比較的方言の違いの小さい下位の方言圏を形成していたが，戦後は，方言の単位であったシマが崩壊し，人口の移動，流入によって近隣の村落とつながって，一つの大都市のようになっている。また，かつては結婚は同じ村落出身者で取り結ばれていたため，家庭の言語生活は一つの方言でなされていたが，現在はそれはまれである。さらに，マスメディアや交通の発達によって，標準語に接する場が大幅に増加しているといった状況もある。

　このようにして琉球方言圏では，一方では方言が混交しつつ，伝統方言とは異なる共通語的な方言が形成され，また一方では，方言よりも標準語を使用する場が拡大している。現在では，方言を母語とする世代，方言も標準語も話せる世代，方言は聞いて理解できるが話せない世代，方言を聞いても理解できない世代が混在しているといった状況にある。

(2) 音　韻

　琉球方言を二分する奄美沖縄方言群と宮古八重山方言群は，音韻的な特徴に大きな違いがみられるが，その違いを生み出しているのは，調音に際しての「呼気の使用法に関する違い」(上村 1989) である。以下，上村 (1989, 1992, 2000) に沿って，この観点から琉球方言の特徴についておおまかに説明する。

　まず，奄美沖縄方言群では，調音に際して，肺からの強い呼気流をそのまま放出せずに，声門を緊張させて閉じ，声門下の気圧を高めてから声門を開放しながら声帯を振動させる方法をとる。つまり，喉頭を緊張させる特徴をもつ。一方，宮古八重山方言群では，強めの呼気流を，声門をとくに緊張させることなく，声道に流しながら声帯を振動させるという方法をとる。つまり，発声の際に強い呼気を伴っているという特徴をもつ。両方言群のこの特徴は狭母音 i, u の発音に際して顕著に現れる。このように調音に際しての「呼気流，呼気圧の作りかた，呼吸筋，喉頭，舌，唇などの個々の音声器官の緊張のさせかた，その相互関係のありかたなどの違い」が両方言群の個々の方言の音韻変化に深くかかわり，音韻論的な特徴の基盤となっているのである。そして，奄美沖縄方言群では喉頭化の有無の対立をもつ音素の発達（ʔ と ’，p' と p‘，k' と k‘，c' と c‘）や語頭におけるつまる音の発達をもたらし，宮古八重山方言群では舌先母音 /ɿ/ の発達や狭母音の無声化による成節的子音 /m, f, v/ の発達をもたらした。両方言群の下位の方言間では，呼気の使いかたと喉頭をふくむ調音器官のありかた，そしてその相互関係のありかたにさまざまな違いがあり，方言差を作り出している。また同じ方言においても呼気の使用法がのちに変化して，それがその方言の音韻体系の特徴になっている場合もある。

　以下に，いくつかの変化現象について，各方言の単語の例をあげる。筆者の臨地調査で得たものであるが，『沖縄今帰仁方言辞典』(今帰仁村与那嶺)，『沖縄語辞典』(那覇市首里)，『石垣方言辞典』(八重山石垣)，『沖縄伊江島方言辞典』からも比較のため引用した。その際，ほかの方言と同じく，音声記号に統一した。

　① 標準語の e, o に対応する琉球方言の狭母音化

　標準語の o に対応する母音は /u/ に変化し，u と対応する /u/ と一つになっている。

　標準語の e に対応する母音は，奄美沖縄方言群では /e/ → /ï/ → /i/ と変化するが，その段階が方言によって異なり，奄美大島方言と徳之島方言では中舌母音の

/ï/，喜界島，沖永良部島，与論島，沖縄島北部，沖縄島南部方言では /i/ となっている。この方言群では標準語の i に対応する母音は /i/ である。また，宮古八重山方言群では，強い呼気流を声道に流すという特徴から奄美方言群よりもさらに狭母音化，前舌化が進み，標準語の i に対応する母音が舌先母音の /ɿ/ に変化している（宮古，八重山の大部分）。あるいは強めの呼気流がのちに弱まり，/i/ にもどる（鳩間島，与那国島）。舌先母音 /ɿ/ は，強い呼気流で舌が i の位置から前に押しやられたために生じた母音で，調音的には子音 [s]，[z] と同様である。この方言群では標準語の e に対応する母音は /i/ である。なお，与那国方言は，かつては強い呼気流を声道に流して調音される方言であったが，現在では呼気が弱まり，喉頭を緊張させる調音に変わった。与那国方言は，宮古八重山方言群のなかでも，母音の数が最も少ない /i,a,u/ の3個であり，語頭の標準語のヤ行の子音を /d/ に変化させている，また，喉頭音化の対立をもつなど，独自の特徴をもっている。

　以上，両群の母音の変化の違いは，前述の呼気流の使用のしかたの違いからくるものである。

	/u/	o＞/u/	/i/	e＞/ï/
	牛	骨	着物	手
喜界島（湾）	ʔuʃi	huni	tʃ'iɴ	t'ï：
奄美北（旧住用村和瀬）	ʔuʃi	hunï	k'iɴ	t'ï
奄美南（瀬戸内町俵）	ʔuʃi	hunï	k'iɴ	t'ï：
徳之島（徳之島町下久志）	ʔusï	ɸu·nï	k'iɴ	t'ï
			/ï/＞/i/	
沖永良部島（知名町余多）	ʔuʃi·	huni	kibara	ti：
与論島（茶花）	ʔuʃi	puni	kiɸara	ti：
沖縄（今帰仁村兼次）	huʃi：	p'uni	tʃ'iɴ	t'i：
沖縄（中城村新垣）	ʔuʃi	huni	tʃiɴ	ti：
			i＞/ɿ/	e＞/i/
宮古（平良市大浦）	usɿ	puni	kˢɿɴ	ti：
八重山（石垣市大浜）	usɿ	puni	kɿɴ	ti：
八重山（竹富町新城）	usɿ	punï	kɿnu	ti：

　奄美大島方言，徳之島方言は中舌母音 /ï/ のほかに /ë/ をもつ。これは ai,ae な

どの二重母音に対応して現れる。

　　hwë·（灰），no:më（玄米），më（前），mëtuɴ（生えている）
　　　　　　　　　　　　　　　　　　　　　　　　　（旧住用村和瀬）
　　dë:dë:（だいだい），më·（前）　　　　　（徳之島町市下久志）

また，奄美大島方言，徳之島方言には o が残存しており，u への狭母音化が完成していない。

　　wonari（をなり），tsïno（つの），ɸatʻo（鳩），joda（枝），sora（梢）
　　　　　　　　　　　　　　　　　　　　　　　　　（大和村戸円）
　　mo:（藻），muho（婿），ʧʼino（つの），hato（鳩），sode（袖），ʔado（かかと）
　　　　　　　　　　　　　　　　　　　　　　　　　（旧住用村和瀬）
　　tsʼïno（つの），nabïhwïngo（すす），midʒo（みぞ）　（徳之島町下久志）

② 奄美沖縄方言群における喉頭音化

奄美沖縄方言群では，喉頭を緊張させるという発音上の特徴が，語頭において，声門閉鎖音 /ʔ/ を発達させた。そして，喉頭を緊張させない，ゆるやかな声立て /ʼ/ と音韻的に対立し，ア行の音節（イ，ウ）とワ行の音節（ヰ，ヱ），ヤ行の音節（イ）との区別を表す。

　　ʔi:（胃）/ʼi:（絵 ヱ），ʔu:（卯）/ʼu:（苧 ヲ）　　（今帰仁村与那嶺）
　　ʔiɴ（犬）/ʼiɴ（縁 ヱ），ʔutu（音）/ʼutu（夫 ヲ）　（那覇市首里）

この喉頭音化の特徴は，強い呼気流を制御しないで声道に流す宮古八重山方言群には発達していない。

ほかに，語頭のア行の音節の母音 i,u が脱落することによって，後続の鼻音，半母音が喉頭音化するという変化もある。伊江島方言では流音も喉頭音化する。

　　ʔma(:)（馬），ʔju（魚），ʔni（稲）　　　　　　　（大和村戸円）
　　ʔma(·)（馬），ʔju(·)（魚），ʔmu·（里芋）　　　　（徳之島町下久志）
　　ʔnju:ʧʼi（命），ʔma:（馬），ʔme:ʃi（箸），ʔra:（おまえ），ʔri:（おまえたち）
　　　　　　　　　　　　　　　　　　　　　　　　　（伊江島方言）

また，語頭の音節の i,u が無声化して脱落することによって，後続の無声閉鎖音が喉頭音化する。

　　ʧʼu（人），tʼitʼu（ひとつ），tʼa:tʼu（ふたつ）　　（喜界町湾）
　　tsʼu:（人），tʼï:tsï（ひとつ），tʼa:tsï（ふたつ）　（大和村戸円）
　　ʧʼu·（人），tʼi:t（ひとつ），tʼa:t（ふたつ）　　　（瀬戸内町俵）

tɸuˑ（人），t'ïːts'ï（ひとつ）　　　　　　　　　　（徳之島町下久志）

tɸuː（人），t'iːtɕi（ひとつ），t'aːtɕi（ふたつ）　　（知名町余多）

③ ハ行子音

　古代語のハ行の子音は，p＞ɸ（hw）＞h と変化してきたが，琉球方言では，その歴史的な変化の過程を共時的にみることができる。唇音の保持の状態は多様であり，たとえば喜界島には，p, ɸ（hw），h のすべてが分布する。沖縄島では p 音の存在は北部方言の特徴の一であるが，北部でも中央山原方言によく保存されている。沖縄中南部方言では，ɸ（hw）と h が方言によって現れる。久高島方言では，p の唇の閉鎖がかなり弱く，まだ完全には ɸ に変化していない。

　唇音の保持のありかたは，奄美沖縄方言群と宮古八重山方言群では，呼気流の使用方法の違いによって異なっている。奄美沖縄方言群では喉頭音化と関係して現れ，宮古八重山方言群では強い呼気に対抗して閉鎖の強い p で現れる。

	葉	昼	船	星
喜界島（湾）	haː	hiru	huni	huʃi
奄美北（旧住用村和瀬）	haː	hiru	hunï	hoʃi
奄美南（瀬戸内町俵）	hwaː	hir	hunï	huʃ
徳之島（徳之島町下久志）	haː	sïruˑ	ɸuˑnï	ɸusï
沖永良部島（知名町余多）	hwaː	hiruː	hini	huʃi
与論島（茶花）	paː	pju:	puni	puʃi
沖縄（今帰仁村与那嶺）	p'aː	p'iru	p'uni	p'uʃiː
沖縄（中城村新垣）	hwaː	hwiru	huni	huʃiː
宮古島（平良市大浦）	paː	pˢɿ	fni	pusɿ
八重山（大浜）	paː	pɿːru	ɸuni	pusɿ

　p 音を保持している沖縄北部方言は，イ段とエ段，ウ段とオ段の音節を喉頭音化と非喉頭音化の対立として区別する。

　　p'iru（昼）/p'iri（へり），p'uni（船）/p'uni（骨）　　（今帰仁村与那嶺）

　宮古八重山方言群の場合，ウ段に対応する音節の発音に際しては，狭い声道を通る強い呼気流によって唇の閉鎖が破られ，p→f, ɸ になる。宮古方言で f になるのは呼気流に対抗してふんばり（調音強化）が起こるからである。

　④ カ行子音

　カ行の音節の子音は，奄美沖縄方言群の喉頭音化の対立をもつ方言においては，

イ段，ウ段の音節を喉頭音化した /kʼ/ で，エ段，オ段の音節を非喉頭音の /kʻ/ でという音韻的な区別をもつ（肝と毛／煙，雲と米／婿）。あるいはエ段，オ段に対応する音節の子音は喉頭音化しないため kʻ → h と変化している（湾，余多，茶花，兼次）。イ段においては，狭母音 i の影響で子音が破擦音化を起こしている方言がある（湾，兼次，新垣）。

宮古八重山方言群では強めの閉鎖音の k で調音され，狭母音 u を伴う場合はさらに強い呼気流のために閉鎖が破られ，それに対抗してふんばり（調音強化）が起こり，k → f と変化している（宮古大浦）。また，竹富町新城方言は強い呼気を口腔にではなく，鼻腔に通すため，母音のみではなく続く子音も無声化させる。

	風	肝	雲	毛／煙	米／婿
喜界島（湾）	hadi	tfʼimu	kʼumu	hiɲi/hibuʃi	humi
奄美北（旧住用村和瀬）	kʻadze	kʼimo	kʼumo	kʼï	kʻumï
奄美南（瀬戸内町俵）	kʻadë	kʼimu	kʼumo	kʼï	kʻumï
徳之島（下久志）	kʻadi	kimu·	kʼumo	kʼï·	kʻumï
沖永良部（知名町余多）	hadʒi:	kimu	kumu:	hi:	humi:
与論島（茶花）	hadi	kimu	kumu	hi:	humi
沖縄（今帰仁村兼次）	hadʒi:	tfʼimu	kʼumu	kʻi:	humi:
沖縄（中城村新垣）	kadʒi	tfimu	kumu	ki	kumi
宮古（平良市大浦）	kadʒi	kˢimu	fmu	pɿgi/kif	/muku
八重山（石垣）	kadʒi	kɿmu	ɸumu	ki	/muku
八重山（竹富町新城）	kadʒi	kˢi̥mu	humu	ki	/muho

⑤ その他の特徴

その他の特徴について簡単に触れる。

奄美大島南部方言は，標準語の i, u に対応する狭母音がアクセントなどの条件で脱落して，はねる音，つまる音以外の子音音素が音節を閉じる。

 kʼup（首），kʼap（紙），mït（水），hu:k（ほうき），kjʼa·k（客），kʼutʃ（口）
 hanus（さつま芋），huʃ（星），nïdïm（ねずみ），tʼu·r（鳥），ʔapra（油）
             （瀬戸内町俵）

宮古方言は，音節主音的な子音 /m, n, f, v, s/ を発達させている。

 ssam（しらみ），mim（耳），m:（さつま芋），m:bu（へそ），nta（土），
 in（犬），ftsɿ（口），kif（煙），pav（ハブ），biv（くわず芋），ssa（草）

(平良市大浦)

宮古方言では，標準語のwに /b/ が対応するが，これは調音の際の強い呼気流に対するふんばりによるものと考えられる。

　　bata（腹），bunaɿ（をなり），butu（おっと），buːgɿ（サトウキビ）

(平良市大浦)

宮古大神島方言は閉鎖音に無声音と有声音の対立をもたない。琉球方言のなかで子音の数が最も少ない方言である。

　　pikitum（男），kapa（いいにおい），tuː（体）ata（あした），kɿna（綱），kiː（きょう），akɿ（味），mikɿ（水）

(3) 文　法

ここでは，いくつか大きな特徴についてあげる。

動詞の終止形（叙述法・断定）について，奄美沖縄方言群では，連用形に「居り」が融合してできている。奄美大島方言，徳之島方言，与論島方言，喜界島方言は，m語尾とri語尾の2つの形式がある。沖永良部方言，沖縄方言はm語尾のみである。

宮古八重山方言群については，奄美沖縄方言群と同様の成り立ちか，そうでないか，まだよくわかっていない。

	飲む		降る	
	m語尾	ri語尾	m語尾	ri語尾
喜界島（湾）	numiɴ	numiri	huriɴ	huriː
奄美北（大和村戸円）	numjuɴ	numjuri	ɸurjuɴ	ɸurjuri
奄美南（瀬戸内町俵）	numjum		k'jum	k'jur（来る）
徳之島（轟木）	numuɴ		hujuɴ	hujui
沖永良部(知名町余多)	numjuɴ/numiɴ		hujuɴ	
与論島（茶花）	numjuɴ	numjui	pujuɴ	pujui
沖縄（今帰仁村兼次）	numiɴ		p'uɴ	
沖縄（中城村新垣）	numuɴ		hujuɴ	
宮古（平良市大浦）	nun		kugɿ	kugɿm（漕ぐ）
八重山（大浜）	numuɴ		hoɴ	

また，奄美沖縄方言群では，終止形と連体形は原則として形のうえで区別を保っているが，宮古方言では，音韻変化によって，多くの方言で終止形，連体形，連

用形が同形になっている（上村 1992，狩俣 2002）。

  taru:ja ʔasa ʃɪnbuɴ jumuɴ.（太郎はあさ新聞を<u>読む</u>）
  taru:ga <u>jumuru</u> ʃɪnbuɴja nu: jaga.（太郎が読む新聞は何か）

（那覇市首里）

　琉球方言では，係り結びの用法が残っていて，よく使われる。首里方言の場合，係り助辞 -du は古代語の「ぞ」と同じと考えられ，動詞はドゥ結び形（連体形と同形）をとる。係り助辞 -ga は古代語の「か」と考えられ，結びの動詞は -ra 形をとり，とりたてて推量する。また疑問詞で係り，-ga 形で結ぶものがある。

  taru:ja namakara <u>ʃɪnbuɴdu</u> <u>jumuru</u>.（太郎はいまから新聞（ゾ）読む）
  taru:ja namakara <u>ʃɪnbuɴga</u> <u>jumura</u>.（太郎はいまから新聞を（カ）読むのだろうか）
  taru:ja ʃɪnbuno: <u>ʔitʃi</u> <u>jumuga</u>.（太郎は新聞はいつ読むのか）

2.　方言の動向

(1)　概　観

　「ウチナーヤマトゥグチ」，「ヤマトゥウチナーグチ」，「ウチナースラング」，「沖縄ことば」，「ウチナーヤマトゥことば」，「ウチナー若者ことば」など，現在の沖縄の言語状況を表すことばがいくつかあり，それらは日常的には違いが曖昧なまま使用されている。ここでは，実態を整理して，「ウチナーヤマトゥグチ」，「ヤマトゥウチナーグチ」，「ウチナースラング」の三つにしぼって記述してみる。

　以下，それぞれの例は，筆者の内省によるもの，観察により採集したもののほかに，例の末尾の（　）に記した文献や歌詞から採集したものである。文献の例についてはかな表記を統一し，また，それぞれの例のなかで問題にする方言，ウチナーヤマトゥグチ，ヤマトゥウチナーグチ，ウチナースラングの箇所に下線を引いた。

(2)　ウチナーヤマトゥグチ

　かつて，伝統的な琉球方言を母語とする人々が学校教育のなかで日本語標準語を第二言語として習得していた時代には，方言を基盤にして標準語を身につけていった。そこで習得した標準語は方言の干渉を大きく受けたものになる。「ウチナーヤマトゥグチ（沖縄大和口）」とは，方言の干渉を受けた標準語のことをいう。ウチナーヤマトゥグチが形成された時期は，徐々に方言が失われていく過程

と，標準語が普及していく過程が，並行していた時期であった（詳しくは高江洲 1994，2004）。

儀間（1987）は，1942，1943（昭和17，18）年ごろのウチナーヤマトゥグチの使用の様子を次のように描いている。

> 標準語励行たけなわのころで，しかも，時代は第二次世界大戦の真っ最中であったから，沖縄中が「一家揃って標準語」なんて，本気で取り組んでいた。だから学校ではうっかり沖縄口も使えなかった。といって共通語ではどういうのか分からない。そんなわけで，先生に叱られたくなかったら，なりふりなんか，かまっては居られない，なんでもかんでも共通語風の発音にしてしまった。たとえば，ガジャン（蚊）をガジャミ，ハゴーサン（汚い）をハゴイというふうに。そんなおかしな言葉を先生は苦笑しながら許して下さったが，同級生はそうはいかなかった。すぐさま，口から口へと伝わって学校中の笑い者になった。
>
> 　ボクハ　タダ　コモリ（池）ニ　ボコ（塊）ヲ　ナゲマシタ（ぼくのしたことは，それだけなんです）。ヨネン（四年生）ノ　イズミガワ（泉川君）ガ　グシ（竹切れ）デ　イヨ（魚）ヲ　チェチェコゼ（つつき）マシタ。

上の例にみるように，標準語教育のはじめのころには，方言の単語に対応する標準語の単語を知らないことが多く，方言の単語のなかのuをoに変換すれば標準語になるといった対応規則を見出して（第1項（2）①参照），実際には存在しない標準語形を作り出していた（方言ではそれぞれクムイ，ブク，イユ，チチクジュン）。

ウチナーヤマトゥグチは，標準語の習得や方言の干渉の度合に応じて，方言の干渉の強いものからそれがあまりない規範的な標準語に近いものまで，さまざまであり，現在でもとくに世代間のバリエーションが大きい。このようにして多様なウチナーヤマトゥグチが形成されるなかで，方言の干渉の強いところ（たとえばrとdの区別ができないなど），また標準語との違いが明らかな部分（上のような単語）は徐々に消えていったが，一方ではまた，方言と日本語が同系統の言語であることを反映して，両者の違いがあまり意識されず，伝統的な方言を話せないあるいは理解できない世代にも受け継がれているものもある。

また，ウチナーヤマトゥグチには地域差も見出される。第1項の冒頭で述べたように，琉球方言は大きく奄美沖縄方言群と宮古八重山方言群に二分され，また，それぞれの方言群はさらに下位の多くの方言にわかれるが，その方言の干渉を受けて形成されるウチナーヤマトゥグチも，その基盤となった方言を反映して多様

である。たとえば，両方言群では発音の基盤が大きく異なっているが，その発音のしかたはウチナーヤマトゥグチにも受け継がれていて，電話ではじめて話す人でもどの方言群の話し手かがわかるほどである。また，奄美方言地域ではその方言の干渉を受けたウチナーヤマトゥグチが使用され，「トン普通語」（トンとはさつま芋のこと）と呼ばれている。沖縄島でも，中南部地域と北部地域で使用されるウチナーヤマトゥグチには違いが観察される。

　一方，ウチナーヤマトゥグチを話す一人一人の話し手に注目すると，同じ一人の話し手でも，標準語の習得が進むに従ってウチナーヤマトゥグチの使用に変化がみられるといったことがある。また，標準語が強制されていたころには，ウチナーヤマトゥグチは公的な場で，伝統的な方言（ウチナーグチ）は私的な場で使用されていたが，全般的に話し手の標準語能力が高くなっている現在では，とくに成長とともに地域を越えて活動の場が広がっていくにつれ，母語として習得したウチナーヤマトゥグチを家族間や小，中，高校の友人間などの親しい関係で使用し，公的な場では後に習得した規範的な標準語を使用するといった言語切り換えを行うことが増えている。

　ウチナーヤマトゥグチは，沖縄においては異なった方言を話す人々の共通語として使用され，一定の威信を担っているが，その話し手が進学や就職などで一歩本土に出ると，本土の標準語との違いに戸惑い，劣等感（方言コンプレックス）を抱く要因になることが多かった。しかし，1980年代以降，日本に復帰して10年を経過したころからは，ウチナーヤマトゥグチに対する話し手の意識が変わってきた。また，全国的に「沖縄ブーム」が起こり，本土からの視点による肯定的な評価が行われるようになって，沖縄の人々も自らを評価し直すということが起こってきた。このような流れのなかでウチナーヤマトゥグチの話し手たちは，ウチナーヤマトゥグチと規範的な標準語のずれを認識し，そのずれを意図的に活用してコミュニケーションを行うようになっている。また，ウチナーヤマトゥグチは「沖縄らしさ」を表現するものとして捉え直され，ウチナーヤマトゥグチを母語とする世代によって結成された劇団では，ウチナーヤマトゥグチによるお笑いや演劇が演じられている。

　(3) ヤマトゥウチナーグチ

　ウチナーヤマトゥグチが方言の干渉を受けた標準語のことをいうのに対して，ヤマトゥウチナーグチとは，ウチナーヤマトゥグチを母語として身につけた話者

が使用する，標準語の干渉を受けた琉球方言のことをいう。屋比久（1987）は，ヤマトゥウチナーグチを，「沖縄方言の不完全な知識しか持っていない人々が，日本語の表現の外形だけを沖縄方言に変換したためにできた言語作品をいう」と説明している。また，儀間（1996）は，コンペル（伝統方言ではクンピユン [kumpijuɴ] 踏む）を「うちなぁ大和口」，フムン（標準語の「フム」を方言の動詞の語形にしたもの）を「大和うちなぁ口」というように区別している。

　ヤマトゥウチナーグチは，はじめは，方言を母語としない話者が年長者と方言で会話をする場面で使用がみられたものである。復帰して35年，日常生活において伝統的な方言を話す場が限られ，すべての世代でウチナーヤマトゥグチを用いる言語生活が一般的になった現在では，方言を母語とした人たちにも観察されるようになってきた。

　伝統方言が失われる過程が進行し，ヤマトゥウチナーグチの使用が頻繁になると，ヤマトゥウチナーグチが方言として一般に捉えられるようになるのだろう。

　具体例をみてみよう。
・ナゲー　ンーダンシガ　ナー　セイチョー　ソーンヨ。（伝統方言ではフドゥキートーン。長く見ないが，もう大きくなっているだろうよ）

　この例は，話者がフドゥキーユン（大きくなる，成長する）という方言の連語を知らないため，標準語の「セイチョー」（成長）と方言の「ソーン」（するの継続相）の組み合わせを用いている。方言の単語や言い回しを知らないため，標準語の単語を方言的に直訳している。

　次は，方言の単語を習得していないため，標準語の意味を方言形にした例である。
・チューヤ　クサカイ　サーニ　イッペー　チカリタン。（きょうは草刈をしてとても疲れた）

　方言では，「疲れる」の意味を表す単語に，チカリユン [tʃikarijuɴ] とヲゥタユン [wutajuɴ] の二つがあり，前者は精神的な疲れを，後者は肉体的な疲れを表す。しかし，この話者は方言を習得していないため，標準語の「疲れる」を方言の過去形にして使用している。また，方言を母語とする世代でも方言を使用する機会が少なくなると，二つの単語のうち，形式の面で標準語とは対応しないヲゥタユンを失う傾向がある。

(4) ウチナースラング

　現在の沖縄の若者は，伝統的な方言を話せなくなっているだけでなく，それを聞いても理解できないということが多い。伝統的な方言が消滅しつつある言語環境において，ウチナーヤマトゥグチを母語とする若者たちは，仲間意識を表明し，またことばあそびを行うための手段として，伝統的な方言の語彙を標準語のなかに取り入れることがある。おもに友人との会話のなかで使用されるもので，公的な場で使用されることはない。いずれも俗語的であり，短期間で死語になっていくものもあることから，沖縄地域における若者ことばと考えることができる。「ブロークンウチナーグチ」（儀間 1996），あるいは「ウチナー若者ことば」（仲間・西 2003）などと呼ばれることもあるが，ここではまぶい組（1990）に従って，「ウチナースラング」と呼んでおこう。これらの語彙は，時に伝統的な方言の意味を拡大させ，語形も変容していることがあって，伝統方言を使用する世代にとってはかなり違和感のあるものとなっている。

　ウチナースラングは，筆者の観察によれば，1980年代の中学校において男子生徒のあいだで使用されるようになったと思われる。現在では地域差や年齢差も観察されるが，いずれも，話者の標準語能力が高まって自身の方言に対する劣等感がなくなってきたことと，伝統的な方言に新鮮さを覚える感覚が話者たちに芽生えてきたことがその背景にある。

　以下，いくつか具体例をみてみよう。

・ヤッターが　する　ことよ，シニ　ウカサイ。（おまえたちがすることはなんとおかしい）。

　この例のヤッターは，人名詞（伝統方言ではィヤー［ʔjaː］（おまえ））に複数を表す接尾辞 -ター［-taː］（たち）をつけたものである。ただし，伝統方言ではィヤー［ʔjaː］（おまえ）の複数形はイッター［ʔittaː］（おまえたち）であり，ウチナースラングでは，単数形のィヤー［ʔjaː］に接尾辞をつけるという類推によって単純な形にしている。方言の発音の特徴である喉頭音化はウチナースラングにはみられない。次のシニはとてもの意味。もとの方言形は「死に」だろうか。この意味ではデージが使用されることもあるが，これは，伝統方言で名詞（デージ［deːdʑi］（おおごと））あるいは第2形容詞（デージナ［deːdʑina］（たいへんな））として用いられたものが，ウチナースラングでは副詞（とても，なんと）として使用されるようになったものである。ウチナースラングではデージナの使用はみ

られない。デージとシニでは，デージがより若い世代で使用される傾向があるようだ。また，シニカンという語形もあり，北部で使用されるようである。そのほか，シニカ，シッタ，ジタ，ジッタニカ，シッタという語形もあり，年齢層や校区によって使用が異なるようである。最後のウカサイは，伝統方言のヲゥカサン［wukasaɴ］（おかしい）を標準語の第1形容詞のように活用させたものである。若者のあいだでは，伝統方言の発音の特徴であるゆるやかな声たて［wu］は発音されない。このような，伝統方言の語幹を残して活用のみを標準語化する変容のありかたは，方言の干渉が強いウチナーヤマトゥグチなどでもみられたものであるが，ウチナーヤマトゥグチの場合には，標準語の形容詞の活用語尾は習得したものの，単語が習得されていないため，伝統方言語幹＋標準語活用語尾の形を使用したものである。たとえば，「かわいそう」は伝統方言ではチムグリサン［tɕimugurisaɴ］であり，ウチナーヤマトゥグチではチムグルサイとなるが，このような形式が使用された背景には，標準語の単語を習得していないという事情がある。もちろん，話者たちの標準語能力が高まるに従って，このような形式は使用されなくなった。ちなみに，ウチナースラングではこの形容詞はチムグルーの形で使用されていたが，最近では短く省略されてチムイとなり，高い頻度で使われている。

　次は，ジラーの例である。
・エー，今日の朝よフゥー，デージ寝坊して，もう少しで遅刻ジラーだったんだけどさー，タクシー乗ってからさ，ぎりぎり間に合って，セーフジラー。（笑）
・この前のテスト，全然できなかったから四十五点ジラー。
　　　　　　　（新城和博『うちあたいの日々　オキナワシマーコラム集』）

これらの例で使用されているジラーは，もともとはチラ［tɕira］（顔）であり，「さっちゃんは沖縄生まれだけど，ヤマトゥンチュジラ（本土の人の顔立ち）しているよね」，あるいはウチナージラ（おきなわ顔），ウーマクジラ（やんちゃ顔）などのように複合名詞の後要素として使用されていた。その，複合語の後要素「ジラー」だけが取り出され，標準語につけられ，「らしい，〜のような」の意味になり，さらに，「〜のふり」の意味へと方言の意味を超えて拡大したものである。また，「ジラー」は単独で使用されるようになり，「なあんちゃって」の意味も表すようになる。ジラーにはその使用者に世代差があり，「自分だけ　関係ない

ジラー　するな。」（関係ない顔→関係ないふり）のようなもとの意味を残す用法は30代以上にもみられるが，上に例をあげたような文法化（意味的抽象化）が進んだジラーは，おもに30代以下の若者が使用するものである。それより年上の人々がこの意味を表現する場合には，次のように，グァーシーやディーを用いるのがふつうである。

・あんたほんとは知ってるのに，知らんグァーシー　してるでしょ。（知らんふり）
・また，ある沖縄出身の女の子が，東京グァーシーのぶりっ子を装いながら，東京の男の子とデートをしていたそうです。（東京の人のふり）
・ディー，うそさあ。（なあんちゃって）
（一つめの例以外は，まぶい組編『日記版　おきなわキーワードコラムブックVol.2』）

なお，グァーシーとディーではグァーシーのほうが古い。また，これらの形式は，ジラーのようにもともとは別の意味を表していたものがその意味を拡大して使われるようになったものであるが，年齢や地域によってその用いる形式は異なっているようである。たとえばディーは，地域によってはドゥーになる。また，それぞれの形式の意味もまったく同じというわけではない。

最後に，親族語彙のなかに観察されるウチナースラングの例をみておこう。次の例は，いま若者に人気のレゲエ音楽のグループが歌う歌詞のなかに表れるほんの一節である。

・ハーメー　タンメー　トートーメー（おばあちゃん，おじいちゃん，ご先祖様）

（U-DOU&PLAATY「チュウヤ―Legend Mix―」『Vibes Up』より）

この三つの単語はすべて方言の単語である。レゲエ音楽で大切にされている韻を踏んでいて，リズムにのって歌えるようになっているが，これらの親族語彙は，伝統方言と意味的に対応するものではない。伝統方言では，ハーメー（平民のおばあさん）の対はウシュメーであり，タンメー（士族のおじいさん）の対はンンメーである。伝統方言では明確な使い分けがあるので，伝統方言を母語とする話者はこのような単語の並列をすることはない。また，トートーメーは仏壇，あるいは位牌を指し，伝統方言では先祖の意味はない。伝統方言の話者がこの歌詞を耳にしたとき，かなりの違和感を覚えるであろう。

ウチナースラングは，方言の消滅が危惧されている状況のなかで生まれていることばである。その使用の場はごく限定されたものであり，短命にして消えていくものもあるであろうが，若者が成長するにつれ受け継がれ定着していくものもあると思われる。若者に支持されている音楽の歌詞のなかで使用されているウチナースラングが，歌詞を超えて日常的に使われていくようになるのか，そして受け継がれていくかどうか，しばらく観察を続けてみたい。

(5) 方言の変容
① 標準語の単語と方言文法の組み合わせ

　沖縄の伝統方言には，名詞や形容詞の語幹，動詞の連用形の末尾を長母音にして，その特徴をもった人や物を表す方法があるが，現在では，外来語も含め，次の例のように標準語の単語の末尾をアーにして新たな単語を作り出している（この場合，伝統的な方言では軽卑的なニュアンスがつきまとったが，そのようなニュアンスはなくなりつつある）。

　　ユクサー（嘘つき，ユクシ（嘘）から），ウソツカー（嘘つき），リッチャー（お金持ち，リッチ（rich）から）

② 感動詞・擬声語・擬態語の使用

　これは，方言で話そうとする場合に限らず，どの世代にも使用がみられる。方言がそのまま継承されているものである。

　・<u>アガッ</u>，足踏むな。（あっ痛）
　・蛇口のパッキンが古くなって，ちゃんと閉めても水が<u>チョンチョン</u>するよ。（ぽたぽた落ちるよ）
　・てんぷら揚げたから食べていきなさい。はい，<u>アチコーコー</u>よ。（あつあつだよ）

　これらはいずれも，方言の語彙だとは意識されにくい単語であり，話者の感情や感覚をそのまま表現するものであるために，知らずに使用されている。また，たとえ方言語彙であるとの認識があったとしても，継続して使用されることが多い。筆者にとっても，水滴や雨だれが落ちる音は「ぽたぽた」よりも「チョンチョン」のほうがしっくりくる。

3. 方言活動

　近年，沖縄県は「沖縄ブーム」である。沖縄の文化を大和とは異なるものとし

て取り出し，観光の売りにしている。以前，復帰運動のなかで，伝統的な文化を見直す気運が沖縄の人々の内側から高まった時期があるが，現在は，本土からの視点によって評価されたことによって，さらに陽気で肯定的である。本土から移住してくる人々も増えている。

以下，現在，沖縄で行われている方言活動を，簡単にまとめてみよう。

① 演劇

このような沖縄ブームのなかで，かつて盛んに行われながらテレビや映画などの影響で廃れていった，方言で行う商業演劇が復活のきざしをみせている。また，後継者の育成が叫ばれ，国立劇場や実験劇場などが設置されて，組踊りや創作劇が演じられるようになった。また，口承で伝えられていた芝居の脚本化も行われつつある。

② マスメディアのなかの方言

マスメディアについては，沖縄県にはラジオ局が3局あるが，どの放送局でも，方言ニュースや民謡，方言でのトーク番組が長寿番組として続いている。使用される方言は，琉球方言のなかで共通語的な役割をもつ首里や那覇の方言が長いあいだ中心的な位置を占めていたが，近年は宮古方言を使った番組も制作されるようになった。また，最近では，伝統方言だけではなく，若者向けにウチナーヤマトゥグチを自由に取り入れた番組も増えてきた。コマーシャルも，ウチナーヤマトゥグチで制作されたものが目立つようになっている。トーク番組では，標準語，ウチナーヤマトゥグチ，ウチナースラングを軽妙にとり混ぜて，表現の幅を広げている。一方，テレビでは，2001年にNHKで放送された「ちゅらさん」が，ウチナーヤマトゥグチを全国に向けて発信した。かつては劣等感をもたせるものであったウチナーヤマトゥグチに対する県民の感情も，いまではまったく異なるものになっている。

③ 方言大会

方言弁論大会「しまくとぅば語やびら大会」（市町村の文化協会主催）が，子どもから大人まで参加して年に一回各地域で開かれ，代表を県大会（沖縄県文化協会主催）に送っている。奄美地域では奄美大島で「シマゆむた発表会」（南海日日新聞社主催）が，また徳之島では「徳之島町シマグチ・シマ歌大会」（町教育委員会，町文化協会主催）が行われている（西村1999）。

④ 方言普及活動

　学校教育では総合学習の時間に郷土を学ぶ教材として，地域の方言が取り上げられることがあるが，まだ単発的である。一方，方言の復興活動の一環として「沖縄方言普及協議会」が 2000 年に結成され（後に沖縄語普及協議会に名称変更），方言新聞を発行したり，会話教室，教師の養成講座を開講するなどの活動を行っている。たとえば会話教室については，村落共同体によっては公民館などを活動の場として，その地域の老人を教師にして，若者や移住してきた本土出身者に教えるといった試みがなされている。新聞社のカルチャースクールなどでも，方言教室が開かれている。このような活動のなかで会話のテキストもいくつか出版されており，さらに夏目漱石の『吾輩は猫である』をウチナーグチに翻訳する試み（『吾んねー猫どぅやる』）やウチナーグチの書きことばの成立をめざす試みも行われている。

　方言の普及活動としてはそのほかに，2006 年に県議会が，方言の消滅の危機感から，9 月 18 日を「しまくとぅばの日」に制定している。このような日を制定したことによって，毎年その日が近づくと新聞の投稿が増えたり，各種イベントが催されたりするといった一定の効果をもたらしてはいるが，まだ継続的な取り組みにはなっていない。多様な琉球方言を今後どう継承していくのか，また，おもろさうしや琉歌，組踊り，宮古の叙事歌謡などを理解する能力をどのように維持していくのか，そのためには何をなさなければならないのか，具体的な議論や対策はまだほとんどなされていないというのが実情である。

Exercises

1. 「琉球語」の歴史を調べ，まとめておこう。
2. 「ウチナーヤマトゥグチ」と「ヤマトゥウチナーグチ」はいずれも中間的発話スタイルである。それぞれの生成の経緯を調べてみよう。また，「ネオ方言」に対応するのはどちらであるかを考えてみよう。

第 3 章

社会と方言
――方言の臨床的課題――

1. ことばと臨床
(1)「ことば」と「臨床」の意味
「現場」ということばからは，そこに生きる人々の息吹が伝わってくる。この章では，社会の各現場で実際に使われていることばを対象としている。ここで「言葉」ではなく「ことば」と表記するのは，教科書や辞書に載っているような，学校で学ぶ種類の知識としての「言葉」の問題ではなくて，日常を生きていくための「ことば」の問題を取り上げるからである。「ことば」に「生活感」を込める意味から，ここではあえてひらがなとする（この発想は編者の真田信治による）。そういう観点からすると方言は，「言葉」ではなく「ことば」である。

次に，「臨床」ということばには，「なおすこと・ケアすること・援助すること・だれかの役に立つこと・（よい）結果を出すこと・対象に寄り添って対処すること」といった意味が含まれている。真田（2003）で提唱された「臨床ことば学」には，次のような意図が込められている。すなわち，

- 社会のそれぞれの現場で使われていることばをいったん学問の場に持ち込み，そのことばを通してどのような社会が見えてくるかを分析することによって，その社会が抱える問題を明らかにする。
- 同時に，その社会の現場に生かせるようなものの見方や方法を導き出す。

といった意図である。

(2) 諸学問における「臨床」
まず，方言学以外の学問分野が「臨床」ということばで取り上げる事象や，問題（意識）をみておこう。ここでは心理学・社会学・哲学の三つの分野における「臨床」に若干触れながら，「臨床」に着目することの現代的意味を整理する。

「臨床」の研究の歴史が長い心理学の分野においては，「臨床」とは，個人または集団に生じる困難な問題を心理学の知識と技術によって解決をはかる営みをいう（藤原 1992）。災害や各種ハラスメント，子どもをめぐる事件などが起こった

際に，臨床心理学という研究分野を専門的に学んだ人々が，学校のスクールカウンセラーや企業のキャリアカウンセラー，病院のセラピスト，家庭裁判所調査官，児童相談所の心理判定員などとして人々の心の問題に対処している姿を，ときどき目にすることがある。

　一方近年では，社会学においても「臨床社会学」という領域が注目を集めている。臨床社会学の基本的な手法は，次のようなものである。

　・問題と認定された個人や集団の行動に着目する。
　・個人や集団を，世界・国家・行政区分のような大規模の集団（マクロ），学校・コミュニティ・職場・家族をはじめとする中規模の集団（メゾ），それに個人（ミクロ）といったサイズに分け，それぞれに応じた方法を採用する。
　・その個人や集団では，何が問題なのか，人々はそのことについて問題だという意識をもっているのか，だれのために行う学問なのか，果たしてこの研究は社会の役に立つのか，役に立つとすればどのように役に立つのか，役に立つとはどういうことなのかといったことを，解き明かすべき問題として設定する。
　・そして，1対1という個人間の相互作用だけではなく，その個々人を取り巻く社会全体のなかで，それらの個人が置かれている立場を理解しやすいように説明する。

　また哲学においても同様に，「臨床哲学」という領域が生まれている。臨床哲学とは，鷲田清一によれば，「人びとの『苦しみの場所』に立とうとするもの」であり，その作業は「問題をともに抱え込み，分節し，理解し，考えるといういとなみをつうじてそれを内側から超えてゆくこと，あるいは超えてゆく力を呼び込むこと」（鷲田1999）だという。そして哲学が社会との接点を求めるようになった背景には，そのなかに，「社会との接点を不可欠のものととらえる，大きな潮流」（『朝日新聞』（大阪本社）朝刊2007年7月12日）があるとする。

　以上，三つの分野において「臨床」ということばがどのようなことを意味するのかを整理した。このような「臨床」の視点に立てば，ことばについても「臨床」の立場からアプローチすることが可能である。社会言語学の分野では，「臨床」ということばこそ用いてはいないが，徳川（1999）が「ウェルフェア・リングイスティクス」（welfare linguistics）という新しい分野を唱えている。徳川は，「言語学者も同様で，言語研究が楽しい，真理の追求をしていればいいと言ってばかり

いずに，それも大切ですが，社会に貢献することも考えるべきではあるまいか，そしてこれまでの研究成果をどのように社会に役立てるか，足りないところはどこなのか，そういうことを考える時期になっていると考えたわけです」と述べているが，これはまさに「臨床」にあたる考えかたである。

現代で「臨床」ということが注目されている背景には，徳川が指摘したように，学問の世界で作り上げられた理論が社会の現実を説明しきれていない，学問と社会が乖離しているといった問題意識があるといえよう。

(3) 方言の臨床的課題について

さまざまな分野が取り上げる「臨床」を整理したところで，方言を，具体的に臨床的に捉えてみることにしよう。方言のもつ臨床的課題とは何であろうか。ここで「臨床」ではなく「臨床的」としたのは，「臨床」ということばが直接意味する「治療する，ケアする，援助する」というところよりも，社会の各現場で使われている方言の現実を明らかにして，その現実からみえてくる社会を読み解きながら，明らかになった問題に対してどう考えてゆくのか，どう対応してゆくのか，できるだけ広い視点で方言の問題を捉えようとするからである。渋谷 (2002) は21世紀の方言学が取り組むべき課題の一つとして「方言をめぐる社会問題に対応すること」や「方言を取り巻く社会問題の発見・解決をめざした実践的社会方言学の確立」をあげているが，ここで扱う方言の臨床的課題は，その指摘に該当するものである。

以下，本章では，法廷における方言（第2項），言語景観にみる方言（第3項），教育現場における方言（第4項），看護・医療・福祉における方言（第5項）の問題を概観していく。

2. 法廷における方言

この項ではまず，法廷において方言がどのように使用され，どのような問題を作り出しているか，事例をもとに考えてみよう。

(1) 事例からみる方言の機能

いくつかの事例を通して，法廷のなかで方言が用いられるとき，その方言がどのような働きや機能を担っているかを整理する。

法廷の方言には，次の七つの機能がある。

（A）場の空間を和ませる働き（場の緩和機能）

(B) 相手を追い詰める働き（攻撃機能）
(C) 法廷内に日常の世界を創り出す働き（日常の空間形成機能）
(D) 相手や自分の主張を曖昧にする働き（カムフラージュ機能）
(E) リズムを変えて一本調子を避ける働き（リズム変換機能）
(F) 事実を証明する証拠として引用する働き（引用機能）
(G) 自分のアイデンティティを示す働き（アイデンティティ機能）

（A）から（C）はいずれも，相手の心に近づこうとする働きなので，まとめて「心的接触機能」ということができる。これらの七つの機能は，一つの発話についてひとつだけが働くとは限らない。場合によっては，複数の機能が同時に働くことがある。以下，これらの機能について，事例を通して観察してみよう。

〈事例1〉欠陥住宅建築の違法性をめぐる民事裁判

2003年に行われたこの裁判では，建築会社の違法性が争われた。関係者によると，欠陥住宅をめぐる裁判は原告側が不利な場合が多く，この担当の裁判官もかなり保守的なタイプであったが，被告側の言い分の矛盾を突き，「隠し玉」の存在もあって，最終的には原告側が全面勝訴を勝ち取ったドラマのような裁判であったという。

表3.1にその裁判記録の一部を示す。原告側のK弁護士は京都府出身で，弁護士になってから当時9年目であった。被告側のM弁護士は当時2年目であったという。（以下に引用する談話データについては，（略）はあいだにあるやりとりの省略を示し，「…」は以下の発言を省略したことを示す。（反対）尋問の数字は便宜上の番号である。1に対して（1）が回答として対応する。方言形は太字で記している。）

表3.1 欠陥住宅の違法性をめぐる民事裁判でのやりとり

反対尋問	M弁護士（被告側）	F（原告側証人・建築家）
1	だから，ここの先ほど先生が書かれた意見書，乙第6号証の2ページを見ると，何かいかなる場合でもCは現状でないと**あかん**①というようなことを書かれているんですが，そういう意味じゃないんですね。	(1) この粘性土を支持地盤とする限りだめだということです。
2	ということは，本件A邸はどんな場合でももうCは**上がらん**②と，こういうことですか。（略）	(2) そうです。

3	やっぱり全部撤去して地盤改良を**せなあかん** ③ というような意見を出されているわけですか。 （略）	(3) はい，地盤が悪い場合は全部すべてそういうふうに意見を出しております。
4	鑑定書・意見書を書かれるときごぞんじ**やったん** ④ ですか。 （略）	(4) 知っております。
5	1000 分の 3 ミリ以内**やったら** ⑤ 瑕疵は少ないと書かれていますね。 （略）	(5) はい，…
主尋問	K 弁護士（原告側）	F
6	要するに，支持地盤まで全部改良するならば変わるけれども，上だけ変えても支持地盤はもっと底の深いところにあるから，そこの数値は上だけ変えても**変わらんよ** ⑥ と，こういうことですか。 （略）	(6) ということです。
7	つまり，欠陥住宅とかじゃなくて，天災によって沈んでしまってだれにも責任を追及していけない，だれも肩代わりしてくれる人がいないから，やむを得ず自分の費用で建てかえることも**できひん** ⑦ からやるという場合であるならば，やむを得ずやる場合もあると，こういうことですか。 （以下略）	(7) それはあると思います。…

　裁判のあと K 弁護士に，自分の方言や M 弁護士の用いる方言について分析してもらった結果，使われた方言の箇所は，「カムフラージュ機能」と「リズム変換機能」をもっていることがわかった。

　まず「カムフラージュ機能」は，表 3.1 の ①〜③ のところでみられる。これらは原告側の主張を方言で言い換えているものである。原告側の主張部分を方言に変え，曖昧なイメージを与えて裁判官の心証に訴えようとする意図がみえるという。

　また，④〜⑦ の方言例は単調な証人尋問にメリハリをつけるために用いられており，K 弁護士によると⑥ と ⑦ は方言を用いて意図的に念押しすることによって，あえて聴く側が気になるような箇所を作り，本音を引き出すことをもくろんだものであるとのことだった。これらはまとめて，「リズム変換機能」といってよ

いだろう。

〈事例2〉賃金等をめぐる民事裁判

別の事例をみてみよう。表3.2は，2006年に行われた，賃金等をめぐる大阪での民事裁判における，証拠調のときの傍聴記録である。ラブホテル（6階建て）で勤務していた女性従業員7名が解雇され，賃金も支払われていなかったために，T市にあるS観光株式会社を訴えた，2005年から続く裁判であった。7名の原告はみな女性であり，4名の弁護士がついている。ここでは被告側のT弁護士の反対尋問に焦点をあてる。裁判のあと，現場で記録したフィールドノーツをもとにT弁護士にインタビューを行ったところ，T弁護士は沖縄県出身で大学時代から関西に住んでいること，また，裁判のなかで関西方言を意図的に（戦略的に）使用していること，などの情報が得られた。

表3.2 賃金等をめぐる民事裁判でのやりとり

反対尋問	T弁護士（被告側）	A（原告側証人。座って両手を大きく動かしながら答弁していた。回答はほぼ標準語）
1	お寝坊タイムって（いつ）始まるの？	
2	出はる①時にね。	
3	出はる②時はどうなんでしょう？	
4	（数を聴かれても答えられない原告に対して）感覚的なことでも答えられないということなのかな？	(4)暇や⑧いうのは10室くらいですかね。満室になると39室。
5	（各部屋2人ずついるというメイクさんのことで）何人待機したはる③んですか？	
6	お風呂担当ってお風呂掃除しやはんの④？	
7	他の業務ちゅうのは？（証拠の確認を行う）。	
8	「内緒にせえよ」⑤とか話…	
9	M支配人は「これ（注：給料にまつわる書類）を見せたらワシはクビになる」…	
10	いろいろ（な仕事に）行っておられたんですな。	(10)（なぜそんな過去のことを聞くのかと不愉快そうに答えた）
11	（ジェスチャーを交えて）明細票については見てはる⑥でしょ？	
12	（笑いながら）振り分けてるてわからん⑦。何と何を？	
13	特に仲良かったわけじゃないでしょ。	
14	残業手当あるの，言ってないの？	
	＊その後弁護士が交代し，また再度T弁護士が反対尋問に立った。ジェスチャーが最初より活発に	

	なった。腕組みしたりモニターの位置やポジションもジェスチャーで表現していた。途中くしゃみもしていた。Aへの2回目の反対尋問では「はる」が1回だけ出てきた。	
反対尋問	T弁護士（Aへの反対尋問が堅いまま終わってしまったので，調子を変える必要性を感じたという。Yがどんな人か判断しかねていた）	Y（原告側証人。昼間のメイク担当。終始，T弁護士を見据えて力強く話す。主尋問では答えるのが精一杯で何度か聞き返した）
1	（ポケットに手を突っ込みながら）覚えて**はり**⑨ません？11時…？	(1) だらしない人が多かったです。
2	バタバタ出て行き**はる**⑩ということですか？お風呂そうじし**はる**⑪男性…2人でし**はる**⑫ということは…	(2) （支配人の気分で言われたこともあり，2人ペアで掃除をしたこともあるとのこと）
3	あなたの記憶を確認したいん**やけど**⑬…	(3) （部屋数を間違えて発言したため，法廷内がざわつく。裁判長の注意があった）
4	毎回それだけかかるの？	
5	（めがねを取って）うちは確認するけど満室？満室でいい？	(5) （暇なときも満室，と答えた後少ない時は「5」と訂正）
6	（シミは）毎日つくわけじゃないんでしょ？	(6) やっぱり毎日シミありましたですね。
7	（交替のとき夜メイクのほうは）夜の担当の人が来て**はる**⑭のかな？	
8	お食事とられたのかな？	
9	食事ってわかるからフロントから言われるの？	(9) （フロントからも食事の手伝いを指示されたとのこと）
10	始めの頃は見**はっ**⑮た…始めの頃は見て**はり**⑯ますわな。	(10) 明細票見たかどうか…
11	時間外手当なかった？	(11) なかった。
12	明細は見ておられるのね？	

　T弁護士の反対尋問で印象的なのは「はる」の多用である。はじめのAさんへの「はる」について使用理由をたずねると，「です」「ます」の代わりで，失礼でもなく，堅苦しくもなく便利なことばなので使うとのことだった。T弁護士の方言観は以下のとおりである。

　　僕は意識して常体と敬体を使い分けています。その使い分けについては，主尋問を聞いてどう聞くか練ります。
　　証人には2つのタイプがあります。ひとつめはウソをつく証人。たとえば当事者しかわからない交通事故を起こした相手とかですね。こういう証人には，標準語のイントネーションでわざと怒らせたりします。ふたつめは聞いたらちゃんと答える

けれども，敵意をもっていて素直に答えてくれない証人。こういう証人には，法廷であるという認識をさせないようにします。その手段として関西弁を使うんです。体験上法廷で関西弁を使うと目に見えてしゃべるのが変わったということがあります。関西の人には関西弁がしゃべりやすい。関西弁で身体を乗り出したり，ことばを落とすというか，トーンを下げて柔らかさを出す，ひらがなで語ることができる。

　最近体験したことですが，沖縄の被告人の国選弁護人になったんです。その被告人の奥さんと，こちらが沖縄出身者であることを隠して電話で話していました。そのうちイントネーションを合わせていくと見る見るうちに語りだしました。安心したかのように。沖縄の標準語は関東の標準語っぽくなるんです。関西の人は関東の人に警戒している人が多いですね。

　僕としては法廷に「私とあなた」という2人の世界を創り出したいと考えています。「僕とあなた」の世界を創って話しやすくする。〔タメ口と関西弁の併用が，あきれた感じを醸し出したり，子どもを諭すような印象を見ている人に与えたことについて〕証人が本当にそう思っていたら，やり方としては失敗ですね。こちらとしては弁護士と証人の間に対等の関係を創りたい，日常を創り出したいと思ってわざとしています。僕の場合，方言とは，法廷という非日常の世界に日常を創り出す役割を果たす戦略的手段ですね。〈インタビュー年月日：2006年5月11日〉

　実際に原告側証人がT弁護士の望むように「僕とあなた」の世界でしゃべっているかどうかは聞いてみないとわからないが，T弁護士の「はる」が日常空間を形成する目的で使用されていることは確かである（ただし，T弁護士がYさんに話しかけるときに使用した「はる」は「親愛語」としての「はる」ではなく，一歩距離を置いた敬語としての意味で使われている「はる」だと思われる）。証人Aが無意識に使用した方言である⑧「暇や」も，「日常の空間形成機能」をもっている。⑤は証拠としての引用のことばである。

〈事例3〉　公園における住民登録をめぐる民事裁判

　次は，公園における住民登録をめぐる民事裁判のケースである。大阪市内の公園でテント生活をしているホームレスの住民が，「公園を住所とする転居届を区長が受理しなかったのは違法だとして処分取り消しを求めた訴訟」（『朝日新聞』（大阪本社）朝刊2006年1月28日）で，1月27日，大阪地裁第2民事部の西川知一郎裁判長は公園での住民登録を認める判決を下し，先の処分を取り消した。第1回公判は2005年5月11日であった。表3.3は2005年10月14日の第5回口頭弁

150   3. 社会と方言―方言の臨床的課題―

論における主尋問の記録の一部である。この裁判はその後大阪市側が控訴したため高等裁判所で争われ，2007年1月23日に逆転判決（原告側が敗訴）となった。これに対して原告側は判決を不服として上告したが，2008年10月3日，最高裁は原告側の上告を棄却する判決を言い渡している。

表3.3　公園における住民登録をめぐる民事裁判でのやりとり

主尋問	N弁護士	Y（原告側証人）
	（前略）	
1	今は，どこにい**はる**①のかな。	(1) 今は南西部のところにテントを張って住んでいます。
2	扇町公園に来てから，正味，何年くらいになりますか。	(2) 正味は，5年から6年ぐらいです。
	（中略）	
3	これは誰が作ったの。	(3) もともとここにそういうふうに作ってはいたんですけれども，これだけ増やしたのは大工さんが住んでて，その人が建ててくれました。
	（中略）	
4	甲6号証の6枚の写真のうち，あなたが寝てる**とこ**②，ごはん食べてる**とこ**③というのは，どれかな。	(4) ここです。
5	5の写真で，どこで寝て**はる**④のかな。手前のブルーシートで寝てて，ごはんはどこで食べてるの。	(5) ここです。
6	ごはんはその横の奥のブルーシートで食べてると，こういうことかな。	(6) はい。
	（中略）	
7	調査員が来るわけ**や**⑤ね。	(7) はい，来てました。
8	この裁判を起こした理由についてききます。前，住民票をおいていた住吉区からこの住民票を移す必要が生じたんですか。	(8) はい。ちょうど移ったときにですね，ホームレスの東アジア交流というものがありまして，外国に行か**なあかん**㉓ということで，パスポートを取る必要があって，住所を移しました。
	（中略）	
9	そこに住民登録するのは何のためなんかな，どういう理由でそういうふうにし**はる**⑥んかなあ。	(9) まず年金が欲しいと言ったり，住所を設定していなければ，まず就職できないということなどもありまして，そこへ移すということをやってると思います。
10	あなたの方から，何か，警察に言う**たん**⑦かな。	(10) そういう罪があるということは知らなかったもので，どういう罪かというと，懲役5年以下，ほんで50万円以下の罰金だと脅さ

2. 法廷における方言　151

11	そのまま**置いとけ**⑧と言われた。	れまして，そこに移したということを認めろ，と言われまして認めました。 (11) そうです。そのまま置いといたらいいじゃないかと言われました。
12	警察も扇町公園に移すのは**無理やろ**⑨というふうに**言うとった**⑩わけ。	(12) いや，扇町公園ではなくて，他の住んでいないところへ移したら，今度こそ逮捕するぞと言われました。それからですね，警察に対して僕は，日本中の大学生ないし単身でサラリーマンが移動したところにでも，住んでないのにそのまま住所を置いたままいるだろうと。その人たちは，どうするんだ，と言ったら，その人たちは逮捕できないとはっきり言われました。
	(中略)	
13	その知らせが来たんで，あなたとしては区役所のほうに質問とか抗議に行ったんですか。	(13) はい。**なんで動かすねん**㉔，と言うと，あなたは全然住んでないのだから，抹消するしかない，と言われたので，住んでる場所ならいいのか，と。今，扇町公園に住んでいるから，住んでいる場所ならいいんだということなので，扇町公園で住所をとるということをしました。それが区役所からは拒否されたので，この訴訟を始めようと思いました。
	(中略)	
14	警察は住んでないところに移したら，今度こそ逮捕して，裁判にするぞと**言うとった**⑪わけですよね。	(14) はい。
15	ところが，Kさんの家においてる住民票は北の区役所が取り消したわけですよね。職権で**消しよったんやね**⑫。	(15) はい，そうです。
16	**そやから**⑬，扇町公園に移したら，今度は**認めへん**⑭と。こういうふうになったわけですね。	(16) はい。
17	大阪市はあなたの住民票の異動を却下する理由について，どういうふうに**言うて**⑮ましたか。	(17) 扇町公園には人が住んでいるわけがないという理由で一切住所は認めないということでした。
	(中略)	
18	警察があなたがそこに住んでいることを知っているというのは，何で言えるの。 (甲6号証を示す)	(18) Kさんの事件で私自身に質問したいということで，任意出頭を求める・・・
19	今話に出た居間代わりに使っているところていうのは，イスとかテーブルが置いてある，ここや⑯ね。	(19) はい，そうです。
20	あなたがどこに**おるか**というのん⑰は，市役所の職員も**よう**⑱知ってると，こういうことですね。	(20) そういうことです。

21	住民登録，そうするとKさんの家のは，消除されるし，扇町公園では登録させへん⑲ということになると，あなたは住民票をどこにも持てなくなるんですか，実際そうなってしまうと困ることっていうのは，どういうことが考えられますか。あるいは実際どういうことが困りますか。	(21) 一番基礎の人権すら認められない。
22	住民登録をできないと，住民票がとれないから，身分証明て言われたけれども，要するに，その住民票に基づいて自分がどこの，誰であるかを証明することができなくなってしまうと，こういうことや⑳ね。	(22) そういうことです。
23	もちろん，そやから㉑，選挙権も行使できないと。	(23) はい，選挙権も全然来ませんし。
24	住んではる㉒人らは，シェルターは何のためにあると思ってるんですか。	(24) シェルターは何のためにあるのか全くわからないです。シェルターに入ったら，ブルーシートで生活してるよりええ㉕生活ができるんだということを建前にしていますが，全くそれとは逆で，テントのほうが自由で人間らしい生活ができると僕は思ってます。
25	(中略) あなたはこの裁判で今住んでいるところで住民登録をさせろ，住民票を認めろというふうに主張してるんだけれども，そのことについて最後に何か言いたいことありますか。	(25)市とか役人の人たちが野宿者に自立しろと言うならば，僕たちが住所をその場所で取れれば携帯電話も買えるし，住所があれば自分たちの力でなんとか就職もできます。だから，本当に自立をせえ㉖，と言うんならば，住所を認めるべきだと僕は思っています。

以下，N弁護士とY原告に行ったインタビューの内容をふまえて，上の談話でなぜ方言を使用したのかについて考えてみる。

まずN弁護士によれば，自身の使用する方言には「日常の空間形成機能」と，それに付随する「場の緩和機能」が多いように思うとのことだった。N弁護士は，「法廷で証言する人は，ただでさえ緊張しているのに，普段と違うことばで質問されると，いっそう考え込んでしまって，なかなかスムーズに答えが返ってこない，あるいは，答えが本人のことばではない答えで返って来たりするのです。それで，後で調書を読んだ時のことも大事だが，相手から答えを引き出しやすい尋問をすることも大事だと思って，できるだけ証人が普通に使っていることばで尋問しようと考えるようになりました」と述べている（N弁護士の手紙より）。また，N弁

護士が発話末でよく使用する「はる」と「かな」ということばは，相手に答えてもらいやすいように，意図して使っているという。この意図は，〈事例2〉のT弁護士の場合と一致している。したがって①〜⑦，⑬，⑮〜⑱，⑳〜㉒は，「日常の空間形成機能」「場の緩和機能」として働いていると考えられる。一方，証言台に立ったY原告はインタビューのなかで裁判を振り返って，次のように語っている。

> 裁判はいまから思うと，〔何を言ったか〕覚えていないくらいあがってた。証言はこれまで地裁で1回，高裁で1回したけど慣れるもんちゃう。証言をするときに文面に〔照らして〕間違ったらあかん，正確に言わなあかん，間違ったりしたら一生懸命に〔裁判に〕かかわっているみんなに悪いという気持やった。〔しゃべったことが〕証拠になるから間違わんように気をつけた。大阪弁では〔準備の書面は〕書いてない。作成したやつをしゃべった。いま改めて自分の言ったことを見せられても違和感はない。意識して大阪弁も使ってない。〈インタビュー年月日：2006年11月4日〉

緊張していて，意識して大阪弁をしゃべったことはないと振り返るが，その証言のなかに出てくる㉓の「（行かな）あかん」をはじめとする方言は，法廷という非日常の世界に，裁判の打ち合わせのときと同様の日常の空間を創り出すという効果をもたらしているのであろう。ここには記していないが，ほかにも「入れへん」「おっさん」といった方言も使われていた。

なお，N弁護士の⑧，⑨，⑭，⑲の方言と，Y原告の㉔，㉖の方言は，事実を証明するための証拠として「引用機能」をもっているといえる。

ちなみにN弁護士の使用した⑩〜⑫の方言は，N弁護士がY原告に対して使っている丁寧な「はる」とは対照的な表現であり，N弁護士にとって警察と役所は，丁寧なことばを使うべき対象として認識されていないことがうかがえる。またY原告も㉖で，警察や役所のことばを引用するのに「（自立を）せえ」という命令形を使用しているが，これも，警察と役所の人々が使うことばをY原告がどう認識しているかを表していると思われる。

〈事例4〉 豊前環境権裁判

以上＜事例1＞から＜事例3＞まで大阪や京都の裁判事例を取り上げてきたが，他地域の法廷での裁判例として，最後に，福岡地方裁判所小倉支部で行われた豊前環境権裁判を取り上げる。この裁判では，大阪や京都ではみられなかった，

方言の「アイデンティティ機能」が戦略的に活用されている。

豊前環境権裁判とは，九州電力が福岡県豊前市の明神海岸で計画した豊前火力発電所建設に反対して，大分県中津市在住の松下竜一（1937年生まれ，2004年没）を代表とする「豊前火力絶対阻止，環境権訴訟をすすめる会」が1973年8月21日，九州電力を相手取って福岡地方裁判所小倉支部に建設差し止め請求訴訟を起こした裁判である。松下は作家・歌人であり，中津市に生まれ，終生中津で過ごした。『豆腐屋の四季』（講談社，1969）でデビューし，多くの住民運動にかかわっている。原告は松下を含めた7名であった。この裁判は，1985年12月20日，最高裁判所が原告に利害関係を認めず門前払いをするまで，12年にわたって行われた長い裁判であった。はじめて環境権を争った裁判として知られている。

この裁判で注目すべきことは，「『生活感』だけを武器とし，弁護士も立てずに闘った」（『朝日新聞』（東京本社）夕刊1985年12月20日）ことであり，「訴状を自分たちで書き，住民としての生活感を反映させようとした手作りの裁判運動だった」（『朝日新聞』前掲書）ことである。この裁判では，意表を突いた法廷戦術が駆使され，その戦術は，大分県のユーモリストの名にちなんで「吉四六戦法」とも呼ばれた。

原告であった梶原得三郎と釜井健介へのインタビューの内容を交えながら，方言の果たす機能についてさらに考えてみる。

原告の一人だった梶原は，裁判で使用したことばについて次のように振り返る。

> 『草の根通信』に〈法廷塾〉と名づけたのは，法を勉強しようという意図と，裁判をわれわれの手に取り戻そうという意図がありました。裁判はいかめしいことば遣いのイメージがあるので，法をわれわれの手に取り戻すために，自分たちのペースで，自分たちの感覚で取り組みました。（中略）傍聴席からは野次なんかで方言が飛んでいましたね。たとえば「とぼくんなー」とか「だまっちょって済むと思ってんのかー」とか。〈インタビュー年月日：2006年3月18日〉

『草の根通信』には梶原のコメントを裏付ける記録が残っている（以下は，豊前市市民10名が原告側証人としてそれぞれ自分自身と着工予定地の明神海岸とのかかわりを話した際の，証人の一人である林ひろみの証言の一部である）。

> ほっで，どこであんのんでちゅうて聞くき，南小倉であんのんじゃら。ワシ達でん入るっかなあー。うーん，そりゃあ誰でん傍聴券があるき入らるるよう言うたら，何かこう急に話したいような顔をしてね，ほっでこうやって二期工事の方…。
> （第10回公判。『草の根通信』49号，1977年）

この裁判では，野次はもちろんのこと，原告や証人のことばが，日常のことばである方言で証言されている箇所がみられる。この裁判のありかた自体が原告側の生活感を反映したものになっていたので，法廷にも日常のことばが持ち込まれたのであろう。その意味では方言が非日常の法廷のなかで「日常の空間形成機能」を果たしているといえる。

　一方梶原は，インタビューで「方言でやるぞ，という意識がないと（方言で意見を）述べられないでしょう」とも述べている。意識して方言で話すためにはそのための決意と準備が必要になるというわけである。梶原は九州電力が工事を強行した1974年6月26日の朝，漁船「真勇丸」を使ってからだを張って工事を阻止したが，その阻止行動が威力業務妨害の罪に問われ，7月4日の早朝に海上保安官に逮捕された。豊前環境権裁判と並行して行われたこの刑事裁判を，関係者のあいだでは海事裁判と呼んでいる。海事裁判では梶原は，方言を使ったことはない。むしろ使えなかったとするのが，梶原の上の述懐のなかみであろう。原告のなかで意識して方言で臨んだのは，釜井であったという。

　釜井は1943年豊前市に生まれた。東京で大学・社会人生活を送り，途中半年間の大阪での社会人生活のあと，1967年に豊前に帰郷し，繊維関係の自営業を営むかたわら，28歳で環境権裁判にかかわった。社会党市議を21年間務めたあと，前市長の汚職事件による失職を受けて市長選に立候補し，53歳で当選した。

　釜井の法廷での陳述は，標準語，標準語と九州方言の混合方言，標準語と豊前方言の混合方言の三つに分けられる。標準語と九州方言の混合方言による陳述は，次のようなものである。

　　まず最初，わしがいいてえのんは，ふるさとを守るもんが豊前火力の反対運動をしよるちゅうことです。ふるさとを守らんもんが豊前火力〔反対運動の〕反対運動をしよるちゅうことです。この点のこつを，よー理解しておいてほしいと思います。しかしながら，地元において九電に反対するちゅうことは，日本でいえば神聖化されタブー化されております天皇陛下に反対すると同じように，非常にむずかしいもんであります。私のかあちゃんがいいよったですけど，安保反対とか他のことはしてもええ，しかし九電の反対運動だけは，しちくるんなちゅうことです。…（中略）…豊前ちゅうとこは，そして八屋ちゅうとこは，どげなとこじゃろうかちゅう事を本当に知っちょるかという事です…。

　　　　　　　　　　　　　（第2回公判。『草の根通信』17号，1974年）

　また，標準語と豊前方言の混合方言による陳述には，次のようなものがある。

釜井「裁判長。わしゃあ前回に続いち，豊前の方言でしゃべらしちもらいます。そこで裁判長，わしら今日ん裁判なでけんのじゃねえかち思うちょったんじゃら。なしかちゅうたら，この日九州電力は強行着工するちゅう噂が流れちょったからです。…いったい九電はどげえするつもりなんか。埋立てた海を元ん通りに戻しきんのか，それをこの場で答えちもらいてえ」

（敗訴を考えていないので，海の復元までは考慮していないという九州電力側代理人の発言に対して，）

釜井「こん野郎，もういっぺんぬかしちみよ！」

裁判長「原告に注意します。そんな荒い言葉はつつしむように」

釜井「ヤッ裁判長，そらァあんたが誤解じゃが。わしどう豊前ではですね，〈こん野郎，もういっぺんぬかしちみよ！〉ちゅうのんはですね，市長とか署長とか身分ある人に向かっちゅう，尊敬語じゃら。標準語でいいますとですね〈こなた様のおっしゃいましたことがよく分かりませんので，もう一度お聞かせ下さい〉ちゅうこつです。敬意をこめてですね，もう一回いいます。こん野郎，もういっぺんぬかしちみよ！」（傍聴席爆笑）

裁判長「原告に再び注意します。あなたは標準語で充分にしゃべれる教養人とみえます。方言での発言は，理解を混乱させますから，標準語でしゃべって下さい」

釜井「裁判長，そげなんこついうたら，ふとおな問題どお。あんた『いのちき』ちゅう豊前の方言を知っちょるか？」

裁判長「いのちき？」

釜井「知らんじゃろうが。くらしちゅうこっちゃ。生活ちゅうこっちゃ。銭を稼いでなりわいを立てるちゅうこっちゃ。生活苦をひきずったおもてえ言葉じゃ。そげなん方言も理解出来んもんに，こん裁判を起こしたわしどうん心は分からんはずじゃ。わしゃ，どげえしてんが，この裁判は方言でしゃべらしちもらいます」（傍聴席拍手）

（松下1999を一部改変。この書では釜井を「鍋井」と変えて記述してある。）

釜井によると，この裁判のなかで一般的な九州方言と豊前方言を使い分けている意識はもっていなかったという。釜井に第2回公判と第3回公判で使った方言が異なっている理由や，方言を意識して使ったかどうか，意識して使った場合の意図などについてたずねたときの回答は，以下のとおりである。

2回目の公判では裁判長がいるから正しいことを言わんと，ということを意識して標準語で話しました。標準語に豊前のことばが混ざったのは無意識です。24時間豊前のことばを使っているから自然と出るわけです。3回目の公判ではわざと意識し

てローカルなことばを使いました。方言のパフォーマンスは裁判官に対してです。国家権力を持つ裁判官に対抗して敢えて言おうという気持ちからです。言おうという開き直りで3回目の証言は効果としてよかったと思います。「いのちき」ということばは裁判官にけんかを売るつもりで使いました。歌をうたったのもわざとです。裁判官に地元のことを知っているのか，と言いたかったのです。方言について打ち合わせはしていません。すべて自分の判断です。市民のかかわりが大事な裁判だったから市民の証言が必要だったわけだし，市民として証言する以上市民のことばで話すことが重要になってくるわけで，中心人物が標準語を使っても迫力がない。当時の原告のうち豊前市民で豊前に実際に住んでいるのは私だけでした。地元のことばを使う人間は私以外いなかったんです。〈インタビュー年月日：2006年12月22日〉

釜井が意図して使う方言には，「自分は豊前の人間である」という強烈なメッセージが込められている。ここにはそのことばを使うことによってネイティブであることを主張する「アイデンティティ機能」が働いているといえる。

(2) 法廷における方言の臨床的課題

以上四つの談話事例を取り上げて，法廷のなかで方言を，だれがどんな目的や機能で使っているのかを観察してみた。これらの例からわかることは，法廷で方言を使うことの主導権を（意図的に，時には無意図的に）握っているのは，主として法曹関係者たちだということである（事例はすべて民事だが，刑事でもいえることである）。これは何を意味するのだろうか。京都のK弁護士に行ったインタビューのなかの，次のコメントが，その手がかりを与えてくれる。

> 証人は尋問では方言を使えないんです。テストの時同様，ガチガチにあがっていますから。だからこちらは本音を引き出すために方言を使うことがあるわけです。けれど逆に言うと，方言を使えることは，ここ〔法廷〕は自分のフィールドであることを示します。この時間この場を支配しているのは，その時の方言の使い手であるんです。つまり方言を使うことは，圧倒的に力関係において，自分の方が上であることを相手に示します。方言を使うことはその時空間を支配することを意味するので，〔あえてその場にそぐわないことばを使うことで〕主体的にその場を変えていくきっかけとすることができる，つまり場の主導権を握れるんですよ。その意味において，方言は「威圧の手段」であると同時に「パワーを持つ」と言えるのではないでしょうか。法廷における振る舞いの意識の差が「自信の表れとしての方言」を生みだしているといえます。〈インタビュー年月日：2006年4月28日〉

法廷のなかで方言は，それが「攻撃機能」をもつことからもわかるように，法

廷内の弱者である被告人や証人を追い詰める「弱いものいじめの道具」となりうる。法廷のなかでの方言は，方言についてよく指摘されるような，「プライベート（くつろいだ場）で使われることば」，「仲間意識を形成することば」，「親しい相手に使うことば」という特徴づけは必ずしもふさわしくない。法廷のなかの方言は，むしろ「フォーマルな場で使われることば」であり，時に「相手を攻撃する」ための，「疎の人間関係にある相手であるからこそ使う」ことばであるといえる。石田（1997）は，「法廷では，証人に対して，心理的に優位に立つことを心がけるべきです」と述べているが，方言は，法曹関係者が証人に対して優位に立つストラテジー（戦略）の一つとして使用されているわけである。つまり法廷における方言は「権力」であるといえる。

　一方，関西のある裁判官の話では，民事裁判では関西方言を使用することが効果的であるという。方言を使用することで法曹関係者のもつ威厳が取り除かれ，当事者の信頼を得てよい方向に進むというのである。そして実際に裁判官席から関西弁のやりとりを聞いていると，弁護人との意思疎通ができているとか，更生を考えてやっているなといった雰囲気を感じることができるという。民事は「納得する」ことが大切であって，裁判官が「どうしやはりますか」と関西のことばで聴くことによって当事者の本音を引き出すことができ，また納得させることもできるのではないか，という話であった。しかし問題は，ここでも，その方言を使うというストラテジーが，だれに対して開かれているのかという点である。方言は法曹関係者には自由に操れることばであるが，被告人や原告，証人となる「法律の素人」が自由に選択できることばではない。法曹関係者以外の市民が意図的に使うのは，上の事例でみたように，「引用機能」と「アイデンティティ機能」にほぼ限られているように思われる。しかもその「アイデンティティ機能」は，〈事例4〉でみた釜井のように，攻撃機能を兼ねて法曹関係者ではない法律の素人が戦略的に活用するケースもあるが，それは例外であるといえる。「法律の素人」である市民が方言を駆使するためには，梶原が「方言でやるぞ，という意識がないと（方言で意見を）述べられないでしょう」というように，覚悟が必要になるのである。

　では，法廷において方言を市民から遠ざけているのはいったい何であろうか。〈事例3〉のN弁護士からの手紙は，その問いに対する示唆を与えてくれる。

　　裁判所法第74条は，「裁判所では日本語を用いる」と定めています。それ以外には，

法廷で使用される言語については何の制約もありません。では，裁判所では「共通語」を話さないといけないと証言者に思わせるものは何か。証言内容が裁判官にわからなければ証言している意味がありませんから，その限度で，裁判官にわかりやすい言葉を使わないといけないというプレッシャーが証言者に働くのは理解できます。しかし，そのことを超えて，「メジャーな方言」である大阪弁でさえ，使用がためらわれるのはなぜか。…（中略）私自身の認識では，パワーを持っているから，あるいはパワーを示すために方言を使うというより，〔法廷は〕「方言を使うことが許されない場」ではないことを，あるいはパワーを恐れることはないということを証言者に示すために方言を使っている，というつもりでした。私にとっては，裁判所におけるパワー（権力）とは，まさに裁判官や検察官だったからです。けれどよく考えると，「法律の素人」からすれば「法曹関係者」であるという，そのこと自体がパワーなのかもしれません。弁護士も，裁判官や検察官と一緒になって，司法というパワーを形作っているのは間違いのないことです。パワーと「共通語」，方言の関係というのは，なかなか複雑なのです。〈2006年9月14日付書簡〉

(3) 臨床的課題からみた「裁判員制度」

次に，(2)で整理した法廷における方言の臨床的課題，すなわち，「法廷のなかでは，方言は法曹関係者にとっては開かれたことばであり，市民にとっては閉じられたことばである」といった臨床的課題を，近年導入された「裁判員制度」との関連で考えてみよう。裁判員制度のもとでは，裁判官にとっては，裁判員の意見を引き出すにあたってどのようなことばを裁判員に投げかけるかが重要な問題となる。

裁判員制度のもとでは，これまでの書面中心の裁判制度とは異なって，法廷のなかで口頭でわかりやすく伝えることが重視される。そのため裁判官には，裁判員が評議において自分の考えを自由に述べられるように，話しやすい雰囲気を作ることが求められる。KBS京都が2005年3月20日に放送した『あなたが裁く2～裁判員制度は機能するか～徹底検証』）の番組参加者のコメントに，「裁判長（注：本物の裁判官であった）のかたがものごっつええ感じの関西弁でよかったと思います。ああいう感じでうまいこと意見をすくい上げてくれたら，裁判員の肩の力が抜けて意見を素直に表現しやすくなる」という感想があった。話しやすい雰囲気づくりのためには，先に法廷のなかでの方言の働きとして取り上げた「場の緩和機能」と「日常の空間形成機能」を，裁判員制度の評議において活用することができるであろう。また，裁判員によっては，自身のアイデンティティを示

すために，その地域の方言で話すことを選ぶ人がいるかもしれない。たとえ裁判官がその地域の方言を操れなくとも，裁判官の，方言をはじめとする裁判員のことばへの寛容な姿勢は，裁判員の意見を引き出しやすくすることにつながると思われる。その土地の裁判員が最もコミュニケーションをとりやすいことばは何か，という問題でもある。

　裁判員制度が導入されても裁判官が主人公のままであり，市民はお飾りにすぎないというのでは，何のために司法改革が行われたのかわからない。そのような事態に陥らないためにも，専門家集団が創り出すことばの世界に普段着の市民のことばをいかに織り込むかが課題となる。法曹関係者が，どれだけ方言をはじめとすることばの役割を認識し，市民の普段着のことばを引き出せるかが問われるのである。この点，先に取り上げた豊前環境権裁判は大いに参考になるものと考えられる。

> 我々の主張は豊前平野の日常生活用語を用いることによってなされると思います。そして我々は，むしろ法律用語よりも日常生活用語による主張をこそ重視していただきたいと願うものであります。法律があるから暮しがあるのではなく，暮しがあるから法律があるという原点を踏まえるならば，暮しの中から生まれたことばにこそ耳を傾けていただきたいと考えております。
> 　　　　　　（第1回公判での原告・恒遠俊輔の発言。『草の根通信』17号，1974年）

　上の談話のなかの「豊前平野」の代わりに，さまざまな地域名を入れてみよう。この発言に込められた理念は，裁判員制度を考えるにあたって，特定の地域を越えた普遍性をもつと思われる。豊前環境権裁判において市民が証言を行う際に，地元のことばで生き生きと表現できた背景には，日常生活用語による主張を重んじるというこの裁判の理念が存在したのである。この裁判は，環境権というものを訴えた嚆矢であるとともに，ふだんの日常語（方言）でその権利を訴えたという点に意義がある。豊前環境権裁判は，豊前「方言権」裁判でもあったのである。

3. 言語景観にみる方言

　次に，方言の臨床的課題の二つめとして，言語景観のなかの方言を取り上げてみよう。ここでは看板などに記された方言を取り上げて，その実態と臨床的な問題を整理する。

(1) 方言看板

まず，次の文をみてみよう。

「ぼんぼん」は「こいさん」を「いこいこ」と誘って，以前から「いこな」と約束していた「うまいもんや」へ連れて行った。

文のなかの「　」で囲んだことばは大阪方言で，「ぼんぼん」は「坊ちゃん」（男子の愛称），「こいさん」は「末のお嬢さん」，「いこいこ」は「行こう行こう」，「いこな」は「行きましょうね」，「うまいもんや」は「うまいものだ」の意味で使われるのだが，これらのことばはすべて，大阪にある（あった）店の名前として使われたものでもある。このように大阪府下では，大阪弁から名前をとった店がお好み焼き屋や居酒屋などの飲食店舗を中心に多くみられ，それらの店の前ではその名前を記した看板をみることができる（図 3.1，3.2）。

(2) 方言看板の社会的背景

では，看板に方言が用いられる背景には，どのような社会的状況があるのだろうか。

方言看板を掲げる大阪の 150 軒の店舗に対して聞き取り調査（1996 年）を行ったところ，それらの店の多くは 1980 年代以降に創業していた。1980 年代以降という時代は，東京の一極集中の問題が明らかになった時代であると同時に，「地方の時代」ということが叫ばれはじめた時期である。社会学がいうところの「文化の論理」（「小」が必ずしも「大」に従うわけではないという傾向があること）と，

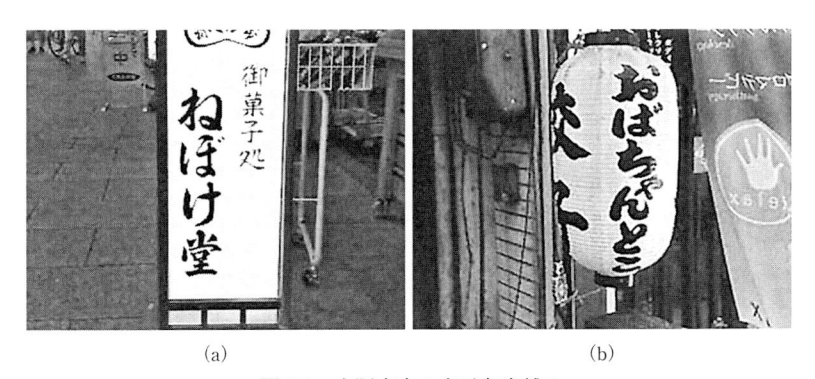

(a) (b)

図 3.1　大阪市内の方言名店舗 1
(a)「ねぼけ堂」（和菓子店），(b)「おばちゃんとこ」（餃子とラーメンの店）〔2007 年撮影〕

162 3. 社会と方言―方言の臨床的課題―

図3.2 大阪市内の方言名店舗2
(a)「あほや」(たこ焼き店), (b)「やんちゃ」(居酒屋)〔2007年撮影〕

「経済の論理」(「小さな」経済は「大きな」経済に従わざるを得ないという傾向があること)からみると,1980年代以降は,経済力が東京に集積する反動から,地方がその文化をよりどころにアイデンティティを主張しはじめた時期であると位置づけられる。ことばについても同様に,共通語に対して各地の方言が,その存在を主張しはじめた時期であった。

看板に方言が用いられるようになったことには,以上のような社会的背景があると考えられる。

(3) 言語景観としての方言看板

「言語景観」とは「道路標識,広告看板,地名表示,店名表示,官庁の標識などに含まれる可視的な言語の総体」(バックハウス2005)のことをいい,方言ネーミングの看板は,街の「言語景観」を構成する要素の一つになっている。

「言語景観」という概念は基本的に,公共空間で目にする書かれたことばのことを指すが(庄司ほか2009),この言語景観という視点から町づくりを計画した場合,方言ネーミングを生かした町づくりを構想することも可能となろう。たとえば山口県防府市の銀座商店街には,黄色の布地に黒で山口方言の「そんと」や「であります」などを書いた旗が並んでいる(2005年12月調査)。これは意図的に作られた言語景観の例といえよう。

(4) ネーミングの地域差・社会差

さて,(1)でいくつかの大阪の看板の事例をみたが,このような方言による店舗のネーミングは各地に存在する。たとえば小樽市内には「あずましい」という

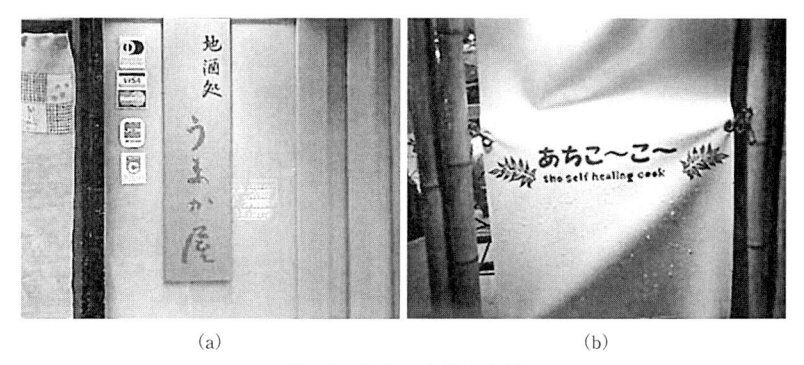

図 3.3　各地の方言名店舗
(a)「うまか屋」(熊本市)，(b)「あちこ～こ～」(石垣市)〔2007 年撮影〕

名の居酒屋があり，熊本市内には「うまか屋」という，やはり 1980 年代にできた店がある。後者は馬肉を扱っている「馬か」と熊本方言の「うまか」をかけたシャレであるという（図 3.3）。

　また各地の放送局にも，「岩手めんこいテレビ」や「山形さくらんぼテレビ」，「高知さんさんテレビ」のように，その土地にちなんだ名前をもつところがある。

　このように，方言名をもつ店舗などは全国各地に観察されるが，そこにはおのずと地域差もあるように思われる。たとえば地域によっては，方言名をもつ店舗がそれほど目につかないところがあるが，それぞれの地域に方言名をもつ店舗の数がどれだけあるかということには，「売れる方言と売れない方言」（井上 2000）といった，方言としての商品価値もかかわると考えられる。石垣島では，「まぶやー」「ていしがーら」「ニライ」「ばんな」「てぃーじま本舗」「うりずん」「ちょっき屋」「うふはーに」「ちゅらさん」「やーちゅー」「まーさん道」「あちこ～こ～」といった方言ネーミングによる店舗が至るところでみられる。沖縄・八重山地域が「癒し」のスポットとしての脚光を浴びるなかで，その地域のことばも商品価値をもつようになったのだろう。

　また，地域によってネーミングに求めるものが異なっていることもある。たとえば東京と大阪をくらべると，身近な例で，「マクドナルド」を東京では「マック」と呼び，大阪では「マクド」という。前者はいかにもアメリカ的で，後者は日本的である。同じような例に，クイックマッサージの店の名前で，東京の「こり・トレール」，大阪の「こり・とりまっせ」がある。大阪のブライダル洋品店に

「まからんや(値引きできないほど安い値段をつけているのでこれ以上負けられないの意)」という名前をもつ店舗があるが，東京出身者から「絶対そんな名前の店では買わない」という感想が聞かれた。ガス会社は公共的性格の強い企業であるが，同じ商品でも，大阪ガスで「ヌック」(ガス温水床暖房。温かいを意味する「ぬくい」より)，「カワック」(ガス温水浴室暖房乾燥機。「乾く」より)と呼ぶ商品は，東京ガスではそれぞれ「NOOK」「ホットドライ」という名称で呼ばれている。東京には非日常・イメージ重視型，大阪には日常・生活密着型といったネーミング志向があるのかもしれない。

　ちなみに，方言でネーミングされるか否かということには，地域差(方言の商品価値)のほかに，店の種類も関係してくると考えられる。上の事例にみたように，小さな飲食店や居酒屋などには方言名をもつところが多いが，高級料亭や高級クラブ，シティーホテル，旅行会社などには方言名は見出せない。非日常的な，夢を売るような業種では，方言が排除されるようである。

4. 教育現場における方言

　方言の臨床的課題の三つめは，教育現場における方言の問題である。

　教育の現場にかかわる方言の臨床的課題を考えるとき，その方言の意味するところには次の二つのものがある。一つは「ことばを考えるための教材としての方言」を指す場合である。この場合には，授業においてどのような方言をどのような目的で取り上げ，具体的にどう活用し，どのような効果を得ようとするかについて考えることになる。そしてもう一つは，「教室においてコミュニケーションをとるための手段としての方言」を意味する場合である。この場合には，教室のなかで教師や生徒が，方言をどのような目的のためにどのような場面で使用し，その結果コミュニケーションのありかたにどのような効果をもたらしているのかといったことを考えることになる。

　まず，「ことばを考えるための教材としての方言」とは，方言教育の枠組みのなかで取り上げる方言のことである。学校のなかで方言を教材として取り上げることには，おもに四つの目的があると思われる。第1は方言を通して共通語を習得すること，第2はアイデンティティを確認し，自文化を見直すこと，第3は異文化を理解すること，そして第4は方言を通して社会を批判することである。第4の社会批判という目的には，国語や標準語の関係を認識すること，ことばをめぐ

る支配と被支配の関係に気づくこと，ことばの統一性と多様性のありかたについて考えることなどが含まれる。これまでの教材としての方言は，共通語を習得するための手段としての教材，あるいは故郷のイメージにつながる心情的な教材としての役割を負ってきた。また方言という言語文化を通じて他の文化を理解する教材として利用されてきた側面もある（たとえば宮島 1966）。しかし教材としての方言は，そういった役割だけではなく，社会に潜む矛盾を見る「窓」としての役割ももっている。

　桂三枝の創作落語『大阪レジスタンス〜大阪弁が死んだ日〜』（1989年）を演劇化した VTR 教材がある。その内容は，言語統一法が制定され，標準語が全国民に強制されるようになった時代に，大阪ことばを守るために立ち上がった庶民の願いを描いた風刺劇である。大阪が独立を果たし，国連に加盟するところで結末を迎えるのだが，この教材を高校生に見せたところ，生徒たちは，以下にあげたいくつかの意見にみられるように，「方言は母なる言葉だから大切にせねばならない」といった第 2 の目的を超えて，この劇の示す社会の矛盾を冷静に読みとっていた（札埜 2005a）。

・結果的にあのビデオでは大阪が日本から独立した形で終わっていたけれど，私はそうせざるを得なかったのが悲しいと思った。
・大阪弁教育って何なのさー，みたいな。そんなん「言語統一」と同じやん。大阪を真ん中に置いただけで何も変わってへん。内閣が大阪（出身）だらけっていうのもどうかと思う。
・教育は大阪弁で，駅前のホテルは横文字がだめだから大阪風に変えてもらうなど，最初の言語統一法を出した日本政府とどこが違うのか？と思った。それに大阪の人たちは標準語の良さも考えようとしなかったのに，大阪のことを知らずに大阪を批判するな，と言うのは身勝手ではないか。好きなことばを使えるような国にするための運動は最後には自文化のみを残そうという運動に変わっていたし，結局大阪が良ければいいんかい！という感想が残った。
・自文化絶対主義の行き着く先を痛烈に批判している。最後に結局大阪が独立の道を選ぶのはブラックユーモアとして面白い。
・標準語の「標準」という意味がわからん。何を基準に標準っていうんか教えて欲しい。
・私は父が関東出身で母が関西出身なので，見ていても共感できなかった。特

に標準語は暖かくない，大阪弁は熱い血が通っているというのは，絶対間違っている。それはそのことばを使う人やその人の環境によるものだ。それに東京弁を標準語としているから訛がないと思われるだけであって，他の方言に標準を合わせれば東京弁も訛がある。私はどちらのことばにも特別な思い入れはない。関西にいる時は関西弁を使い，関西弁で思考する。関東にいる時はその逆である。感覚にしても関西的な部分もあれば関東的な部分もある。

　授業での例をもう一つあげよう。「京都の方言と文化・社会」をテーマにした授業で，京都の方言の背景にあるもてなしの文化を生徒に理解させるために，動作をさせながら授業をすることがある。たとえば，座布団を用意しておいてそれを客にどう出すかを実演させたり，鉢と割り箸を用意しておいてうどんを食べ終わったあとの所作をさせたり，だれかの家を訪問したあと角を曲がって帰っていくときの動作をさせたりするなどである。生徒はこれらの場面でどのような作法をとるべきか知らないことがあり，また知っていたとしてもなぜそうするのかがわからないことがある。このような場合には生徒から「京都人失格だ」という感想が必ず出てくるのだが，こういった学習は生徒に，京都の方言に込められている相手を気づかう心が，京都のしきたりのなかに美学として息づいていることを理解させ，またことばと身体が引き裂かれていることの問題に気づかせる機会となる。ここでは「なぜ京都人失格となったのか」という問いが立てられ，身体性をもたない，頭のなかだけにある標準語が，からだ全体に焼きついて離れないはずの方言をからだから奪い取り，それがいまも続いていることを，共通語と方言を使い分けることを当然のこととして疑わない生徒に考えさせることになるのである。

　以上のように，ことばの教育という臨床の場において身近な方言を教材に用いることによって，生徒たちはことばの多様性を尊重したときに行き着くところはいったいどこなのか，標準とは何か，権力とは何なのかといったことを考え，現代社会が抱える問題や矛盾を捉えることができる。また同時に，それらの問題を解決していくためにはどのような世の中を形成していくべきなのか，教師と生徒がいっしょになって考えることができるのである。このような場においては，どのような方言教材を採用し，どのように授業を展開するのが適切なのかを十分に追究することが，教師の大きな課題となる。

　次に，教育の現場にかかわる方言の臨床的課題を考えるときに「方言」という

ことばが指すところのもう一つの意味である,「教室においてコミュニケーションをとるための手段としての方言」ということについて考えてみる。

　藤江（1999）は，教室で行われる会話の研究（教室談話研究）を，① 子どもの思考過程，② 教師の働きかけと子どもの反応形成，③ 学級の雰囲気，④ コミュニケーション規範，⑤ 学習活動の社会文化性の五つの下位領域に分類しているが，ここで取り上げる「教室においてコミュニケーションのために実際に使われている方言」を分析する研究は，このうちの ⑤ 学習活動の社会文化性の研究に属するものである。しかし，国立国語研究所編（2003）が述べるように，「学校でことばが使われている様子を実際に録音記録して分析した研究はまだ少ないのが現状」である。

　その数少ない研究の一つに，心理学者である茂呂雄二が，山形県庄内地方三川町の小学校をフィールドとして，授業において方言と共通語がどのように使われているかということを分析したものがあるが（茂呂 1991, 1996, 1997 など），ここで得られた知見がどの地域のどの学校にも適用できるとは考えにくい。

　また舟橋秀晃は，学校の教師と生徒のあいだの会話のありかたという視点から関西方言を分析し，結論として，関西方言を使用したボケとツッコミには,「"人間関係の維持" や "人間関係の確認" という重要な意義が備わっている」と述べている（舟橋 2004）。こういった研究は教師に方言をストラテジーとして使用する際の実践的な知見を与えるという意義があるが，教室においても自然に方言を使って話すことの多いと思われる関西の教師が，自分の使う方言がどのような教育的効果をもたらしているかについて意識することはあまりなく，方言の果たす役割が捉えにくいように思われる。舟橋の関西での調査結果と比較するためにもこの種の研究が各地で行われることが望ましいが，そこには，地域や校種による学校の会話のありかたの相違ということのほかに，各地の方言話者のもっている共通語と方言の使い分け能力による相違といったことも見出されよう。さらに，各地の方言においては，どれが共通語形でどれが方言形なのかを区別することがむずかしい場合もあり，データ採集やその処理の方法に一定の工夫が必要になることはあらかじめ心得ておかねばならない。

　「言語力」育成に関する文部科学省の有識者会議は，2007 年 8 月 16 日，小中高全教科を通して言語力の育成をめざすという方向を承認した。言語力が新しい学習指導要領の柱に置かれることになる。生徒がことばの力を身につけられるよう

にするためには，教師は方言を教材としてどう生かしていくのか，また授業で方言をどのように使用して会話を行うべきなのか，コミュニケーションの問題がますます重要性を帯びてきているいま，取り組むに値する課題の一つであろう．

5. 看護・医療・福祉における方言

方言の臨床的課題の最後として，看護・医療・福祉における方言の問題を取り上げる．

あるクイズ番組に出場していた解答者があと一問正解で優勝というときに，「へ」ではじまるからだの部位をたずねる問題が出された．この問題に対して青森県出身のその解答者は，自信をもって「へなが」と答えた．ところが正解は「へそ」であって，優勝を逃してしまった．しかし，ここで解答者が答えた「へなが」とは，津軽の方言で「背中」を意味する，ごく日常的に使われることばであった．からだを指すことばについての行き違いを示すこのエピソードから，看護・医療・福祉といった，場合によっては命にかかわる営みのなかでも，方言がきわめて重い役割を果たす可能性があることが想像される．

群馬県太田市出身の医師，鈴木英樹が製作しているホームページ「医療人のための群馬弁講座」には，興味深いエピソードが数多く記されている．たとえば，ある夜に患者から「こーでができた！」と言われ，何のことかまったくわからなかった．この「こーで」とは群馬県の桐生地域で使われる「こうで」のことで，「こうでができた」「こうでになった」のように用いられ，「手首の痛み」を意味することばであることを，帰宅後に桐生市出身の妻から教えられたという．同じ群馬県出身でも，太田市生まれの鈴木には理解できなかったのである．また別の医師の経験として，初老の女性にある検査を行っていて，「胸が苦しくないですか」とたずねたところ，彼女が「なんか，やめらぃねぇ」と言った．そのことばは「〔病気のために〕何か不快に感じる」という意味の方言であったが，病気ではなく検査が辛いという意味だと勘違いした医師はその検査を中止し，肝心なデータを得ることができなかったという．「やめらぃねぇ」とはお年寄りを中心に聞かれることばであり，鈴木は，このことばが発せられた場合には，どのように「やめる（病める）」のか，様子や程度をよくたずねる必要があるとアドバイスしている．

また横浜（2003）も，介護学生に津軽のことばを伝えることを目的として，「支

障・訴え」「コミュニケーションをとる」「身体・部位」などの，介護の場面で使われる可能性のある津軽のことばをまとめている。たとえば「世話する・される」の項の冒頭では「きびいい」「さっぱどす」「あずましい」という三つの類義語が取り上げられ，それぞれ，「きびいい」は「非常にうれしい，めでたい，こきみよい」，「さっぱどす」は「気分爽快，気持ちが晴れる」，「あずましい」は「心地良い」という意味であることが示されている。そのなかでも「あずましい」は津軽では特別のことばであるらしく，「住まいのここちよさにも，身だしなみが整っている時にも，肉体が快適な時はもちろん，心から生きていて良かったと思う時などに使われ」，「いつでも使えるけれども，その時のためにとっておきたいことば」であること，また，「介護の場面で，利用者から『あずましい』がでると，これは最高の評価」になること，などが説明されている。ちなみにブルースの女王といわれた歌手の淡谷のりこも青森県出身であったが，お風呂に入ると「あずましい」ということばをもらしたという。

『朝日新聞』（大阪本社）朝刊1998年3月13日の「論壇」に，鳥取県のホスピス「野の花診療所」院長（当時は鳥取赤十字病院内科医）の徳永進が，「『一の言葉』と『二の言葉』と」のタイトルで医療現場のことばについて書いている。徳永は「一の言葉」を「近代語で抽象的な言葉で，机上の言葉で主に頭脳から出て，マスコミ語で標準語，と言っていいような言葉」とし，「二の言葉」を「縄文語で具体的な言葉で，生活の言葉で主に身体から出て，現場用語で方言，と言っていいような言葉」と定義している。そして「近年，社会には一の言葉が増加し，二の言葉を圧迫しようとして」いて，「二の言葉は今や，窒息状態だ」と述べる。医療現場でも「脳死」「臓器の移植」「インフォームド・コンセント」「介護保険」「安楽死」といった「一の言葉が勢力を増し」，「人々は二の言葉をどんどん捨て，一の言葉に従属して生きているような気がする」と説く。

徳永の指摘は，高齢化社会における看護・医療・福祉の現場では，その従事者が患者や要介護者にどのようなことばがけを行うことが必要なのか，またその際に，生活のことばである方言をどのように使用するべきなのか，といった臨床的な研究が今後の方言学の重要な課題になってくることを示唆している。本節で取り上げたような看護・医療・福祉をめぐって行われた方言の研究については，日高（2002, 2005, 2007）にもその概要がまとめられている。あわせて参照されたい。

以上，本章では，方言のもつ臨床的課題について，法廷における方言，言語景観にみる方言，教育現場における方言，看護・医療・福祉における方言の四つをその事例として取り上げて概観した。

　これらの研究領域はまだまだ未開発の領域であり，今後の発展が期待されるところである。

Exercises

1. 「法廷」における方言の機能についてまとめてみよう。
2. 「方言」に加えて，「看護」「医療」「福祉」などを検索語として，インターネットの記事を探してみよう。その記事のなかでは方言についてどのようなことが問題として意識されているか，整理してみよう。
3. 近くの繁華街などに出かけて，広告看板や店名表示に方言が使われている例を収集してみよう。また，それらにはどのような特徴があるか，分析してみよう。
4. 「中学校学習指導要領」（http://www.mext.go.jp/a_menu/shotou/new-cs/youryou/chu/koku.htm）では方言がどのように扱われているかを調べ，主要な中学校国語教科書（光村図書・東京書籍・三省堂・学校図書・教育出版）の方言教材の内容を比較してみよう。また，大学を含め，学校の授業のなかで方言がどのように使われているか，観察してみよう。

# 第4章 方言研究の方法

1 データの収集と処理法

　第2章や第3章では，各地の方言の実態や，社会のなかで果たす方言の役割などを概観した。では，こういった方言の実態や役割を研究している研究者は，具体的にどのような方法を使って調査を行い，また集めたデータをどのように処理して分析を行っているのだろうか。実際に現地に行って方言を話している人から直接話を聞くと，それだけで，その方言について本で読むよりもはるかに多くのことを学んだり体験したりすることができるのだが，そこにはやはり，方言学が長年にわたって培ってきた調査の方法とデータの分析法がある。

　以下，本節では，まず第1項で調査方法の種類について簡単に整理したあと，第2項で談話調査を例にして調査の準備作業について概説する。続く第3項では集めてきたデータを整理する方法を説明し，第4項で談話資料を用いた分析の一例を紹介する。

1. 現地調査の方法

　最初にまず，方言調査のさまざまな方法について概観しておこう。方言学では，対象となる話者の人数や対象地域の広さ，調査の内容などに応じてさまざまな調査方法が考案されてきた。そのすべての方法を紹介することはできないので，ここでは，第2章の各節で取り上げたネオ方言を調査するための方法に焦点をしぼって概説する。実際に調査を行う場合には，ここで紹介する調査方法とほかの調査方法を併用するなど，多角的に調査することが望ましい。

　さて，方言学では「現地調査」と呼ばれる調査法がよく行われる。これは，調査者が現地に赴き，その地域の話者（「インフォーマント」と呼ぶ）から直接話を聞く方法である。この現地調査は，表4.1 にあげるような三つの調査形態に分けることができる。

表4.1 現地調査の調査形態とその特徴

名称	方法	予約	内省	長所	短所
観察調査	話者が別の人と話しているのをかたわらでこっそりと聞き取る。	なし	なし	・最も自然な形でことばを集められる。 ・調査前には予想していなかったことがわかることがある。	・十分な量の言語形式を収集するのに時間がかかる。 ・話者の正確な属性(年齢・出身地など)がわからない。
談話調査	話者が別の話者、あるいは調査者を相手に話しているところを録音する。	あり	なし	・ある程度自然なことばを集められる。 ・調査前には予想していなかったことがわかることがある。 ・話題を設定することによって対象とする言語形式を多く集められる。	・目的の言語形式があまり出現しない可能性がある。 ・話者の「よそいき」の言葉が現れている可能性がある。
質問調査	調査者が話者にあらかじめ用意した質問項目をたずねる。	あり	あり	・知りたいことを短時間で効率よく集められる。	・話者の内省を問うため実態と異なる可能性がある。 ・話者が内省できないことについては調査できない。 ・あらかじめ設定した条件・項目についてしか知ることができない。

　各調査形態の違いは，(a) 調査の場をあらかじめ設けるか否か (表4.1 の「予約 (会う時間や場所をインフォーマントとあらかじめ約束しておくこと)」欄)，(b) 調査者がことばについて話者に内省を求めるか否か (同じく「内省」欄)，の違いにある。たとえば「観察調査」(「自然傍受法」と呼ばれることもある) は，待合所など人が集まる場所に行き，そこで展開される会話を聞きながら方言を記録していくという方法である。その典型的な場合は会話をかたわらで聞いているだけなので「予約」は「なし」，調査者が話者にことばの意味や用法について質問するわけでもないので「内省」も「なし」としている。表4.1 には各調査形態の長所と短所もあわせてあげておく (現地調査法については真田 2002 も参照)。

　ここで調査の対象とするネオ方言とは，伝統方言とも標準語とも異なる，日ごろ無意識のうちに使用しているスピーチスタイルである。そのため，個々の言語形式・表現についての内省を求める質問調査では捉えきれないことが多い。一方観察調査や談話調査は，表4.1 からわかるように，実態に近いことばを収集でき

るという長所をもつ。また，内省を求めないため，あいづちやフィラーのように話者自身が意識しにくいことばや，「ラ抜きことば」のように話者が正しくないと考えているのに使ってしまうことばを調べることができるという点でも有効である。また，観察調査や談話調査は探索的な段階の研究にも有用である。質問調査では何をどのように調査するかを決めてから調査を計画しなければならないが，場合によっては，研究課題が漠然としか決まっていない，あるいは実際に現地に行ってみてはじめて課題がみえてくる，といったこともあるだろう。談話調査や観察調査はとりあえずはじめることができるので，このような模索の段階にある場合でも調査に取りかかることができるというメリットもある。以下，本節では，観察調査（この項）と談話調査（第2項以下）に焦点をあてて考えてみることにしよう。

　まず，観察調査は，話者と話すことができない場合，あるいは話者との会話を録音できない場合に有効である。たいていの話者は初対面の調査者を相手にすると，どうしてもよそいきのことばを使ってしまう（調査者はインフォーマントのリラックスしたときのことばが知りたいのに，調査者が調査を行ってはインフォーマントからそのようなことばを引き出せないということが起こってしまう。このことを「調査者のパラドックス（observer's paradox）」ということがある）。しかし観察調査では，話者に，それが調査であることや，調査者がその場にいることを意識させないので，最も自然な状態で資料を収集することが可能である。

　具体例をあげよう。たとえば，札埜和男は「法廷のなかに現れる方言」をテーマとして調査を行っている（第3章参照）。法廷のなかでは録音が禁止されているので，談話調査や質問調査はできない。そこで，方言が現れる場面を待ちながら，法廷のなかで起きている出来事をできる限り正確に記録していくという方法を採用した。専門的にいえば，「あらかじめ観察すべき事象（特定の行動）を決めて，その行動がどのように生起し展開するのかを，それが生じた文脈の中で組織的に観察するための技法」（「事象見本法」；原野 1997）と「偶然起きたさまざまな出来事を人物の行動や発話の記録として記録するための技法」（「逸話（エピソード）記録法」；中澤 1997）の両方の要素をもった観察法である。ここでの「あらかじめ観察すべき事象」「偶然起きたさまざまな出来事」とは，札埜の研究の場合，裁判中に方言で話すことを指す。このような調査においては，記憶が確かなうちに

観察した事象を清書してフィールドノーツにまとめるのがよい。しかもフィールドノーツをまとめる際には，法廷でのやりとりが具体的に思い浮かべられるような情報をできるだけ多く記載しておくのが望ましい。具体的には，メモをとる際に次のような点に気をつけるとよいだろう。

・法廷のなかの登場人物，あるいは傍聴席側の気になる人物は似顔絵を描いておく。髪型や服装もメモしておくと記憶をたどりやすい。
・その人物をみて受けた印象や裁判中の様子もあわせて記録しておく。たとえば札埜の記録には，ある日の民事裁判の裁判官は「ギョロッとした眼でごま塩頭で50歳代くらい，ニュースキャスターの筑紫哲也を怖くした感じ，終始恐ろしい顔をして『なんやねん，この裁判，何でこんな裁判に付き合わなあかんねん』と思っていそう」といったものがある。
・だれとだれのやりとりかが明らかになるように，尋問の順番どおりにメモをとる。

以上のように具体的に書いておけば，その法廷の全体像がイメージとして浮かびやすい。

この調査のなかで札埜は，当初は「被告・原告・証人などの一般人が法廷のなかで方言を使うことは，裁判官や検察官の権力性を貶める働きをするのではないか」という仮説をもって調査に臨んでいた。しかし法廷での観察調査の結果，むしろ逆のことが明らかになってきた。法廷で方言を自由に駆使しているのは一般人ではなく，法曹関係者のほうであることがわかったのである。このように観察調査は，社会で起きている事象そのものをありのままに観察することによって，それまで気がつかずにいたことを明らかにすることができる調査方法でもある。

また，札埜の調査は方言全般の社会的な働きを探るものであったが，特定の表現を観察するときにも観察調査は有効である。たとえば真田・井上（1995）では，さまざまな形態の商店で閉店時間をたずね，店舗形態と待遇行動の関係を探っているが，ここで採用された方法も観察調査の一種といえよう。

以上本項では，観察調査の例を紹介した。方言学における観察調査については藤原監修（1984）に説明が多い。また，ここで取り上げなかった質問調査については多くの文献で詳しい説明がなされているので（飯豊・日野・佐藤編 1984a，日高 2006a，小林・篠崎編著 2007，小西ほか 2007 など），さらに読み進めてほしい。

2. 調査の準備と実施

次に，本項では談話調査を取り上げて，調査から分析に至るまでのプロセスを具体的に描いてみよう。以下，① 調査内容に関する準備（フェイスシートの作成と調査内容の検討）と，② 調査実施に関する準備の2点について紹介する。

① フェイスシートの作成と調査内容の検討

フェイスシートとは，調査票のうち，調査の対象となる方言話者に関する情報（「話者の属性」ともいわれる）をたずねる部分を指す。質問調査では必ずたずねることであるが，談話調査でも有用なので紹介しておく。

一般的にフェイスシートに盛り込まれる項目は，次のようなものであることが多い。

```
話者の連絡先    ：氏名（ふりがな），現住所，電話番号
話者の属性情報  ：年齢，生年（月日），性別，職業，出身地（0～15歳ごろのあい
                  だに最も長く住んだ場所），移住歴，よく買い物に行く所など
話者の言語的環境：両親や配偶者の出身地，よく見るテレビ番組など
調査に関する情報：調査者，調査日時，調査場所，調査の所要時間，調査中の話者
                  の状態，同席者の有無など
```

最近の社会状況では住所・電話番号などの個人情報を聞くことがためらわれるかもしれないが，調査後にお礼状を送ったり調査で聞き漏らしたことを電話で確認したりするときに必要になるので，ぜひ聞いておくべきである（ただし拒否された場合は無理に聞く必要はない）。また，「だれが」「いつ」調査したのかといった「調査に関する情報」を記しておくことは後々の整理で役に立つことがある。「話者の属性情報」や「話者の言語的環境」についての情報は，分析の際に話者間のことばの違いを説明するために必要になるので，ここで聞いておこう。そのほか，たとえば話者がもっていることばに対する認識がネオ方言の現れかたとかかわっていると予想するのであれば，「自分の使っていることばは何弁・何方言だと思うか？」といった言語意識に関する質問をフェイスシートに入れてもよい。大規模な敬語調査では，話者のパーソナリティをはかるテストを入れることもある（国立国語研究所編1957, 1983）。

フェイスシートができたら調査の内容について考えてみよう。談話調査だからといって事前の準備が不要なわけではない。準備の段階で検討が必要なのは次の

ような点である。
　（A）あらかじめ話題を決めておくか否か（談話の内容を限定するかどうか）
　（B）あらかじめ質問することを決めておくか否か（談話の進めかたを限定するかどうか）

　まず（A）から考えてみよう。話題を設定することには二つの目的がある。一つは話者の負担を減らすため，もう一つは談話に現れる言語形式をある程度限定するためである。調査という特殊な場面で突然マイクを向けられて，「何でもいいので話してください」といわれても，大抵の話者は困ってしまう。そこで話題のリストをみせることによって，少しでも話者が話しやすい状態を作るわけである。このような目的で話題を設定する場合，内容は何でもよい。「祭り・農作業・市町村合併・孫の話・若者のことばづかい・いまと昔の暮らしの違い」など，その話者が話しやすそうな話題を選ぶとよいだろう。また調査者も，その土地の文化・歴史などについて下調べしておくことを怠らないようにしたい。ただし，調査者との会話ではなく地元の人同士の会話を収録するのであれば，「観光名所」や「お祭り」など，地元の人ならだれでも知っている話題は避けたほうがよい。このような話題だと，地元の人が調査者に教えるという形で談話が進み，調査の目的である，方言話者同士が方言を使って会話をしている談話が収録できなくなってしまう。「子どもや孫の話・旅行」など，話者のあいだで情報量に差がある話題を持ち出すと，話者同士の会話がスムーズに進むはずである。

　ところで，談話を収集してみるとわかることだが，言語形式のなかには，談話に現れやすいものと現れにくいものがある。たとえば動詞の活用形で考えると，連用形や終止形は非常に多く現れるが，命令形や可能形はほとんど現れない。そこで，現れにくい形式を収集したい場合には，その形式が出現しやすい話題を設定することが必要である。たとえばMatsuda（1993）は談話資料をもとに可能形式を分析しているが，談話を収集する際に次のような話題を設定している。

> 子供の遊び，病気，自慢，好きな／嫌いな食べ物，夢，もし10代に戻れたら…，火事・地震，若い人／年寄りへの不満，ファッション，など

　上のような話題を設定することによって，「～できる／できない」のような可能／不可能を表す形式の例を多く集めることができる。なお，話題によって現れる言語形式が変わるという点は，とくに集めようとする言語形式がない場合にも

気をつけておくべきである。たとえば昔のことばかりを話題に取り上げると過去形ばかりが多く用いられ，その後の分析の妨げになることがある。

　次に，（B）の，あらかじめ質問することを決めておくか否かということについて考えてみよう。談話で語られた内容について話者間で比較したいという場合，つまり言語形式ではなく話の内容に注目する場合には，あらかじめ質問を用意しておくほうがよい。ここでは大阪大学真田研究室が奄美大島瀬戸内町で行った意識調査（大阪大学大学院文学研究科真田研究室編 2006）を例にあげながら説明する。この調査の目的は，もともと当該地域の話者が伝統方言やネオ方言をどのように受けとめているかということを探ることにあったのだが，そこで得られたデータは別の目的に使用することも可能である。下に，この調査で設定された質問を一つだけ紹介する（同書 80-81 ページ）。

問 8　「トン普通語」ということばを知っていますか。
〈はい〉と答えた人に；
　①そのことばをどこで聞きましたか。また，それはどのような内容のものですか。
〈いいえ〉と答えた人に；
　［1］名瀬のあたりで，地元の人の話す「標準語／普通語」を「トン普通語」と呼ぶそうです。聞いたことはありませんか。
　［2］トンということばの意味をご存じですか。意味は？

この調査項目は，話者に，最初に「はい」もしくは「いいえ」で答えてもらったあと，その答えに応じて関連する内容についてさらに具体的に語ってもらうという複合的なものであるが，そこで得られる談話は話者間でほぼ同じ内容をもつことが多い。こういった内容面で統一されている談話資料は，話者の属性による語りの構造の違いなど，方言のもつ特徴をより多面的に探るのに有用なデータである。

　② 現地調査に向けて

　ここまでの作業で調査内容についての準備は整ったが，このほかにも調査にかかわる作業で同時に進めていかなければいけないことがある。ここではそのなかから，談話調査を実施するのに必要な作業にしぼって紹介することにする。そのほかのタイプの調査に必要な用意については，田原（1991）や小林・篠崎編（2007）

を参照されたい。
　さて，談話調査を行う際に必要な作業には，次のようなことがある。
〈先行研究の確認〉
　調査地が決まったら，その地域に関する先行研究に目を通しておこう。先行研究に目を通すことによって，その地域の方言の特徴をあらかじめ把握しておくことができる。また，その地域の録音資料などがあれば，音声・アクセント・イントネーションに慣れるためにも，何度か聞いてみるのがよいだろう。
〈録音機器の用意〉
　ここではとくに，談話調査で必要になる録音機器を紹介する。質問調査の場合はインフォーマントの声さえ録音されていれば，調査者の声がかなり小さくても対処できる。しかし談話調査は会話を録音するものであるため，話者全員の声を録音する必要がある。このことに対処するためには，(1) 広い範囲の音を拾えるマイクを使用する，(2) 1話者につき1台の録音機器で収録する，(3) チャンネルを分けて録音する，といった方法が考えられる。それぞれの方法には，次のような長所と短所がある。
　まず (1) の方法は1台の録音機器で談話を収録できるという長所がある反面，発話が重なった場合に聞き取りづらくなる，話者の位置関係によって声の聞き取りやすさに違いが出る，などの短所がある。この短所を補うためには (2) の方法を用いればよいが，これにも短所がある。たとえば，マイクをつけた話者以外の声は聞こえにくくなる，別々に録音するために文字化をする際にテープやディスクを入れ替えて聞き直す必要がある，などである。このような (1) と (2) の方法の長短をふまえると，最も望ましい方法は (3) のチャンネルを分けて録音するという方法である。プラグアダプターというものを用いると，一方のマイクの音を右チャネルに収録し，もう一方のマイクの音を左チャネルに収録することができる。つまり，二人の話者の声を別々に録音するという (2) の長所と，1台の録音機器で済むという (1) の長所を同時に満たすことができるわけである。話者の発話が重なったときは右か左の音を消して聞き直せば，一方の話者の声しか聞こえず，文字化もしやすくなる。プラグアダプターはマイク入力端子を二つに分けるような形をしており，それぞれの穴にマイクをさしこんで用いる。マイク入力端子がついた録音機器ならば，(DAT・MD・IC レコーダなど) どんな録音機器にも使える。家電量販店で1,000円前後の価格で購入できるので，ぜひ備えたい。

〈調査の実施〉

次に，いよいよ調査を実施するというステップに入る。ここではインフォーマントへの配慮など注意すべき点が多いが，詳細は省略し（小林・篠崎編著 2007 など参照），談話を収録するにあたっての注意事項だけをあげる。

分析の際には，会話に不自然さがみられがちな録音の最初の 10 分を省くという措置をとることがあるため，録音時間は分析対象に考えている時間よりも 10 分ほど長い時間を目安にしておく。また，話者は話題に注意が向くようになると録音されていることをしだいに忘れていくが，それでも録音機器が目に入ると再び緊張してしまうことがある。録音機器は机の下に置いたり，袋に入れたりして，なるべく録音されていることを意識させないようにしておくとよい。そのほか，もし話者の許可が得られるのであれば，録音と同時に録画をさせてもらうとよいだろう。録画資料があると，話者の身振りや口の動きがわかり，文字化の助けになることがある。

3. データの整理と処理

さて，このようにして調査が終わると次はいよいよ分析の段階となるが，その前に，データの複製や文字化など，いくつか済ませておくべき作業がある。具体的には次のような作業である。

① 資料の保存とフェイスシートの整理

文字化作業では録音を何度も聞き直すため，デジタル化してパソコンに取り込んでおくのがよい。パソコンに取り込んでおけば，次に述べる文字化作業がしやすくなるという利点もある。とくに録音にカセットテープ・MD・DAT などを使用する場合，それをそのまま文字化の作業で使うことには問題がある。また，テープや DAT は時間が経つとカビが生えたりテープが切れてしまったりすることもあるので，現地から帰ってきたらすぐにパソコンに取り込み，また DVD-R などを利用して保存用のデータを作成しておこう（松田 2000 も参照）。

次にフェイスシートの情報を整理しよう。質問調査と同様に，談話調査でも話者の属性情報を整理しておくと，あとの分析で役立つ。話者の情報は，表 4.2 のように一覧にして整理しておくと便利である。文字化データでは話者を氏名ではなく話者記号で表示するので，話者と話者記号の対応を，何らかの規則に基づいて決めるのがよい。たとえば表 4.2 では，話者の氏名のイニシャル（OT）・年齢

表 4.2 フェイスシート情報の整理

調査者	調査日	氏名	年齢	性別	出身地	テープNo.	話者記号	…
松丸真大	2007.10.03	大津太郎	61	男性	滋賀県大津市中央	談話1	OT61M	…
松丸真大	2007.10.04	膳所花子	59	女性	滋賀県大津市馬場	談話1	ZK59F	…
⋮	⋮	⋮	⋮	⋮	⋮	⋮	⋮	
調査に関する情報			話者に関する情報			談話の情報		

(61)・性別（M）をあわせたものを用いている。

　なお，表4.2では話者の個人情報（氏名・出身地・居住歴・生年など）と調査に関する情報（調査日時・談話の内容など）をあわせて記載しているが，話者の個人情報の漏えいをふせぐために，個人情報を記したファイルと調査に関する情報を記したファイルは別に作成し，話者記号で対応づけるという措置をとっておくのが望ましい。

　② 文字化の原則

　回り道に思えるかもしれないが，文字化に入る前に文字化の原則を決めておくと，あとで楽になる。原則の設定にあたっては，次の点を考える必要がある。

- 表記：漢字かな交じり表記，カタカナ表記，IPA（音声記号）表記のうちどの方法をとるか。また，文節に区切って表記するか区切らずに表記するか。
- 非言語行動：笑いや咳などの非言語行動をどのように表記するか／表記しないか。
- 発話の重なり：あいづちや発話の重なりをどのように表すか／表さないか。
- その他：固有名詞，聞き取れない語や句，ポーズの時間などをどのように表記するか。

あらゆる分析に対応できるような文字化資料を作成することは不可能なので，分析する対象に合わせて文字化の規則を定めていこう。たとえば，音声の分析をするのであればIPA表記を用いる必要があるし，語彙・文法項目など仮名で表記しても十分に分析できる項目を扱うのであれば，読みやすいカタカナ表記や漢字かな交じり表記を選べばよい。文字化資料は盛り込む情報が多いほど読みにくくなる。正確さと読みやすさのバランスを考えながら文字化の原則を決めよう。

　また，この文字化資料はあとで文字列を検索することが多いので，検索しやす

いようにあらかじめ配慮しておかなければならない。これには次のような方法が考えられる。

・文字化の際に表記を統一しておく
・何かの記号をつけておく

以上のような点を考慮して作成した文字化の原則の例として，大阪大学真田ゼミの奄美大島調査で収録した談話を文字化する際に採用したものをあげておく（真田編 2006）。

文字化の基本方針
・音声に関する分析項目は少ないので，文字化資料は漢字かな交じり表記にする。分析することがあらかじめ決まっている音声項目が含まれる言語形式には記号を付ける。
・あとで検索することを考え，「しちゃった」など音声的な縮約形の後ろには《してしまった》という統一表記をあたえる。

文字化の際に用いる記号（一部）
　　#　　聞き取り不能であった部分は「#」で示し，推測される拍数分だけ「#」を記す。
　　○　　固有名詞等，プライバシーの保護のために明記できない単語は○で記し，拍数分だけ「○」を入れる。また，その後の（　）内に適宜説明を付ける。
　　{ }　発話がなされた状況ができるだけわかりやすくなるように，音声上の特徴（アクセント，イントネーション，声の高さ，大小，速さ等）のうち，特記の必要があるものや，非言語情報など周辺言語情報を{ }に示す。
　　《 》　方言形や音韻変化形，有声音化形など，共通語訳が必要な場合には《 》で記す。

次は，この文字化の原則にしたがって文字化した資料の例である（真田編 2006 より引用）。

　　YYS：だいぶ。（OOA：{笑い}）###してきて。カメ　カメ　産卵は，
　　OOA：###ありますねー　この辺は。
　　YYS：ど　どこに。
　　OOA：ちょっと　向こうの　下一の　まちや　町の　下に　この前　歩いた　形が　あったけどねー。
　　YYS：あ　そうですか。

```
    OOA：んー　ちょいちょい　あの　2, 3年前　わし　見たけど。ちょいちょい
　　　　　上がってきそうな。
    YYS：ど　どれぐらいの　季節に　来るんですか？
    OOA：え　今ごろじゃない？（YYS：今ごろ）この前　つい　最近の
```

　なお，Windowsパソコンで文字化作業を行う場合は，「Okoshiyasu2」や「Voice Writing」などのアプリケーションを用いると作業が楽になる（入手先については巻末を参照）。これらは，(1) アプリケーションを切り換えなくても巻き戻し・再生などができる，(2) 一時停止すると自動的に一定の秒数を巻き戻してくれる，という機能がある。インストール手順や使いかたについてはそれぞれのウェブサイトを参照してほしい。Macの場合もSizzlingKeysなどのアプリケーションがある。しかし，Mac OS Xでは標準の設定でファンクションキーのF7〜F9に巻き戻し，再生・停止，早送りの機能が割り当てられているので，わざわざアプリケーションを導入することもないだろう。

　最後に，このようにして作成した文字化資料は，あとからさまざまな言語項目を検索するために手を加えていくことが多いので，最初に作成した資料は電子ファイルで保存しておこう。

4. データの分析

　本項では，このようにして作成した談話資料の使用方法を概説する。
　談話資料を用いた分析は，次のような分析に適している。
① （話者が無意識に使用している）特徴的な形式を探る。
② 変異形の出現頻度の違いを探る。
③ 談話で用いられている形式を整理して，その奥に潜んでいる規則性を探る。
　以下では，奄美大島瀬戸内町方言の話者が外部からやってきた調査者と交わした会話のなかで用いた丁寧形式について，①〜③に対応した分析例を紹介する。資料としては真田編（2006）のデータ・記述を用いる。
　① 特徴的な形式を探る
　まずはこの方言のおおまかな特徴をつかむために，丁寧形式デス・マス（およびその活用形）に注目しながら談話資料をみてみよう。談話資料をじっくりみていくと，話をしているときにはわからなかった特徴に気がつくことがある。たとえば瀬戸内町方言話者の発話には，次例の下線部のような丁寧形式がみられる。

(1) OGA：なくなってしまうと　思うですがねえ，私の考えは。
【動詞・現在肯定形＋です】
(2) OMJ：景気が　また悪くなったら　また　先に　また　我々　皆にね，先に　およ　及ぶですけどね。　　　　　【動詞・現在肯定形＋です】
(3) OGB：一人は　今　生き残っています。(YTY：はいはい) これは　○○（地名）まで　護衛したです。　　　　　【動詞・過去肯定形＋です】
(4) OWA：「何番地は　どの付近ですか？」って　こう　きて　聞いても　ほとんど　分からんですよ。　　　　　【動詞・現在否定形＋です】

　標準語では動詞肯定形にデスが接続することはないが，当該方言では用いられていることが上の例からわかる。また，標準語の否定丁寧形は〜マセンと〜ナイデスでゆれているが，当該方言では〜ナイデスが現れていることもわかる。このように，当該方言の談話にはデスが多く現れ，そのなかには標準語で用いられないような語形もみられる。

　なお，デスの多用と関連して，当該方言話者の発話には形式名詞にデスを接続した例が非常に多く現れる。次の(5)〜(7)は，形式名詞「の」「わけ」「もの」にデスが続いている例である。

(5) OLA：6年までね。(YKM：はい。) もう　母親が　ちょっと　病弱だったんですから　もう　6年までしか　出られなくて。【ノ＋デス】
(6) OQA：もー　すでに　本土では　消えてる，なくなってる　ことば，万葉，(YHR：あ，はいはい) 古今集ごろの　ことばも　まだ　あったりするわけですからね。　　　　　　　　　　　　【ワケ＋デス】
(7) MEB：うーん。今は　もう　何でもね　冷蔵庫が　あるもんですから。
【モノ＋デス】

(5) の例をみて「なぜわざわざノ（ン）を入れるのだろう」と疑問に思う人もいるかもしれない。このような疑問が分析の出発点となる。分析のきっかけをつかむためにも，最初に談話資料をよくみることが大切である。これらのデスの現れかたを手がかりに，以下の②で「どのような場合にデスが多く使われるのか」について，また続く③で「なぜデスが多く使われるのか」という点について分析してみよう。

②　変異形の出現頻度の違いを探る
　標準語では動詞の否定丁寧形式に「〜マセン／ナイデス」「〜マセンデシタ／

ナカッタデス」のような変異形がある。上の①で確認したように，当該方言ではデスが多用されるため，否定丁寧形式でもデスを多く用いることが予想される。そこで，談話資料を用いてこの点を検証してみよう。以下では，検索をしながら分析する方法もあわせて紹介する。

　最初に，談話資料に何か印をつけて集計してみよう。まず，談話資料をみながらデス・マスが現れたところに一つずつ印をつけていく。印は「★」など何でもかまわないが，あとで検索したときに余計なものまで拾ってきてしまわないように，資料のなかに存在しない記号を使うのがよい。また語形についての情報もあわせて記しておくとあとの集計が楽になる。たとえば以下の例は「_Pol」という記号で丁寧形式が出現していることを表し，語形情報はその後ろに（　）に入れて記している（_Pol の前の _V は述語が動詞であることを表す）。

　(1′)　OGA：なくなってしまうと　思うですがねえ _V_Pol（desu），私の考えは。
　(2′)　OMJ：景気が　また悪くなったら　また　先に　また　我々　皆にね，先に　およ　及ぶですけどね _V_Pol（desu）。
　(3′)　OGB：一人は　今　生き残っています。(YTY：はいはい) これは　○○（地名）まで　護衛したです _V_Past_Pol（desu）。
　(4′)　OWA：「何番地は　どの付近ですか？」って　こう　きて　聞いても　ほとんど　分からんですよ _V_Neg_Pol（desu）。

こうしておけば，「(desu)」を検索することによって「です」が用いられた例だけを集計することも可能だし，「_Pol」を検索することによって丁寧形式全体の集計も可能になる。このようにして，談話資料に一つずつ印をつけていく。

　印付けが終わったら，先ほど例にあげた動詞の現在否定形と過去否定形を検索してみよう。たいていのアプリケーションには，文字列を検索する機能がついている。たとえば，Windows のメモ帳やワードパットでは，メニューの「編集」→「検索」とたどると検索画面が現れる。「正規表現」と呼ばれる命令を使って高度な検索を行う場合や，検索結果を書き出したり集計したりする場合は，「grep」というツールを使うといいだろう。GREP 機能をもったアプリケーションにはさまざまなものがあるが，Windows では「秀丸エディタ」（有料）や「JGrepper」が有名である（URL は巻末を参照）。瀬戸内町方言話者の談話中に現れた各変異形の頻度は表 4.3 のとおりであった（真田編 2006 の記述から作成）。

表 4.3 動詞の現在否定形・過去否定形における丁寧形式の変異形

	現在否定形	過去否定形
マス系列	〜マセン 13	〜マセンデシタ 6
デス系列	〜ナイデス 63	〜ナカッタデス 4

　表から，現在否定形ではデス系列の頻度が圧倒的に多いことがわかる。過去否定形では頻度数が少ないためはっきりしたことはわからないが，現在否定形のようにデス系列の数がマス系列の数を上回ってはいないことがわかる。つまり，この集計から，最初に立てた仮説「否定丁寧形ではデスが多く用いられるはずだ」は，現在否定形では成り立つが過去否定形では成り立たないということが明らかになった。

　なお，現在否定形で〜ナイデスを多用することがこの方言の特徴なのかどうかということについては，この談話資料だけではわからない。これを調べるためには，東京方言など他地域の話者の談話に現れる否定丁寧形式とくらべる必要がある。既刊の談話資料などを使って，上と同じようにして調べてみてほしい。

　また，ここでは丁寧形式の変異形に注目してきたが，そのほかに，一つ上の問題として，「そもそもデス・マスを用いた丁寧形式とデス・マスを用いない普通形式は，談話のなかでどのように使い分けられているのか」という疑問をもった方もいるかもしれない。その場合には，「丁寧形式が現れてもいい箇所で丁寧形式が現れていないところ」に普通形式であることを示す印をつけて検索し，談話のなかで丁寧形式が用いられている場所と普通形式が使用されている場所の違いを明らかにするような分析を行ってみる必要がある。

　③ 談話で用いられている形式を整理してその奥に潜んでいる規則性を探る

　①と②の結果から，瀬戸内町方言の話者たちが用いる丁寧形式には次のような特徴があることがわかった。

・「思うです」「護衛したです」のような「動詞肯定形＋デス」という形式がみられる。
・「病弱だったんですから」のような「形式名詞＋デス」の例が多く現れる。
・動詞の現在否定形では〜ナイデスが〜マセンよりも多く現れる。

　では，この方言で，マスよりもデスを多く使っているのはなぜなのだろうか。

表 4.4 丁寧形式の変異形

述語	意味	マス系列	デス系列	形式名詞＋デス
動詞	否定	行きません	**行かないです**	行かないんです
	過去	行きました	**行ったです** 行くでした	行ったんです
形容詞	否定	暑くありません	**暑くないです**	暑くないんです
	過去	—	**暑かったです** 暑いでした	暑かったんです
形容動詞 名詞	否定	元気じゃありません	**元気じゃないです**	元気じゃないんです
	過去	元気でありました	**元気だったです** 元気でした	元気だったんです

ここでは談話中に現れる丁寧形式を整理することによって，デスを多用する理由を考えてみたい。結論を先に述べれば，この方言の丁寧形式には「合理化」という共通した原理が働いていることを指摘する。

まず，丁寧形式の変異形を，マス系列（マセン・マシタを含む）とデス系列（デシタを含む），そして「形式名詞＋デス」の 3 種類に分けて整理してみよう。動詞・形容詞・形容動詞・名詞述語ごとに否定形・過去形の丁寧形式を示すと，表4.4 のようになる。表では，この方言で多く用いられる語形を**ゴシック体**で記載した。また，形容動詞と名詞は同じ語形になるのでまとめて示した。

この整理のしかたでは，マス系列はあまり用いられていないことがわかる。かといって，デス系列ならば多用されるかというとそうでもない。つまり，「マス系列／デス系列／形式名詞＋デス」という観点では，当該方言の丁寧形式をうまく整理できていないことになる。そこで，「多く用いられている形式にはどんな共通点があるか」という視点で考え直してみよう。ここでは，否定や過去を表す要素と，マスやデスなどの丁寧さを表す要素の順序に注目してみる。たとえば，「行きません」という形式は「行き（語幹）＋ませ（丁寧）＋ん（否定）」のように丁寧さを表す要素が否定を表す要素の前にあるが，「行かないです」は「行か（語幹）＋ない（否定）＋です（丁寧）」のように丁寧さを表す要素が最後に現れる。この，「否定・過去を表す要素と丁寧さを表す要素の順番」という観点で整理し直してみると，表 4.5 のようになる。なお，表の「否定・過去＋丁寧」には先ほどの分類で「形式名詞＋デス」とした例も含めることにする。

表 4.5 過去丁寧形・否定丁寧形における要素の順番

述語	意味	丁寧＋否定・過去	否定・過去＋丁寧
動詞	否定	行きません	行かない（ん）です
	過去	行きました	行った（ん）です
形容詞	否定	暑くありません	暑くない（ん）です
	過去	暑いでした	暑かった（ん）です
形容動詞 名詞	否定	元気じゃありません	元気じゃない（ん）です
	過去	元気でした	元気だった（ん）です

　このように整理してみると，否定・過去を表す要素が丁寧を表す要素よりも先にくる形式のほうがよく使用されていることが理解できる（ただし形容動詞・名詞述語のデシタには当てはまらない）。では，なぜこのような偏りが観察されるのであろうか。それは，この方言の話者たちが，マセンやマシタ，デシタのように丁寧形式を活用させることを避け，普通形式に「（ン）デス」を加えるだけで丁寧な形式を作ろうとしているからである。たとえば「護衛したです」という例は「護衛した」という普通形式にデスを加えればできあがるわけである。つまり，当該方言における丁寧形式には，最小限の労力で丁寧形式を作り出そうとする合理化の力が働いているのである。このように考えると，「行くでした」の使用が少ないのはなぜか，「形式名詞＋デス」が多用されるのはなぜか，という問題も説明することができるようになる。

　本項では例として，方言話者のフォーマルな会話のなかに現れた丁寧形式を取り上げた。このようなフォーマルな会話ではネオ方言的な特徴が現れることが多い。話者はあらたまった場面においてふだんとは異なるスタイルを選択する。これがフォーマルなスタイルである。そしてこのスタイルでは，日常生活のなかでふだん用いている言語形式を丁寧なものに「変換」する必要がある。この「変換」操作を行う際に話者が独自の規則を作り上げて適用した結果，その会話のなかに特徴的な形式が現れるのである。このような形式は，話者が標準語だと思い込んで使用していることが多いために，方言独自の形式と意識されずに使用されることが多い。このように話者が無意識に使用している形式を集めることができるのは，談話調査のメリットといえよう。

　以上この節では，談話調査を行うまでの方法と，その結果を整理・分析する方

法を紹介した。方言学のおもしろさは現地調査にあるといっても過言ではない。その土地の話者と直接話すことによって，調査計画の段階では考えてもいなかったことを発見することも多い。ぜひ現地に行って，その土地の言葉を聞くと同時に，その土地の生活や雰囲気を感じとってほしい。

Exercises

1. 第2章の内容を参考にして，また次のような項目を盛り込んで，自分の住む地域の方言を調べる簡単な調査票を作成し，家族やまわりの人に調査してみよう。
   - 「カガミ」の「ガ」の発音が鼻濁音か濁音か（音声）
   - 「かたつむり」「アホ・バカ」にあたる言いかた（語彙）
   - 「たぶん良いんじゃない」「なかなか良いじゃないか」にあたる言いかた（文法）
   - 「じゃんけんのかけ声」「ありがとう」にあたる言いかた（表現）
2. まず自分が家族や友達と話しているところを録音し，文字化してみよう。次に，その資料を使って，自分が伝統方言をどのくらい使っているのか，またネオ方言的な特徴をどのくらい使っているのか，分析してみよう。その際，両親やおじいさん・おばあさんが話している箇所を同じように分析して自分のことばとくらべると，世代間の違いを知ることができる。

2 方言学史

　第2章や第3章でみたように，日本の各地の方言は，その音声・音韻・文法・語彙などの特徴や，その方言を用いた言語行動，さらに，それが，あるときはその方言自身の内部で，またあるときには共通語やほかの方言の影響を受けて変化する様子など，これまでさまざまな角度から研究されてきた。

　本節では，これまでの，方言を対象とする諸研究が採用してきた視点や方法を整理し，その研究の流れを，それぞれの時代の社会状況や方言の実態と関連づけながら描き出すことを試みる。具体的には，方言が，どのような社会状況のもとで，どのような状態にあるときに，どのような研究の対象になったのか，また，その際，その研究は何を明らかにすることを目的としたのか，といったことに注目して，その歴史を追ってみたい。

1. 方言をめぐる社会状況と言語学の潮流

　ある時代のある学問のありかたは，① その学問が研究の対象とするものごとの実態と，それに対する研究者や一般社会の認識のありかた，また，② 関連する研究分野やその時代をリードする学問分野の考えかたなどによって決まることが多い。日本の方言学の場合，それは，① それぞれの時代の方言がどのような実態を呈し，それを研究者や一般社会がどのように捉えたのかということと（方言をめぐる状況），② その時代，（とくに欧米の）言語学の主流がどのようなものであり，ことばをどのようなみかたや方法で分析したのかといったことが（言語学の主流），その時代の方言学のありかた（方言学の状況）を特徴づけてきたということになる。この3点について，各年代の特徴をごくおおまかにまとめれば，表4.6のようになる。表のそれぞれの枠に示されたところは，もちろん，ほかの年代にそれがないということを意味するわけではない。あくまでも，その年代の中心的な傾向を示したものである。

2. 方言学の下位分野

　ここで，表4.6のなかに記載のある方言学の研究分野を簡単に紹介しておこう。ことばを研究する分野は，ことばのどの側面を取り上げて，それにどのような視点や方法をもってアプローチするか，ということによって，いくつもの下位分野

表 4.6 方言をめぐる状況と言語学の潮流

年代区分	① 方言をめぐる状況	② 言語学の主流	方言学の状況
江戸時代まで	異質・野卑なことばとの認識	近代言語学の影響なし	学として未成立 他分野に従属
明治〜終戦	標準語の制定と普及 方言撲滅運動	比較歴史言語学 言語地理学 構造主義言語学	標準語制定のための方言調査 民俗研究のなかの方言研究 方言学の確立
1950年代	共通語の教育と普及 方言撲滅運動 伝統方言の消滅	構造主義言語学	記述方言学 言語生活研究
1950年代後半〜1970年代前半		生成文法 社会言語学	言語地理学 比較方言学
1970年代以降	方言の復権 伝統方言の消滅 新方言の発生 話者のバイリンガル化	生成文法 社会言語学 語用論 認知言語学など	社会方言学 ・方言動態研究 ・方言行動研究
近年	上記4状況の継続 方言の活用	上記4分野 言語類型論 接触言語学 危機言語の記述など	社会方言学 記述方言学 方言類型論

にわかれている。たとえば言語学では，①ことばそのものに注目して，そのさまざまな側面（レベルという）を研究する音声学や音韻論，形態論，文法論，語彙論などが分化しているが，そのほかに，②二つ以上の言語のある特徴をくらべ，それを分類しつつ，その異同や，違いを超えて一般的に見出される特徴を探ろうとする対照言語学，類型論，普遍論，③ことば以外の事象とことばの関係を考える社会言語学，心理言語学，神経言語学，語用論，④分析の材料や方法に特徴があるコーパス言語学や談話分析，⑤ことばの歴史や変化のありかたを時間軸に沿って探ろうとする歴史言語学，比較言語学，言語地理学，⑥言語研究の成果をほかの研究領域やことばが使用される現場に応用することを模索する応用言語学や言語計画論，臨床言語学などの下位分野があり，それぞれ独立して，また時に連携して，研究が行われている。

　日本の方言学についても，研究に取り組むなかで，いくつかの中心的な下位領

域が生じてきた。ここでは，それを，(a) 記述方言学・方言類型論（上記の ① と ②），(b) 言語地理学・比較方言学（上記の ⑤），(c) 社会方言学（上記の ③ と ⑥）の三つの分野に分けておこう。それぞれ，方言の，次のような側面を明らかにしようとする研究分野である。

(a) 記述方言学・方言類型論

　記述方言学とは，たとえば青森方言や大阪方言，鹿児島方言などを，英語やフランス語，中国語，タイ語などと対等の一つのことばとして捉え，その音韻やアクセント，文法，形態，語彙などを詳細に調べて，その方言の記述文法書や辞書，テキスト（当該方言で話された昔話や談話資料の音声・文字化データ）を作成する分野である。ことばの研究のなかでは，最初に取り組むべき最も基礎的なところで，第2章で各地の方言について「伝統方言の要説」としてまとめたところが，その研究成果である。方言類型論とは，そのようにして記述された複数の方言を，音韻や文法など，ある一定の側面において比較し，方言をいくつかのタイプに分類しつつ，さらには方言一般に見出される傾向や普遍的な特徴を見出そうとする研究分野である。

(b) 言語地理学・比較方言学

　この二つは，言語変化のありかたをめぐる考えかたでは異なった立場に立っているものの，現在話されている方言を過去に起こった変化の結果として捉え，その成立過程を明らかにしようとする点で，同じ目的をもった分野である。比較方言学とは，現在使用されている諸方言はもともと一つだった方言がわかれてできたものであるといったモデル（系統樹モデル）に基づいて，それらを比較することによってもとの方言（祖語）を再構築し，またその祖語からどのようにして諸方言が成立するに至ったのかを明らかにしようとする研究分野である。日本全体やある地域の方言をいくつかの方言領域に分けることを試みる方言区画論という分野のなかで行われた研究のなかにも，その系統関係を同時に明らかにしようとしたものがある。一方，言語地理学とは，音韻や文法，語彙などの個々の方言事象を言語地図に描くことによって地理的分布を明らかにし，そこから過去に起こった言語変化を読みとろうとする研究分野である。その中心的なアイディアは，「新たな方言形式は都市部で発生し，その後，池に石を投げ入れたときに波紋が広がるのと同じようなすがたで周辺部に広がっていく（波状モデル）」，「この発生と広がり（伝播という）の過程が何度か繰り返されると，都市部には新しく生まれ

たことばがあり，周辺部には古いことばが残るという周圏分布ができあがる」といったものである。

(c) 社会方言学

社会方言学とは，ことばをことばだけにとどめて理解するのではなく，社会との関連で分析するというアプローチを方言にも適用した分野である。この分野は，目的も方法も異なる非常に広範な研究領域をそのなかに含み込んでいる。たとえば真田信治編『社会言語学の展望』(2006，くろしお出版) は，社会言語学の下位分野として「言語変種」「言語行動」「言語生活」「言語接触」「言語変化」「言語意識」「言語習得」「言語計画」の八つを設定しているが，これらの分野の「言語」の部分を「方言」に置き換えれば，そのまま社会方言学の下位領域となる。第2章でまとめた「方言活動」「方言の動向—ネオ方言の記述」や，第3章で取り上げた方言の臨床面での問題は，この分野が取り組んできたところの成果である。

以下，本節では，表 4.6 に示した年代区分に沿って，それぞれの時代の方言を取り巻く状況や言語学の状況のなかで方言学の個々の下位分野が発展してきた歴史を，具体的に描き出してみることにする。

3. 方言学前史 — 江戸時代まで

近代言語学の枠組みにおける方言学が確立したのは，日本では明治以降のことであるが，方言については，江戸時代以前にもさまざまな形で意識され，言及されてきた。江戸時代以前とは，それぞれの地域に特徴的な，多様な種類の方言が存在していた時代である。貴族や武士などの場合には遠隔地に移動することがあり，それに伴って移動先の人々とコミュニケーションを行うための何らかの共通語が必要であったであろうが，一般の人々は，お伊勢参りなどの機会を除けば狭い地域のなかで生活することがほとんどで，方言が細かく分岐していた時代であった。こういった状況のなかで方言は，さまざまな書物のなかで次のような形で言及されてきた。

(1) 自身のことばと異なるものへの気づき

自分の話すことばと違うことばがあるということの認識は，日本人のあいだでは，すでに奈良時代から示されている。たとえば，奈良時代に編集された各地の『風土記』には，

(1) 俗の語に鮭の祖を謂ひてスケとなす（土地のことばでは，鮭の大きいも

のをスケという）　　　　　　　　　　　　（『常陸国風土記』）

のように方言についての記事が記載されており，また，『万葉集』の巻14と巻20に，方言的なことばの特徴を含む東歌と防人歌が収載されていることはよく知られている。

(2)　父母がかしらかき撫で幸くあれて言ひし言葉ぜ忘れかねつる（『万葉集』4346, 防人歌，駿河）

この歌では，下線で示したように，引用の「と」が「て」，「ことば」が「けとば」，係助詞の「ぞ」が「ぜ」になって現れている。

また，16世紀末から17世紀初期にかけて渡来したキリシタンの宣教師も，

(3)　'三河'（Micaua）から日本の涯にいたるまでの'東'（Figaxi）の地方では，一般に物言ひが荒く，鋭くて，多くの音節を呑み込んで発音しない。又これらの地方の人々相互の間でなければ理解されない，この地方独特で粗野な語が沢山ある

（ロドリゲス『日本大文典』(1604-1608), 土井忠生訳612ページ，三省堂）

のように，日本語の方言の違いに気づいていた。

(2) 文学作品のなかでの人物描写

一方，方言は，古典文学作品などのなかで，ある属性を帯びた人物を描き出す際に言及されることがあった。たとえば次のような例である。

(4)　若うよりさるあづま方の遙かなる世界にうづもれて年経ければにや，声などほとほとうちゆがみぬべく，物うち言ふすこしたみたる［なまった］やうにて　　　　　　　　　　　　　　　　　　（『源氏物語』，東屋）

時代が下がって，江戸時代には，式亭三馬『浮世風呂』(1809-1813) や十返舎一九『東海道中膝栗毛』(1802-1809) など，文学作品のなかで，その登場人物に実際に方言を使わせることも多くなった。

(5)　（江戸女）「夫だから，おめへがたの事を上方ぜへろくといふはな」（上方女）「ぜへろくとはなんのこつちやヱ」（江戸女）「さいろくト」（上方女）さいろくとはなんのこつちやヱ」（江戸女）「しれずはいゝわな」（上方女）「へゝ，関東べいが」　　　　　　　　　　（『浮世風呂』二編上）

(6)　（北八）「ばあさん，団子はつめてへか。チトあつためてくんな」（ちや屋のばゞあ）「ドレやきなをしてしんぜますべい」

（『東海道中膝栗毛』初編，戸塚〜大磯）

(3) さまざまな研究の一環として

　方言はまた，方言の研究を主な目的としないさまざまな研究分野において言及されることがあった。たとえば，本居宣長の『玉勝間』(1794-1812) という随筆では，古典語や古典文化についての言及が数多くなされているが，そのなかで巻7に「ゐなかにいにしへの雅言ののこれる事」という項目があり，周圏分布について指摘がなされている。また，小野蘭山の『本草綱目啓蒙』(1802) など，本草学（薬物学，博物学）について書かれた本のなかにも，動物や植物，鉱物などについての各地の方言名が記載されている。

(4) コミュニケーションのための手引き書

　最後に，方言について書かれたもののなかには，方言矯正，あるいは，共通語や他方言を理解し習得するための手引き書として編集されたものがある。たとえば，俳諧師の安原貞室の『片言』(1650) は，当時の共通語的存在である京都の方言について，児童のことばを矯正することを目的として著されたものである。また，京都に住む仙台藩連歌師の猪苗代兼郁がまとめた『仙台言葉以呂波寄』(1720) は，はじめて仙台に行ったときに理解できなかったことばなどをあげており，また庄内藩士堀季雄の著した『荘内浜荻』(1767) は，江戸に行く機会のある庄内人（とくに婦人）に江戸語を教えようとしたものであった。日本最初の全国方言辞典である越谷吾山の『諸国方言物類称呼』(1775) も，遠くから来た友だちのことばを笑うことなどがないように作成したとあり，ここでも対人コミュニケーション，とくに聞き手への配慮のありかたが作成の動機の一つになっている。

4. 方言学の確立期 — 明治〜終戦

　一方，明治時代になると，日本は，欧米の社会をモデルとして近代国家建設に向けて動き出す。近代国家とは，中央集権的で，標準語を備える国家である。ここで日本は，標準語の制定と，その，おもに義務教育を通じての普及活動に乗り出し，方言は撲滅の対象となった。この傾向は，教育界を中心に，近年まで続くことになる。さらに，1926年にはラジオ放送がはじまって，方言社会の人々も日常的に標準語に触れることになり，標準語の能力が徐々に向上しはじめて，方言衰退に向けて歩み出したものと思われる。

　この時期に行われた，方言をめぐる直接的・間接的な研究は，まず，① 標準語の制定と普及のための方言研究としてはじまり，ついで，② 民俗研究の一環とし

ての方言研究，③言語研究の立場からする方言研究という形で行われるようになる。

(1) 標準語の制定・普及のための方言研究

近代国家としてスタートした日本にとってまず必要な言語政策は，西洋の学問を消化するための語彙を大幅に補充することと，数ある変種のなかから標準語・標準表記法を確定することの二つであり，後者の目的のために，明治政府は，1902年，加藤弘之を委員長，上田万年を主事とする国語調査委員会を設置した。その調査方針のなかには，第1章に記したように，「方言ヲ調査シテ標準語ヲ選定スルコト」という項目が盛り込まれ，委員会は，まず，全国の方言の実態を把握することから着手した。その成果が，『音韻調査報告書・音韻分布図』(1905)，『口語法調査報告書』『口語法分布図』(1906) という，日本で最初の大規模な方言調査報告書と分布地図である。この調査によって，東西方言境界線や，九州・和歌山で動詞二段活用が使用されることなどが広く認識されるようになった。

この，標準語の制定と普及のための方言調査は，日本各地に波及し，この時期，各地の教育委員会や師範学校も，その地域の方言調査・報告を行っている。たとえば山形県では，東村山連合教育会『村山地方方言取調書』(1905) や，山形師範学校附属小学校『山形県方言集』(1907) がまとめられた。また，刊行物のタイトルに，新荘中学校『誤り易き発音及び仮名』(1909)，秋田県女子師範学校付属小学校『発音矯正案』(1921) のように，「誤り」「矯正」といったことばを含むものが多いということも，この時期の特徴の一つである。

(2) 民俗研究の一環としての方言研究

(1)に述べたような，方言を矯正し，なくそうとする運動が一方で展開されるなか，また一方では，人類学，民俗学，郷土研究，あるいは各地の習俗紹介の一環として，方言，とくに語彙を取り上げる動きがあった。この時期，『風俗画報』(1892-1916)，『方言と土俗』(1930-1933)，『土の香』(1928-1937) などの雑誌に方言関係の多くの論考が収録され，データが蓄積されている。大正期から民俗学の中心となった柳田国男にも，方言関係の著述として，「蝸牛考」(初出 1927,『人類学雑誌』)，『方言覚書』(1942)，『標準語と方言』(1949，いずれも『柳田国男全集』筑摩書房所収) などがあるが，同時に，広く民俗語彙の収集にあたり，『山村語彙』(1932)，『産育習俗語彙』(1935)，『分類農村語彙』(1937，いずれも国書刊行会から複製) などを編集している。

(3) 方言学の形成

上の二つの研究は，方言そのものの研究を目的とするものではなかったが，この時期にはもちろん，専門の言語研究者が現れて，方言研究をはじめている。新村出，東条操，服部四郎などがその中心で，とくに東条は，『大日本方言地図・国語の方言区画』(1927，育英書院）などをはじめとする方言区画論を展開すると同時に，『方言と方言学』(1938，春陽堂）などの概説書，『全国方言辞典』(1951，東京堂）や『標準語引分類方言辞典』(1954，同）などの辞書を著して，後に方言学の母といわれるようになった（方言学の父は柳田国男）。監修にあたった『方言学講座』(1961，東京堂）はいまも基本文献であり，『方言と方言学』に掲載された方言関係の文献目録はその後も日本方言研究会によって増補され続け，その最新のリストが『20世紀方言研究の軌跡』(2005，国書刊行会）として刊行されている。また服部四郎は，「『琉球語』と『国語』との音韻法則」(『方言』2-7～2-12，1932）などを著し，日本語諸方言の系統を比較方言学の立場から明らかにしようとした。

(2)にあげた柳田国男の「蝸牛考」は言語地理学的な研究であり，これに東条と服部の研究をあわせると，昭和の初期に，後の方言研究の三つの柱となる，言語地理学・方言区画論・比較方言学のすべてが出そろったことになる。

そのほか，この時期には，雑誌『方言』(1931-1938）が刊行され，方言のさまざまな側面を分析する論文を掲載した。また，1933～1935年には，『方言学概説』（東条操），『言語地理学』（江実），『アクセントと方言』（服部四郎），『本州東部の方言』（東条操・橘正一），『本州西部の方言』（東条操），『九州の方言』（吉町義雄）などを含む『国語科学講座』（明治書院）が刊行され，方言学の普及に貢献している。このような流れのなかで，1940年に日本方言学会が設立され（1944年，国語学会と統合），方言学は一つの学問分野として確立した。

5. 記述方言学と言語生活研究の時代—1950年代

戦後の方言学史は，1948年，「国語及び国民の言語生活に関する科学的調査研究を行い，あわせて国語の合理化の確実な基礎を築く」ことを目的に，国立国語研究所が設置されたことからはじまる。「現代の言語生活及び言語文化に関する調査研究」「国語の歴史的発達に関する調査研究」「国語教育の目的，方法及び結果に関する調査研究」などを実施することが設置法に盛り込まれ，方言については，

(1) 方言の記述と，(2) 言語生活の実態調査に着手した．

(1) 方言の記述

この研究は，4 項でみたように，すでに前期から盛んに行われていたものであるが，この時期，国立国語研究所を中心にして，構造主義言語学の影響なども受けつつ，一つの方言の音韻・アクセント・文法・語彙などが網羅的に記述されるようになった．1950 年前後には，研究所から記述を委託された各地の研究者によって，自筆稿本による記述報告書が多数作成されている（国立国語研究所図書館蔵）．1959 年に刊行された報告書『日本方言の記述的研究』（明治書院）は，当時の一つの到達点である．ただし，この時期の記述は，「形式面を中心にして広く浅く」が基本方針で，一つの論考や報告のなかではさまざまな方言事象が取り上げられたものの，音韻・活用・アクセントなどを除けば概して簡単な記載が多い．意味も含めた文法事象などの詳細な記述は，1970 年代以降の，共通語の文法研究の発展を待たなければならなかった．

なお，この時代，方言記述は研究所の外にある研究者によっても行われている．たとえば，東京都立大にあった平山輝男は，『日本語音調の研究』（1957，明治書院），『全国アクセント辞典』（1960，東京堂）などを著し，『国語アクセント論叢』（1951，法大出版局）や『明解日本語アクセント辞典』（1958，三省堂）を編集した金田一春彦とともに，アクセント研究の進展に大いに貢献した．また，1955 年に設立された近畿方言学会（-1962）は『近畿方言双書』を，藤原与一を中心とする広島大学方言研究会（後に広島方言研究所）は『方言研究年報』（1957-1988）を刊行し，各地の方言の実態を明らかにしている．

(2) 言語生活研究

言語生活研究は，設置の目的にあるように，国立国語研究所の研究の柱の一つである．この目的に従って研究所は，『八丈島の言語調査』（1950），『言語生活の実態』（1951，福島県白河市），『地域社会の言語生活』（1953，山形県鶴岡市）などの地域社会の共通語化に関する研究や，『敬語と敬語意識』（1957，愛知県岡崎市・三重県上野市）などの言語行動に関する研究に取り組んだ（本節に記載する国立国語研究所の報告書の多くは，研究所のホームページ（http：//www.ninjal.ac.jp/）の日本語情報資料館からダウンロードできる）．これらの研究の多くは，あらかじめ設定した調査項目について多人数に対する面接調査を行い，話者のさまざまな属性（性別・職業・居住歴・志向など）と，共通語（方言）や敬語の使

用率との相関関係を明らかにしようとするものであるが，この相関関係を探るという視点は，現在の社会言語学，とくに Labov らにはじまるバリエーション研究（変異理論）のそれと重なるところが大きい。世界的にみても早い時期に着手されたバリエーション研究の事例であり，しかも，鶴岡調査や岡崎調査のように，のちに 20 年ほどの間をあけて経年的に調査がなされたというケースは，世界的にも例が少ない。

なお，言語生活に関する一般向け雑誌として『言語生活』が刊行されたのも，この時期のことである（1951-1988，筑摩書房）。

6. 方言史研究の時代——1950 年代後半～1970 年代前半

この時期の方言研究は，歴史的な研究，具体的には，（1）言語地理学と，（2）比較方言学へと大きく方向を変える。このことには，前期までに方言の各種データが十分に蓄積され，方言学が最も興味をもつ地域的な相違とその成立過程を明らかにする期が熟したことがあずかっていよう。

(1) 言語地理学

言語地理学については，すでに柳田国男の「蝸牛考」（1927）によって方言周圏論が提唱され，ヨーロッパの言語地理学も，ドーザ『言語地理学』の翻訳（1938，冨山房，のちに大学書林）などを通して広く知られるようになっていたが，この時期，日本で方言研究を推進していた国立国語研究所の柴田武と，ベルギーから来日して布教にあたっていた，言語学者でもある W.A. グロータース神父の出会いがあって，規模の異なる二つの大きなプロジェクトが発足した。一つは，柴田，グロータース，徳川宗賢，馬瀬良雄による糸魚川方言調査（1957-1961）であり，もう一つは，やはり柴田，グロータース，徳川が計画・実施にかかわった，国立国語研究所の『日本言語地図』作成プロジェクト（調査は準備調査を含め 1955-1964，刊行は 1966-1975）である。

糸魚川調査は，狭い地域をフィールドにして，言語地理学をめぐるさまざまなアイディアが試された，いわば実験的な調査である。個別の言語地図を解釈する試みのほかに，理解の等語線，学区と方言分布の関係などが探られ，また一集落の全数調査も試みられた（全数調査は後にグロットグラム〈地点×年齢図〉として展開した）。柴田武『言語地理学の方法』（1969，筑摩書房）は，この調査をふまえてまとめられた，当時の言語地理学の理論的到達点である。ちなみに，糸魚

川調査の結果の全体は，ようやく 1988-1995 年に，『糸魚川言語地図』（秋山書店）として刊行された。

　一方，『日本言語地図』（大蔵省印刷局）は，返還前の沖縄を含む日本全国 2,400 地点において，285 項目について臨地面接調査を行い，300 枚の地図にまとめた大規模な地図集である。この地図集の完成によって日本全国の方言分布の状況が把握できるようになるとともに，個々の地図を解釈することによって国語史研究にも大きな発展をもたらした。なお，『日本言語地図』はおもに語彙を取り上げたものであったが，国立国語研究所は，その後，文法地図の作成にも着手し，『方言文法全国地図』を完成させている（調査は準備調査を含め 1977-1982，刊行は 1989-2006，国立印刷局）。

　そのほか，この時期には，広戸惇『中国地方五県言語地図』（1965，風間書房），藤原与一・広島方言研究所『瀬戸内海言語図巻』（1974，東大出版会），大橋勝男『関東地方域方言事象分布地図』（1974-1976，おうふう）などの大部の言語地図が公刊され，大学のゼミによる言語地理学的な調査も多数実施されて，言語地理学の全盛期を迎えた。

(2) 比較方言学

　言語地理学が方言研究の主流を占めたこの時期にはまた，「方言は中央語の影響を受けるだけではなく，それ自身，独自に変化する」という系統樹モデルに沿ったアイディアも展開されている。金田一春彦「辺境地方の言葉は果たして古いか」（1953，『言語生活』17），楳垣実「方言孤立変遷論をめぐって」（1953，『言語生活』24）などに示されたアイディアである。このように，周辺地域のほうが新しい段階を示す事象は，アクセントや文法に多い。金田一にはアクセントと文法についての論考が多く，とくにアクセントについて，昭和初期の服部四郎の業績を引き継いで，各地の方言のアクセントの型の対応という点から日本語の方言の系譜関係を明らかにしようとする比較方言学を推進していた。

　なお，一見したところ相容れないように思われる，周辺部のことばのほうが新しいとする比較方言学的な考えかたと，周辺部のほうが古いとする言語地理学的な考えかたをめぐっては，金田一春彦「比較方言学と方言地理学」（1973，『国語と国文学』50-6），徳川宗賢「方言地理学と比較方言学」（1974，『学習院大学国語国文学会誌』17）などで議論された。

　そのほか，この時期には，方言区画論についても，1964 年に刊行された日本方

言研究会編『日本の方言区画』（東京堂）で集大成をみるが，その後は，研究の目的が見失われたこともあって，急速に衰える。

7. 社会方言学の時代——1970年代以降

　続く1970年代以降，現在に至るまでは，社会言語学的な観点からする方言研究の時代といえよう。ここでは，(1)「方言動態」（第2項(c)にあげた真田編（2006）の「言語変種」「言語接触」「言語変化」「言語習得」に相当），(2)「方言行動」（同じく「言語行動」「言語生活」）の二つに分けて整理する。真田のあげる残りの二つのうち，「言語意識」は，方言動態・方言行動の背景にあってそのありかたを左右する要因となっている。また，「言語（方言）計画」については，国語教育や日本語教育などで問題になることがあるものの，方言研究者による正面からの取り組みはあまりない。

(1) 方言動態研究

　1970年代以降の方言動態研究は，上でみてきた言語生活研究，言語地理学，比較方言学，さらには，1960年代に発展した欧米の社会言語学（とくに変異理論）のもっていた視点や方法が融合して展開している。ここで採用された研究の方法は，生え抜きだけでなく移住者も，高年層だけでなく若年層も，地域社会だけでなく大都市も視野に入れて，いま現在，目の前で起こっている方言の変化を捉えようとするものである。この時期にこのような視点が生まれたことには，1960年代から1970年代初期にかけて高度経済成長を遂げた日本において，伝統的な方言が衰退し，方言の様相が大きく様変わりしつつあったということがかかわっていよう。一方では当時の方言の実態に対応した発展的な研究方法を独自に模索し（第6項(1)で取り上げた一集落全数調査やグロットグラム作成など），また一方では海外の研究の視点と方法を取り込んだ結果が，このような研究となって現れたということである。

　さて，この種の研究が注目した方言事象をまとめると，次のようになる。
(a) 方言消滅の側面（その裏返しとしての共通語化の側面）
(b) 方言発生の側面
　　(b-1) 自律的発生：新方言
　　(b-2) 接触的発生：ネオ方言・新方言
(c) 移住者の方言接触

まず，(a) の方言消滅の側面，あるいは共通語化の側面を扱う研究は，第5項 (2) にあげた言語生活研究の延長である。この時期，1972年に山形県鶴岡市で二度目の調査が行われ（『地域社会の言語生活』，1974，秀英出版），(ア) 音声をはじめとして伝統的な方言は確実に衰退していること，(イ) しかし，また一方では，20年前には使用されることが少なかった方言形式がよく使用されるようになっていること，(ウ) 関連して，方言話者は，共通語と方言を，場面に応じて使い分ける能力を身につけていること，などが見出された。このうち (ウ) の発見については，1991〜1992年に行われた第三回目の調査計画に組み込まれ，場面差調査が行われている（『方言使用の場面的多様性』，2006，国立国語研究所）。

　次に，(b) の方言の発生の側面について，上の (イ) から新たな研究が展開した。(b-1) にあげた，井上史雄による新方言の研究である。方言は，現代社会においても，かつてと同じようなメカニズムによって発生し続けているという主張である（『新しい日本語』，1985，明治書院）。また，上の (ウ) に関連して，話者の頭のなかに共通語と方言の二つの体系が共存することが原因で生じる，二つの体系が互いに影響し合って生まれた新たな方言形式も指摘され，研究されるようになった。(b-2) にあげた，真田信治が主唱するネオ方言である（『地域言語の社会言語学的研究』の5章4節，1990，和泉書院）。現代に生きる若者は，幼いときからテレビを通して共通語に触れ，また家庭において母親と共通語で話すことも多いために，高い共通語能力を身につけている。このような状況のなかで方言は，幼稚園や学校に入ってから，仲間内のことばとして，第二言語として習得されることもあり，この二つの言語体系の習得の過程において，共通語からの転移を受けた，また，共通語のフィルターを通したネオ方言（中間方言）が生じるというわけである。

　以上，(a) の方言消滅と (b) の方言発生は，方言話者が生まれた土地に居住していても経験する方言動態であるが，(c) の移住者の方言接触について，現代社会は人の移動が激しい社会であり，さまざまな形態の移住によって，さまざまな様式の方言接触や第二方言習得が頻繁に起こっているという実態がある。たとえば，近年では，伝統的な方言社会にニュータウンや大学町が新しく形成され，一つのコミュニティのなかで多様な方言が接触するといったことが生じている。また，大学進学や転勤によってほかの方言社会に移住し，移住先の方言を習得するといったこともごくふつうのできごとになった。さらには，地域社会に多くの

外国人が定住しはじめ，彼ら／彼女らと方言を使用してコミュニケーションを行うということも，最近では珍しいことではなくなってきた。このような社会的状況のなかで，方言は，確実に変容を遂げるとともに，新たな変種（さまざまな方言が接触するなかで生じる共通語であるコイネーや，共通の言語をもたない話者のあいだに生じるピジンなど）が発生している。

移住者の方言の変容過程については，従来から北海道移住者のことばが注目されてきたが（国立国語研究所『共通語化の過程』，1965，秀英出版など），上のような事象を取り上げた方言研究も，徐々に増えはじめている（朝日祥之『ニュータウン言葉の形成過程に関する社会言語学的研究』，2008，ひつじ書房など）。

(2) 方言行動研究

次に，方言行動研究は，前項（ウ）で述べた，ほとんどの方言話者が共通語と方言のバイリンガルになったという実態に対応するとともに，第5項（2）にあげた『敬語と敬語意識』のような研究の発展として進められているものである。これらの研究は，（研究の方法としては多人数調査を行うことが多いものの）一人一人の方言話者に注目して，その話者が，（a）方言と共通語をどのように使い分けているのか，（b）関連して，一つの方言社会で用いられる，共通語を含めた複数の敬語形式や待遇表現形式を，どのように運用しているのか，また，（c）一日24時間のなかで，どの時間にどのような方言形式を使ってどのような方言行動を行っているのか，といったテーマに取り組んできた。

（a）と（b）については，真田信治「越中五箇山郷における待遇表現の実態」（1973，『国語学』93）や国立国語研究所『場面と場面意識』（1990，三省堂）などがあり，だれかに道で会って「どこに行くのか」とたずねるとき，「行くのか」の部分を相手によってどう表現し分けるかなどを調査している。また，井上史雄らの新方言の研究でも，新方言が，あくまでも親しい人だけに対して使われる方言であることを確認するために，二つの場面（アナウンサーと話す場面，親しい友人と話す場面など）を設定して調査するのがふつうである。ちなみに，方言と共通語の使い分けについては，上にあげた研究が取り上げたような個別の形式や発話ではなく，佐藤和之・米田正人編『どうなる日本のことば』（1999，大修館書店）のような，ある場面で使用すると話者が考える変種（方言／共通語／両者が混じったもの，など）を調べたものもある。佐藤らの研究は，日本全国14地点の方言話者2,800人の方言・共通語使用意識を，同じ調査項目によって調査した，大

なお，この（a）と（b）のタイプの研究は，日本では，調査票やアンケートを作成し，話者一人一人に対して個別に行う面接調査，もしくは，多人数を一カ所に集めて同時に行う集合調査によってデータを得ることが多い。これは，方言話者が，実際の会話場面でどのような方言行動を行っているかを調べる実態調査ではなく，あくまでも，どのように行う（べきだ）と思っているかを明らかにする意識調査である。この点，日本の方言行動研究と欧米の言語行動研究とで大きく異なるところである。欧米の研究でも，談話完成テスト（discourse completion test）のような，ある発話が入るべきところを空欄にした2人の会話を作成し，その空欄に適当な発話を入れるという，一種のアンケート調査によってデータを集める場合があるが，実際の対話場面（自然談話・ロールプレイなど）を録音・録画して分析を行う研究もかなり多い。

　そもそも，日本の方言行動の研究は，欧米の語用論やポライトネス研究，談話分析などとの連携があまりないというのが実情で，欧米で盛んに行われてきた，依頼・断り・反対意見の表明・ほめとその返答といった発話行為，ターンの取りかた，各地方言におけるアコモデーション（聞き手のことばをふまえた話し手の言語調節行動。異なる方言や言語を使用する話者への共通語や外国語・フォリナートークの使用など）の地域差の研究なども，ほとんど行われていない。

　これに対し，（c）方言行動の24時間調査は，日本の方言行動研究が先鞭をつけた領域である。これは，一人の方言話者の，就寝中を除いた一日の方言行動をまるごと取り上げて分析しようとするケーススタディで，国立国語研究所『待遇表現の実態』（1971，秀英出版，島根県松江市）などでその実態が詳細に分析された。上で（a）と（b）の研究の多くが行っていると述べた，調査項目を限定しての方言行動の分析とその結果は，こういった，話者の方言行動全体の脈絡のなかに位置づけてみることが必要であるが，話者のプライバシーなどの問題があって，近年は，24時間調査はあまり行われていない。

8. 現在の動向と今後の課題

　最後に，方言研究の現在の動向と，残されている課題を整理しておこう。ここでは，（1）文法記述・類型論，（2）方言動態の研究，（3）方言行動の研究の3点を取り上げる。

(1) 文法記述・類型論

1950年代に盛んに行われた方言の記述的な研究は，歴史的な研究や社会方言学的な研究の影に隠れつつも，その後も地道に発展を遂げ，とくに語彙の面で，日本方言研究会・柴田武編『日本方言の語彙—親族名称・その他—』（1978，三省堂），室山敏昭『生活語彙の基礎的研究』（1987，和泉書院）にみるような，体系的な記述が行われた。平山輝男らによって各地で行われた基礎語彙の研究も，『現代日本語方言大辞典』（1992-1994，明治書院）として集約され，尚学図書編『日本方言大辞典』（1989，小学館）とともに，方言語彙についての基礎的なデータを提供している。

一方，文法についても，藤原与一が『方言文末詞〈文末助詞〉の研究』（1982-1986，春陽堂書店）などを著すが，近年では，共通語の文法研究や海外の類型論的な研究の影響を受けつつ，一つの方言について，形式ごとの，あるいは文法カテゴリーごとの厚みのある記述が行われるようになってきた。たとえば，格についての佐々木冠『水海道方言における格と文法関係』（2004，くろしお出版）や，アスペクト・テンス・ムードについての工藤眞由美編『日本語のアスペクト・テンス・ムード体系』（2004，ひつじ書房）などである。ある表現領域について各地の方言を対照的・類型論的に分析した研究にも，日高水穂『授与動詞の対照方言学的研究』（ひつじ書房，2007）などがあり，佐々木冠ほか『シリーズ方言学2 方言の文法』（2006，岩波書店）には格・自発と可能（ヴォイス）・アスペクトとテンス・モダリティ・文法化の章が含まれている。

ただし，この種の研究では，共通語の文法研究などと同じように，研究者自身が興味をもっている対象だけを取り上げるという分業化が進み，現時点では，一つの方言をまるごと取り上げてその参照文法を作るといった動きは，あまりみられない。伝統的な方言が消滅しつつあるいま，後世の話者や研究者のために，『全国方言資料』（1959-1972，日本放送協会），『方言談話資料』（1978-1987，秀英出版），『日本のふるさとことば集成』（2001-，国書刊行会）のような談話データなど，方言の自然な姿を映し出したデータを蓄積するとともに（documentation），分析を行って，できるだけ網羅的な，かつ厚みのある参照文法を残しておくことは（description），現在の方言研究者にとっては非常に重要な任務である。こういった個別方言の記述的な研究を縦糸とし，世界の言語を比較することによってある文法カテゴリーに存在する一般的な特徴を明らかにする類型論的な研究を横

系として方言文法研究を展開すれば，方言文法研究が言語研究界に大きく貢献することは間違いない。

(2) 方言動態の研究

上の第7項 (1) で述べた方言動態の研究は，現在も発展的に行われている。現在はとくに，言語外情報を取り入れて方言分布を理解しようとする動きが顕著で，鉄道距離と標準語形使用率の関係の解明（井上史雄），GIS（geographical information system，地理情報システム）の導入（大西拓一郎・鳥谷善史）などが目立つところである。このような，言語外的な情報とことばの地理的分布をつきあわせる研究が必要なことは以前から指摘されていたが，技術的な進歩によって，精度の高いつきあわせがようやくできるようになってきた。

(3) 方言行動の研究

各地の方言話者が共通語と方言のバイリンガルになるなかで，個々の方言話者は，聞き手や場面に応じて両者を切り換えるだけでなく，同じ聞き手，同じ話題，同じ場所であっても両者を切り換えて（あるいは取り混ぜて）使用することが日常的になってきた。後者のような切り換えを行うには，話者に共通語と方言の高い能力があることが前提となることがバイリンガル研究などで指摘されているが，このような切り換えは，会話だけでなく，さらに，携帯メールやブログなどでも観察されるようになっている。方言行動研究にとっては，このような事象を対象にして，ある個人において共通語や方言はどのような過程を経て習得されるのか，また話者は，方言／共通語を基調とする談話において，どのような場合に共通語／方言を談話に導入するのか，といった問題について，これまで海外で行われてきたバイリンガルの言語習得研究やコードスイッチ研究が明らかにしてきたことを参照しつつ解明していくことが課題になるが，近年，実際に，この種の研究が行われるようになってきた。この分野では，話者の頭のなかにある，複数の言語体系の能力（multicompetence）やその運用能力（『シリーズ日本語史4 日本語史のインタフェース』の第6章，2008，岩波書店），話者のアイデンティティ，第7項 (2) で述べた個々の発話のもつ発話機能などが，研究の焦点になるはずである。

以上，本節では，江戸時代以前から現在に至るまでの方言の研究史を概観した。具体的には，まず，研究史を描くための前提として，それぞれの年代の方言学のありかたは，その年代の，方言の実態や方言をめぐる社会的状況と，言語学の潮

流によって決まることが多いこと（第1項，方言をめぐる社会状況と言語学の潮流），また，方言学には，研究を進めるなかで成立してきたいくつかの柱があること（第2項，方言学の下位分野）の2点を指摘した。続いて，方言学の具体的な研究史として，第3項，方言学前史─江戸時代まで，第4項，方言学の確立期─明治〜終戦，第5項，記述方言学と言語生活研究の時代─1950年代，第6項，方言史研究の時代─1950年代後半〜1970年代前半，第7項，社会方言学の時代─1970年以降，の五つの時期に分けて，それぞれの時期の特徴を整理した。最後の第8項，現在の動向と今後の課題は，方言学の今後の展望である。

　現代という時代は，一方では地球規模のグローバルなコミュニケーションが行われ，共通のコミュニケーション手段が模索される時代であるが，また一方では，地域内部あるいはグループ内部で行われるローカルなコミュニケーションもますます盛んに行われている時代である。そして，後者のコミュニケーションのなかでは，方言がさまざまな形で活用されている。しかし，その方言は，社会の状況や話者のニーズに対応して時の流れのなかでその形式や意味，社会的な働きを変えていくものであり，方言学も，その変わりゆくすがたに対応して，新たな研究の視点や方法を開発していく必要があろう。

Exercises

1. 図書館に並んでいる方言関係の書籍のまえがきなどを調べ，それぞれが，いつ，どのような目的で書かれたものか，本節の内容と関連させてまとめてみよう。
2. 1の答えや第2章各節の内容，方言を取り巻く社会的な状況などをふまえて，現在，方言について研究を行うとすればどのようなテーマが設定できるか，考えてみよう。

文　　献

赤坂憲雄（2000）『東西／南北考―いくつもの日本へ―』岩波書店
秋田県教育委員会編（2000）『秋田のことば』無明舎出版
秋田県教育委員会編（2003）『CD-ROM版　秋田のことば』無明舎出版
秋永一枝（1966）「共通語のアクセント」日本放送協会編『日本語発音アクセント辞典』日本放送出版協会
秋山正次（1983）「熊本県の方言」飯豊毅一・日野資純・佐藤亮一編『講座方言学9　九州地方の方言』国書刊行会
安里　進・土肥直美（1999）『沖縄人はどこから来たか』ボーダーインク
新井小枝子（2007）「群馬県藤岡市方言における「養蚕語彙」の比喩表現」『日本語科学』21
有元光彦（2007）『九州西部方言動詞テ形における形態音韻現象の研究』ひつじ書房
飯豊毅一・日野資純・佐藤亮一編（1982a）『講座方言学7　近畿地方の方言』国書刊行会
飯豊毅一・日野資純・佐藤亮一編（1982b）『講座方言学8　中国・四国地方の方言』国書刊行会
飯豊毅一・日野資純・佐藤亮一編（1984a）『講座方言学2　方言研究法』国書刊行会
飯豊毅一・日野資純・佐藤亮一編（1984b）『講座方言学5　関東地方の方言』国書刊行会
石田省三郎（1997）「反対尋問・捜査官に対する尋問　微妙なニュアンスの積み重ねが重要」『季刊　刑事弁護』10
井上史雄（1992a）「専門家アクセントの使われ方」『日本語イントネーションの実態と分析』（国広哲弥編，重点領域研究「日本語音声」C3班研究成果報告書）
井上史雄（1992b）「業界用語のアクセント―専門家アクセントの性格―」『月刊言語』21-2（井上史雄（1994）『方言学の新地平』（明治書院）に再録）
井上史雄（2000）『日本語の値段』大修館書店
井上史雄・吉岡泰夫監修（2003）『九州の方言　調べてみよう暮らしのことば』ゆまに書房
井上文子（1998）『日本語方言アスペクトの動態―存在型表現形式に焦点をあてて―』秋山書店
岩本　実（1983）「宮崎県の方言」飯豊毅一・日野資純・佐藤亮一編『講座方言学9　九州地方の方言』国書刊行会
上野善道（1977）「日本語のアクセント」『岩波講座日本語5　音韻』岩波書店
上村幸雄（1972）「琉球方言入門」『言語生活』251
上村幸雄（1989）「音韻変化はどのようにしてひきおこされるか（2）―琉球列島諸方言のばあい―」『沖縄言語研究センター資料』79
上村幸雄（1992）「琉球列島の言語（総説）」亀井　孝ほか編『言語学大辞典　第4巻』三省堂
上村幸雄（2000）「琉球語音声学の概説」『音声研究』4-1
楳垣　実編（1962）『近畿方言の総合的研究』三省堂
榎本有也描画・中溝　愆執筆（1994）「稲城方言かるた」坂浜歴史研究会
大阪大学大学院文学研究科真田研究室編（2006）『奄美大島における言語意識調査報告』大阪大学大学院文学研究科日本語学講座逐次刊行物
太田一郎（2009）「地方中核都市から周辺地域への言語伝播―福岡県南部の場合―」『人文学科論集』69，鹿児島大学法文学部

岡野信子（1983）「福岡県の方言」飯豊毅一・日野資純・佐藤亮一編『講座方言学 9　九州地方の方言』国書刊行会
沖縄大百科事典刊行事務局（1983）『沖縄大百科事典　下巻』沖縄タイムス社
加藤正信（1977）「方言区画論」『岩波講座日本語 11　方言』岩波書店
上村孝二（1983）「九州方言の概説」飯豊毅一・日野資純・佐藤亮一編『講座方言学 9　九州地方の方言』国書刊行会
川嶋秀之（2009）「茨城県」佐藤亮一編『都道府県別全国方言辞典』三省堂
狩俣繁久（1994）「沖縄における言語状況（断想）」『国文学　解釈と鑑賞』59-1
狩俣繁久（2002）「琉球の方言」北原保雄監修, 江端義夫編『朝倉日本語講座 10　方言』朝倉書店
岸江信介（2005）「大阪ことばの現在」陣内正敬・友定賢治編『関西方言の広がりとコミュニケーションの行方』和泉書院
木部暢子（1996a）「〔書評〕『方言文法全国地図 2・3』」『国語学』186
木部暢子（1996b）『鹿児島市とその周辺地域における地域共通語の実態とその教育に関する研究』科学研究費補助金　基盤研究 B（2）（研究代表者：木部暢子）研究成果報告書
木部暢子（1997）『鹿児島県のことば』明治書院
木部暢子（2000）『西南部九州アクセントの研究』勉誠出版
木部暢子（2007）「福岡市アクセントの平板化」『国文学　解釈と鑑賞』72-7
儀間　進（1987）『うちなぁぐちフィーリング』沖縄タイムス社
儀間　進（1996）『続うちなぁぐちフィーリング』沖縄タイムス社
金水　敏（2003）『ヴァーチャル日本語　役割語の謎』岩波書店
窪薗晴夫（2006）『アクセントの法則』岩波書店
芥子川律治（1971）『名古屋方言の研究』名古屋泰文堂
郡　史郎編（1997）『大阪府のことば』明治書院
国立国語研究所編（1957）『敬語と敬語意識』秀英出版
国立国語研究所編（1963）『沖縄語辞典』大蔵省印刷局
国立国語研究所編（1966-1974）『日本言語地図』全 6 巻　大蔵省印刷局（縮刷版 1981-1985）
国立国語研究所編（1983）『敬語と敬語意識—岡崎における 20 年前との比較—』三省堂
国立国語研究所編（1989-2006）『方言文法全国地図』全 6 巻　大蔵省印刷局・財務省印刷局・国立印刷局
国立国語研究所編（2003）『新「ことば」シリーズ 16　ことばの地域差—方言は今—』文化庁
小西いずみほか（2007）『シリーズ方言学 4　方言学の技法』岩波書店
小林　隆・篠崎晃一編著（2007）『ガイドブック方言調査』ひつじ書房
齋藤孝滋（2001）「方言の特色　アクセント」『岩手県のことば』明治書院
坂口　至（1998）『長崎県のことば』明治書院
佐藤和之（1996）『地域語の生態シリーズ東北篇　方言主流社会—共生としての方言と標準語—』おうふう
佐藤和之・米田正人編著（1999）『どうなる日本のことば—方言と共通語のゆくえ—』大修館書店
佐藤　稔（1982）「秋田県の方言」『講座方言学 4　北海道・東北地方の方言』国書刊行会
真田信治（1983）「地域社会における待遇表現行動の一側面—愛知県常滑市の場合—」『大阪大学日本学報』2

真田信治（2002）「言語データの収集をめぐって―現地調査法概論―」『地域語研究論集―山田達也先生喜寿記念論文集』港の人

真田信治（2003）「解説―『臨床ことば学』への期待」道浦敏彦『「ことばの雑学」放送局』PHP研究所

真田信治（2004）「ネオ方言はどのように生まれるのか」『フィールドワークは楽しい』岩波ジュニア新書

真田信治編（2006）『奄美』（「薩南諸島におけるネオ方言（中間方言）の実態調査」科学研究費補助金　基盤研究（C）成果報告書）

真田信治・井上文子（1995）「関西圏における接客敬語行動―店舗形態によるバラエティ〈その1〉―」『阪大日本語研究』7

真田信治・岸江信介（1990）『大阪市方言の動向―大阪市方言の動態データ―』文部省科学研究費成果報告書

真田信治・庄司博史編（2005）『事典　日本の多言語社会』岩波書店

渋谷勝己（2002）「方言学の功罪」日本方言研究会編『21世紀の方言学』国書刊行会

庄司博史・バックハウス，P.・クルマス，F. 編（2009）『日本の言語景観』三元社

新城和博（1993）『うちあたいの日々　オキナワシマーコラム集』ボーダーインク

陣内正敬（1996）『北部九州における方言新語研究』九州大学出版会

陣内正敬・杉村孝夫ほか（1997）『福岡県のことば』明治書院

陣内正敬・友定賢治編（2005）『関西方言の広がりとコミュニケーションの行方』和泉書院

杉藤美代子（1982）「近畿方言におけるザ行音・ダ行音・ラ行音の混同について」飯豊毅一・日野資純・佐藤亮一編（1982）『講座方言学7　近畿地方の方言』国書刊行会

高江洲頼子（1994）「ウチナーヤマトゥグチ―その音声，文法，語彙について―」『沖縄言語研究センター研究報告3　那覇の方言』

高江洲頼子（2004）「ウチナーヤマトゥグチ―動詞のアスペクト・テンス・ムード―」工藤真由美編『日本語のアスペクト・テンス・ムード体系―標準語研究を超えて―』ひつじ書房

高木千恵（2002）「高知県幡多方言話者のスタイル切換え」『阪大社会言語学研究ノート』4

高木千恵（2006）『関西若年層の話しことばにみる言語変化の諸相』『阪大日本語研究』別冊2号，大阪大学大学院文学研究科日本語学講座

高橋顕志（1986）『松山市・高知市間における方言の地域差・年齢差―グロットグラム分布図集―』高知女子大学文学部国語学研究室

高橋顕志（1996）『地域語の生態シリーズ　中国・四国編　地域差から年齢差へ，そして…』おうふう

高良倉吉（1993）『琉球王国』岩波書店

田原広史（1991）「データの収集と処理」徳川宗賢・真田信治編『新・方言学を学ぶ人のために』世界思想社

田原広史（2006）「近畿における方言と共通語の使い分け意識の特徴―方言中心社会の提唱―」真田信治監修, 中井精一・ダニエル＝ロング・松田謙次郎編『日本のフィールド言語学―新たな学の創造に向けた富山からの提言―』日本海総合研究プロジェクト研究報告4, 桂書房

辻加代子（2001）「京都市方言・女性話者の『ハル敬語』―自然談話資料を用いた事例研究―」『日本語科学』10, 国立国語研究所

東条　操監修（1961a）『方言学講座2　東部方言』東京堂

東条　操監修（1961b）『方言学講座3　西部方言』東京堂

徳川宗賢（1993）『方言地理学の展開』ひつじ書房
徳川宗賢（1999）「ウェルフェア・リングイスティクスの出発」『社会言語科学』2-1
中井精一編（2003）『奈良県のことば』明治書院
中澤　潤（1997）「人間行動の理解と観察法」中澤　潤・大野木裕明・南　博文編『心理学マニュアル　観察法』北大路書房
仲間雅子・西　泉（2003）「ウチナー若者ことばにあらわれるじらーについて」Southern Review 18
二階堂整（2004）『地域方言の談話アスペクトにおける「話者認知スケール」に関する記述的・理論的研究』科学研究費補助金基盤研究C（2）（研究代表者：二階堂整）研究成果報告書
西村浩子（1999）「徳之島における方言継承の問題点」『徳之島郷土研究会報』24
ネウストプニー，J.V.・宮崎里司編著（2002）『言語研究の方法』くろしお出版
バックハウス，P.（2005）「日本の多言語景観」真田信治・庄司博史編『事典　日本の多言語社会』岩波書店
服部四郎（1932）「『琉球語』と『国語』との音韻法則」（服部四郎（1959）『日本語の系統』岩波書店　所収）
早野慎吾（2007）「宮崎県の言語動態」『国文学　解釈と鑑賞』72-7
原野明子（1997）「事象見本法の理論と技法」中澤　潤・大野木裕明・南博文編『心理学マニュアル　観察法』北大路書房
飛田良文ほか編（2007）『日本語学研究事典』明治書院
日高貢一郎（2002）「医療・福祉と方言学」日本方言研究会編『21世紀の方言学』国書刊行会
日高貢一郎（2005）「医療・福祉と方言」真田信治・庄司博史編『事典　日本の多言語社会』岩波書店
日高貢一郎（2007）「第4章　福祉社会と方言の役割」真田信治・陣内正敬・井上史雄・日高貢一郎・大野眞男『シリーズ方言学3　方言学の機能』岩波書店
日高水穂（1994）「近畿地方の動詞の否定形」『方言文法』1，GAJ研究会
日高水穂（2002）「方言の文法」北原保雄監修，江端義夫編『朝倉日本語講座10　方言』朝倉書店
日高水穂（2006a）「インタビューによる言語調査法」伝　康晴・田中ゆかり編『講座社会言語科学6　方法』ひつじ書房
日高水穂（2006b）「文法化の地域差―「のこと」からコト・トコ類への文法化と地理的分布―」『日本語学』25-9
日高水穂（2006c）「文法化」『シリーズ方言学2　方言の文法』岩波書店
日高水穂（2008）「方言形成における「伝播」と「接触」」『山口幸洋博士古希記念論文集　方言研究の前衛』桂書房
日高水穂（2009）「秋田における方言の活用と再活性化―フォークロリズムの視点から―」『言語』38-7
日野資純（2009）「神奈川県」佐藤亮一編『都道府県別全国方言辞典』三省堂
平山輝男（1960）『全国アクセント辞典』東京堂出版
平山輝男（1998）「全日本の発音とアクセント」NHK放送文化研究所編『NHK日本語発音アクセント辞典　新版』日本放送出版協会
平山輝男ほか編（1997-）『日本のことばシリーズ』全48巻予定，明治書院
藤江康彦（1999）「教室談話研究における課題としての集団性と発話順行性」『広島大学教育学部

紀要第一部（心理学）』48
藤田勝良（2003）『佐賀県のことば』明治書院
藤原勝紀（1992）「臨床心理学の方法論」氏原　寛ほか編『心理臨床大事典』培風館
藤原与一（1990）『中国四国近畿九州　方言状態の方言地理学的研究』和泉書院
藤原与一監修，神部宏泰編（1984）『方言研究ハンドブック』和泉書院
札埜和男（1999）『大阪弁看板考』葉文館出版
札埜和男（2005a）「方言教育論—臨床ことば学としての方言の役割—」『日本方言研究会　第80回研究発表会発表原稿集』日本方言研究会
札埜和男（2005b）「ことば・教育・文化・社会」竹内常一編『授業づくりで変える高校の教室2　国語』明石書店
札埜和男（2005c）「国語教育と方言」真田信治・庄司博史編『事典　日本の多言語社会』岩波書店
札埜和男（2009）「法廷における方言的ことば」『社会言語学』Ⅸ　「社会言語学」刊行会
舟橋秀晃（2004）「大阪の教師の話術—関西人の会話様式と関西弁の特徴からもたらされるもの—」『日本語学』23-11
牧村史陽（1979）『大阪ことば事典』講談社
松下竜一・『松下竜一　その仕事』刊行委員会編（1999）『松下竜一　その仕事13　五分の虫，一寸の魂』河出書房新社
松田謙次郎（2000）「フィールドワーク資料のデジタル化」*Theoretical and Applied Linguistics at Kobe Shoin 3*
松田正義（1983）「九州方言の語彙」飯豊毅一・日野資純・佐藤亮一編『講座方言学9　九州地方の方言』国書刊行会
松田美香（2007）「方言まるだし弁論大会」『国文学　解釈と鑑賞』72-7
真野　久（1966）「西濃方言のアクセント—アクセント境界地域の型の認定—」『三重県方言』21
まぶい組編（1990）『日記版　おきなわキーワードコラムブック　Vol.2』沖縄出版
水谷美保・齋藤美穂（2007）「方言との接触による標準語形式の意味・用法の変容—奄美におけるとりたて形式『ナンカ』の用法の拡張—」『日本語文法』7-2
宮島達夫（1966）「方言教育論—標準語教育への提案—」『言語生活』172
室山敏昭（2001）『「ヨコ」社会の構造と意味—方言性向語彙に見る—』和泉書院
茂呂雄二（1991）「教室談話の構造」『日本語学』10-10
茂呂雄二（1996）「読み書きの具体性から　認知心理学」佐々木正人編『21世紀学問のすすめ4　心理学のすすめ』筑摩書房
茂呂雄二（1997）「発話の型」茂呂雄二編『対話と知　談話の認知科学入門』新曜社
屋比久浩（1963）「沖縄における言語転移の過程について」『人文社会科学研究』1，琉球大学人文社会科学研究所
屋比久浩（1987）「ウチナーヤマトゥグチとヤマトゥウチナーグチ」『国文学　解釈と鑑賞』52-7
山田敏弘（2004）『みんなで使おっけ！　岐阜のことば』まつお出版
「よ〜い，ドン。にほんご」編集委員会編（2007）『よ〜い，ドン。にほんご　ブラジル人のためのこどもせいかつ編　東海版』三省堂
横浜礼子（2003）『介護学生のための三つの津軽ことば』路上社

四方田麻希子（2005）「1.1. 気づきにくい方言」田中ゆかり編『言語実地調査報告―世田谷区編―』私家版（ウェブサイト版：関東方言に対する認識とその使用について　パート2　四方田麻希子　http://www.chs.nihon-u.ac.jp/jp_dpt/field04/houkoku.htm・2004年度フィールドワーク入門調査報告　http://www.chs.nihon-u.ac.jp/jp_dpt/field04/）

ロング，ダニエル・橋本直幸編（2005）『小笠原ことばしゃべる辞典』南方新社

鷲田清一（1999）『「聴く」ことの力―臨床哲学試論』TBSブリタニカ

MBCエンタープライズ（1993）『さつま狂句テレビ版』南日本放送

NHK放送文化研究所監修（2005a）『NHK　21世紀に残したいふるさと日本のことば①　北海道・東北地方』学習研究社

NHK放送文化研究所監修（2005b）『NHK　21世紀に残したいふるさと日本のことば③　中部地方』学習研究社

Matsuda, K. (1993) Dissecting analogical leveling quantitatively: the cause of the innovative potential suffix in Tokyo Japanese. *Language Variation and Change 5*

■ウェブサイト

医療人のための群馬弁講座　http://www7.plala.or.jp/gunma
大阪府警察　http://www.police.pref.osaka.jp/07sodan/chikan_sodan/index.html
大阪府　府・市町村共同水道キャンペーン
　　　http://www.pref.osaka.jp/suido/kouhou/design22.html
国立国語研究所　日本語情報資料館　http://www6.ninjal.ac.jp/
ダイドードリンコ（株）「自販機空間」
　　　http://www.dydo.co.jp/corporate/jihanki/talk/index.html
超神ネイガー公式サイト　ホジナシ図鑑　ホジナシの組合
　　　http://homepage1.nifty.com/nexus/neiger/
秀丸エディタ（秀まるおのホームページ）
　　　http://hide.maruo.co.jp/software/hidemaru.html
ふるさとの方言　http://nlp.nagaokaut.ac.jp/hougen/
文部科学省　中学校学習指導要領
　　　http://www.mext.go.jp/a_menu/shotou/new-cs/youryou/chu/koku.htm
JGrepper（NPO法人　電脳世代）
　　　http://www.dennou-sedai.jp/Software/JGrepper/index.html
Ken's Linguistic Atlas　http://kenz.linguistic-atlas.org/
Okoshiyasu2（Mojo）　http://www12.plala.or.jp/mojo/
SizzlingKeys（Yellow Mug）　http://www.yellowmug.com/sk4it/
Voice Writing（株式会社ボイススピリッツ）　http://voicespirits.co.jp/voice_writing/

索　　引

あ　行

アイデンティティ機能　145, 154, 157, 158
曖昧アクセント　37
アクセント　57
　──の平板化　47
アクセント核　36
アスペクト　111
アスペクト表現　79, 92
新しい方言形　100
アーネー　119
奄美大島　9
奄美大島方言　123
奄美沖縄方言　123

イクとクル　108
イ形容詞のウ音便　90, 97
イ語尾化　109
一型アクセント（尾高一型）　105
一型アクセント（無アクセント）　106
茨城の尻上がり　37
意味変化　97
イントネーション　37
引用機能　145, 158

ウェルフェア・リングイスティクス（welfare linguistics）　143
ウ音便形　78

ウチナースラング　136
ウチナーヤマトゥグチ　132
うねり音調　58

江戸語　32

小笠原混合言語　32
沖縄方言　123
沖永良部方言　123
オ母音の開合　56
オランクナッタ　110
音韻項目　96
『音韻調査報告書』　2
音韻的対立　33

か　行

ガ　119
会話スタイル　116
係り結び　132
カ行子音　129
ガ行鼻濁音　75
カ行変格活用の一段化　39
学習指導要領　167
格助詞サ　40
カ語尾　106
過去否定の表現　98
可能表現　19, 107
上一段活用化　39, 41
カムフラージュ機能　145
カリ活用形　78
関西共通語　83

観察調査　172
干渉　98
関東ベー　37
関東方言　32
完了・結果相　112

喜界島方言　123
擬似疑問イントネーション　47
記述方言学　191
北関東の尻上がり　37
機能的概念　7
起伏式　36
逆成　59
共通語　6, 46, 48, 49
共通語化　197
共通語主流社会　46
狭母音　33

ケ　119
京阪式アクセント　36, 75, 91
京阪方言　32
形容詞（イ形容詞）　93
形容動詞（ナ形容詞）　93
結果相　92
言語改新　101
言語景観　160
言語事項　103
言語生活研究　197
言語地理学　191, 196, 198
『言語地理学の方法』　198
言語の島　44
現地調査　171

権力　158, 159, 166

高起式　76
攻撃機能　145, 157
『口語法調査報告書』　2
構造的概念　7
喉頭音化　128
合拗音　57, 90
合理化　186
国語調査委員会　1
国立国語研究所　6, 196
語形情報　184
語形変化　98
古語の残存　96
五段化現象　79
コッセン　118
コト・トコ類の表現　18
語尾上げ　47
語尾伸ばし　47
コミュニケーションツール　88

さ　行

ザアマスことば　43
埼玉特殊アクセント　36
サ入れことば　51
サ行イ音便　59
サ行変格活用の一段化　39
ザ行・ダ行・ラ行の混同　75
薩隅方言　104

子音の交替　34
子音の脱落　34
GAJ　38, 39
しか　53
シカケル　79
指小辞　45
時制表現　20
自然傍受法　172
質問調査　172-174

シマグチ　13
社会方言学　192, 200
周圏分布　64
終止形　131
準体助詞　113
準東京式アクセント　36
状況可能　19
昇降調　47, 115
小・中学校学習指導要領　103
書記言語　32
女子大生口調　47
助辞ベー　37
尻上がりイントネーション　47
資料の保存　179
進行相　92
心的接触機能　145
新方言　50, 201
スタイル　7, 12
ステレオタイプ　87
ストラテジー　158, 167
スルニイイ形　19

性向語彙　29
接続詞　113
絶対敬語　61
接頭語　44
接尾語　45
専門家アクセント　47

促音化　35

た　行

タイ　106
対応置換　101
待遇表現　37
ダカラヨー　115
濁音化　34
濁音の前の鼻音　89

他者尊敬表現　42
垂井式アクセント　57
断定辞　92, 97, 113
談話調査　172, 175
談話データ　204

地域おこし　102
地域活性化　29
地域内統合型　118
地域方言の維持　82, 85
中舌音　89
中舌化　16
中部方言　32
調査者のパラドックス　173
超神ネイガー　29
直音化　35

低起式　76
丁寧形式　182
丁寧表現　42
転訛　44

ト　106
同音異義語　37
同音衝突　51
東京語　32, 53
東京式アクセント　16, 36, 91
東京下町方言　34
東京山の手ことば　32
等語線　61
東西方言境界線　2, 4
動詞の否定形　78
東条操　1, 3
動詞連用形からの派生名詞　80
東北方言　15
特殊アクセント　36
徳之島方言　123
とびはねイントネーション　48
取り替え型　118
取り込み型　117

な 行

ナイデス 183
ナカッタデス 184
南奥方言 15, 32

二型アクセント 105
西関東方言 32
24時間調査 203
二段活用 107
二段活用の一段化 40, 41, 111
日常の空間形成機能 145, 149, 153, 155
『日本言語地図』 55, 199
『日本の方言区画』 200
日本方言学会 196
にわか 120

ネオ方言 9, 62, 82, 84, 109, 172, 201
ネーミング 162

能力可能 19

は 行

バイ 106
バイリンガル 101
ハ行子音 129
拍内下降 76
八丈島方言 32
撥音化 34
発話スタイル 8, 9
場の緩和機能 144, 152, 153
ハル敬語 80
半母音 35

比較方言学 191, 196, 199
東関東方言 32
鼻濁音 35

肥筑方言 104
否定辞 113
卑罵語 45
標準語 6, 8, 10, 32
標準語化 25, 26
標準語奨励運動 10
標準語の制定 195

フェイスシート 175
福岡の音調 113
副助詞きり 52
豊前環境権裁判 153
ふつうのことば 11
「ふるさと日本のことば」 21
文法化 20, 60

ベー 51
平板式 36
平板的音調句 113
ベーベーことば 37
変化の広がり 111
ヘンナイ 109

母音の広狭 57
母音の交替 33
母音の無声化 32, 74
方言記述 197
方言教育 164
方言区画 1, 196
方言グッズ 87
方言コンプレックス 26
方言詩 27
方言収録事業 26
方言主流社会 46, 108
方言スタイル 101
方言大会 121
方言的音調 112
方言の格上げ 12
方言の撲滅 118
『方言文法全国地図』 39, 41,

　　89
方言マーカー 77
方言類型論 191
豊日方言 104
北奥方言 15

ま 行

マセン 183
マセンデシタ 183
窓口敬語 118
『まるめろ』 27

宮古方言 123
宮古八重山方言 123

無アクセント 91
無型アクセント 36, 58
無敬語 42
無声子音 33

文字化 180
文字化作業 182

や 行

八重山方言 123
ヤマトゥチナーグチ 134

有型アクセント 36
有声音 32
有声化 16
ゆすり音調 58

ヨ 119
養蚕語彙 45
四つ仮名 91
与那国方言 123
ヨル 60
与論島方言 123

ら 行

ラ行音　90
ラ行五段化　107
ラ抜きことば　51, 59, 110

ri 語尾　131
リズム変換機能　145, 146
琉球語　5, 123
琉球方言　123
　——の狭母音化　126

臨床　142
臨床ことば学　142

類推　51

レ足すことば　51, 59
連体形　131
連母音　35, 51
　——の融合　33, 56, 89
連用形命令　79

朗読スタイル　116
録音機器　178

わ，ん行

若者語　50
話題　176

m 語尾　131

編著者略歴

真田信治(さなだしんじ)

1946年　富山県に生まれる
1970年　東北大学大学院文学研究科修了
現　在　奈良大学文学部教授
　　　　大阪大学名誉教授
　　　　文学博士

日本語ライブラリー
方　言　学　　　　　　　　　　定価はカバーに表示

2011年3月25日　初版第1刷
2013年4月10日　　　第2刷

　　　　　　　　　編著者　真　田　信　治
　　　　　　　　　発行者　朝　倉　邦　造
　　　　　　　　　発行所　株式会社　朝　倉　書　店
　　　　　　　　　　　　　東京都新宿区新小川町6-29
　　　　　　　　　　　　　郵便番号　162-8707
　　　　　　　　　　　　　電話　03(3260)0141
　　　　　　　　　　　　　FAX　03(3260)0180
〈検印省略〉　　　　　　　　　http://www.asakura.co.jp

©2011〈無断複写・転載を禁ず〉　　　中央印刷・渡辺製本

ISBN 978-4-254-51524-4　C 3381　　　Printed in Japan

JCOPY　<(社)出版者著作権管理機構　委託出版物>
本書の無断複写は著作権法上での例外を除き禁じられています。複写される場合は、そのつど事前に、(社)出版者著作権管理機構(電話 03-3513-6969, FAX 03-3513-6979, e-mail: info@jcopy.or.jp)の許諾を得てください。

◆ 日本語ライブラリー ◆

誰にでも親しめる新しい日本語学

早大 蒲谷　宏編著
日本語ライブラリー
敬語コミュニケーション
51521-3 C3381　　　　Ａ５判 180頁 本体2500円

敬語を使って表現し、使われた敬語を理解するための教科書。敬語の仕組みを平易に解説する。敬語の役割や表現者の位置付けなど、コミュニケーションの全体を的確に把握し、様々な状況に対応した実戦的な例題・演習問題を豊富に収録した。

立教大 沖森卓也編著　成城大 陳　力衛・東大 肥爪周二・
白百合女大 山本真吾著
日本語ライブラリー
日　本　語　史　概　説
51522-0 C3381　　　　Ａ５判 208頁 本体2600円

日本語の歴史をテーマごとに上代から現代まで概説。わかりやすい大型図表、年表、資料写真を豊富に収録し、これ1冊で十分に学べる読み応えあるテキスト。〔内容〕総説／音韻史／文字史／語彙史／文法史／文体史／待遇表現史／位相史など

立教大 沖森卓也編著　拓殖大 阿久津智・東大 井島正博・
東洋大 木村　一・慶大 木村義之・早大 笹原宏之著
日本語ライブラリー
日　本　語　概　説
51523-7 C3381　　　　Ａ５判 176頁 本体2300円

日本語学のさまざまな基礎的テーマを、見開き単位で豊富な図表を交え、やさしく簡潔に解説し、体系的にまとめたテキスト。【内容】言語とその働き／日本語の歴史／音韻・音声／文字・表記／語彙／文法／待遇表現／位相／文章・文体／研究

早大 細川英雄・早大 舘岡洋子・早大 小林ミナ編著
日本語ライブラリー
プロセスで学ぶ レポート・ライティング
—アイデアから完成まで—
51525-1 C3381　　　　Ａ５判 200頁 本体2800円

学生・社会人がレポートや報告書を作成するための手引きとなるテキスト。ディスカッションによりレポートのブラッシュアップを行っていく過程を示す【体験編】、その実例を具体的にわかりやすく解説し、理解をする【執筆編】の二部構成。

立教大 沖森卓也編著　白百合女子大 山本真吾・
玉川大 永井悦子著
日本語ライブラリー
古　典　文　法　の　基　礎
51526-8 C3381　　　　Ａ５判 160頁 本体2300円

古典文法を初歩から学ぶためのテキスト。解説にはわかりやすい用例を示し、練習問題を設けた。より深く学ぶため、文法の時代的変遷や特殊な用例の解説も収録。〔内容〕総説／用言／体言／副用言／助動詞／助詞／敬語／特殊な構造の文

早大 蒲谷　宏・早大 細川英雄著
日本語ライブラリー
日　本　語　教　育　学　序　説
51527-5 C3381　　　　Ａ５判 152頁 本体2600円

日本語教育をコミュニケーションの観点からやさしく解説する。日本語を教えるひと、研究するひとのための、日本語教育の未来へ向けたメッセージ。〔内容〕日本語・日本語教育とは何か／日本語教育の実践・研究／日本語教育と日本語教育学

立教大 沖森卓也編著　東洋大 木村　一・日大 鈴木功眞・
大妻女大 吉田光浩著
日本語ライブラリー
語　　と　　語　　彙
51528-2 C3381　　　　Ａ５判 192頁 本体2700円

日本語の語（ことば）を学問的に探究するための入門テキスト。〔内容〕語の構造と分類／さまざまな語彙（使用語彙・語彙調査・数詞・身体語彙ほか）／ことばの歴史（語源・造語・語種ほか）／ことばと社会（方言・集団語・敬語ほか）

前早大 中村　明・早大 佐久間まゆみ・
お茶の水大 髙崎みどり・早大 十重田裕一・
共立女子大 半沢幹一・早大 宗像和重編

日本語 文章・文体・表現事典

51037-9 C3581　　　　Ｂ５判 848頁 本体19000円

文章・文体・表現にその技術的な成果としてのレトリック、さらには文学的に結晶した言語芸術も対象に加え、日本語の幅広い関連分野の知見を総合的に解説。気鋭の執筆者230名余の参画により実現した、研究分野の幅および収録規模において類を見ないわが国初の事典。〔内容〕文章・文体・表現・レトリックの用語解説／ジャンル別文体／文章表現の基礎知識／目的・用途別文章作法／近代作家の文体概説／表現鑑賞／名詩・名歌・名句の表現鑑賞／文章論・文体論・表現論の文献解題

◈ シリーズ〈現代日本語の世界〉〈全6巻〉 ◈

佐藤武義編集／現代日本語の含まれる様々な「ことば」の問題点と課題を解説

宮城学院女子大 田島　優著
シリーズ〈現代日本語の世界〉3
現 代 漢 字 の 世 界
51553-4 C3381　　　　A5判 212頁 本体2900円

私たちが日常使っている漢字とはいったい何なのか、戦後の国語政策やコンピュータの漢字など、現代の漢字の使用と歴史から解き明かす。〔内容〕当用漢字表と漢字／教育漢字／常用漢字表と漢字／人名用漢字／JIS漢字／他

東海大 小林千草著
シリーズ〈現代日本語の世界〉4
現 代 外 来 語 の 世 界
51554-1 C3381　　　　A5判 184頁 本体2900円

外来語をその受容の歴史から掘り起こし、日常にあふれる外来語の今を考える。〔内容〕規定と問題点／受容史からたどる現代／「和製英語」／若者語・流行語としての外来語／日常生活の中の外来語／外来語の「現在」／外来語研究の「現在」

国立国語研 大西拓一郎著
シリーズ〈現代日本語の世界〉6
現 代 方 言 の 世 界
51556-5 C3381　　　　A5判 136頁 本体2300円

地理学・民俗学などに基づき、方言の基礎と最新情報を豊富な図表を交えてわかりやすく解説。方言の魅力と、その未来を考える。〔内容〕方言とは何か／日本語の方言／方言の形成／方言の分布／地理情報としての方言／方言の現在・過去・未来

前宇都宮大 小池清治・早大 小林賢次・早大 細川英雄・十文字女短大 山口佳也編

日 本 語 表 現・文 型 事 典

51024-9 C3581　　　　A5判 520頁 本体16000円

本事典は日本語における各種表現をとりあげ、それらの表現に多用される単語をキーワードとして提示し、かつ、それらの表現について記述する際に必要な術語を術語キーワードとして示した後、おもにその表現を特徴づける文型を中心に解説。日本語には文生成に役立つ有効な文法が存在しないと指摘されて久しい。本書は日本語の文法の枠組み、核心を提示しようとするものである。学部学生（留学生を含む）、院生、国語・日本語教育従事者および研究者のための必携書

前東大 山口明穂・前東大 鈴木日出男編

王 朝 文 化 辞 典
―万葉から江戸まで―

51029-4 C3581　　　　B5判 616頁 本体18000円

日本の古典作品にあらわれる言葉・事柄・地名など、約1000項目を収める50音順の辞典。古典作品の世界をより身近に感じ、日本文化の変遷をたどることができる。〔内容〕【自然】阿武隈川／浅茅が原／荒磯海／箱根山、【動植物】犬／猪／優曇華／茜／朝顔／不如帰、【地名・歌枕】秋津島／天の橋立／吉野／和歌の浦、【文芸・文化】有心／縁語／奥書／紙、【人事・人】愛／悪／遊び／化粧／懸想／朝臣／尼、【天体・気象】赤星／雨／十五夜／月／嵐、【建物・器具】泉殿／扇／鏡

前国立歴史民俗博物館 小島美子・慶大 鈴木正崇・
前中野区立歴史民俗資料館 三隅治雄・前国学院大 宮家　準・
元神奈川大 宮田　登・名大 和崎春日監修

祭・芸 能・行 事 大 辞 典
【上・下巻：2分冊】

50013-4 C3539　　　　B5判 2228頁 本体78000円

21世紀を迎え、日本の風土と伝統に根ざした日本人の真の生き方・アイデンティティを確立することが何よりも必要とされている。日本人は平素なにげなく行っている身近な数多くの祭・行事・芸能・音楽・イベントを通じて、それらを生活の糧としてきた。本辞典はこれらの日本文化の本質を幅広い視野から理解するために約6000項目を取り上げ、民俗学、文化人類学、宗教学、芸能、音楽、歴史学の第一人者が協力して編集、執筆にあたり、本邦初の本格的な祭・芸能辞典を目指した

計量国語学会編

計量国語学事典

51035-5 C3581　　　Ａ５判 448頁 本体12000円

計量国語学とは，統計学的な方法を用いて，言語や言語行動の量的側面を研究する学問分野で，近年のパソコンの急激な普及により広範囲な標本調査，大量のデータの解析が可能となり，日本語の文法，語彙，方言，文章，文体など全分野での分析・研究に重要な役割を果たすようになってきている。本書は，これまでの研究成果と今後の展望を解説した集大成を企図したもので，本邦初の事典である。日本語学・言語学を学ぶ人々，その他幅広く日本語に関心を持つ人々のための必読書

前宇都宮大 小池清治・早大 小林賢次・早大 細川英雄・
愛知県大 犬飼　隆編

日本語学キーワード事典（新装版）

51031-7 C3581　　　Ｂ５判 544頁 本体17000円

本書は日本語学のキーワード400項目を精選し，これらに対応する英語を付した。各項目について定義・概念，基礎的知識の提示・解説を主として，便利・正確・明解をモットーにページ単位で平易にまとめて，五十音順に配列。内容的には，総記，音声・音韻，文字，語彙，文法，文体，言語生活等の従来の観点に加えて，新しく表現・日本語教育についてもふれるようにした。学部学生（留学生を含む），国語・日本語教育に携わる人々，日本語に関心のある人々のための必携書

前阪大 前田富祺・京大 阿辻哲次編

漢字キーワード事典

51028-7 C3581　　　Ｂ５判 544頁 本体18000円

漢字に関するキーワード約400項目を精選し，各項目について基礎的な知識をページ単位でルビを多用し簡潔にわかりやすく解説（五十音順配列）。内容は字体・書体，音韻，文字改革，国語政策，人名，書名，書道，印刷，パソコン等の観点から項目をとりあげ，必要に応じて研究の指針，教育の実際化に役立つ最新情報を入れるようにした。また各項目の文末に参考文献を掲げ読者の便宜をはかった。漢字・日本語に興味をもつ人々，国語教育，日本語教育に携わる人々のための必読書

学習院大 中島平三編

言　語　の　事　典

51026-3 C3581　　　Ｂ５判 760頁 本体28000円

言語の研究は，ここ半世紀の間に大きな発展を遂げてきた。言語学の中核的な領域である音や意味，文法の研究の深化ばかりでなく，周辺領域にも射程が拡張され，様々な領域で言語の学際的な研究が盛んになってきている。一方で研究は高度な専門化と多岐な細分化の方向に進んでおり，本事典ではこれらの状況をふまえ全領域を鳥瞰し理解が深められる内容とした。各章でこれまでの研究成果と関連領域の知見を紹介すると共に，その魅力を図表を用いて平明に興味深く解説した必読書

学習院大 中島平三・岡山大 瀬田幸人監訳

オックスフォード辞典シリーズ
オックスフォード 言語学辞典

51030-0 C3580　　　Ａ５判 496頁 本体12000円

定評あるオックスフォード辞典シリーズの一冊。P.H.Matthews編"Oxford Concise Dictionary of Linguistics"の翻訳。項目は読者の便宜をはかり五十音順配列とし，約3000項目を収録してある。本辞典は，近年言語研究が急速に発展する中で，言語学の中核部分はもとより，医学・生物学・情報科学・心理学・認知科学・脳科学などの周辺領域も幅広くカバーしている。重要な語句については分量も多く解説され，最新の情報は訳注で補った。言語学に関心のある学生，研究者の必携書

上記価格（税別）は 2013 年 3 月現在